민주공화주의와 언론

언론자유의 사상적 고찰

나남
nanam

조 맹 기

서강대 신문방송학과 학사, 연세대 행정대학원 석사,
뉴욕 시립대 사회학 석사 및 박사
MBC, 〈경향신문〉, 〈정경연구〉 편집기자
EBS 편성자문위원
언론학회, 방송학회 이사 및 감사
KBS, 서강대 방송아카데미 원장
서강대 언론대학원장
현재 서강대 언론대학원 교수

저서 : 《현대 커뮤니케이션 사상사》, 《커뮤니케이션의 역사》,
《커뮤니케이션 사상사》, 《한국언론사의 이해》,
《한국언론인물사상사》, 《레토릭의 사상가들》 등

나남신서 1668

민주공화주의와 언론

언론자유의 사상적 고찰

2012년 12월 20일 발행
2012년 12월 20일 1쇄

지은이_ 趙猛基
발행자_ 趙相浩
발행처_ (주) 나남
주소_ 413-756 경기도 파주시 회동길 193
전화_ (031) 955-4601 (代)
FAX_ (031) 955-4555
등록_ 제 1-71호(1979.5.12)
홈페이지_ http://www.nanam.net
전자우편_ post@nanam.net

ISBN 978-89-300-8668-4
ISBN 978-89-300-8001-9 (세트)

책값은 뒤표지에 있습니다.

이 책은 2011년도 서강대학교 교내연구비 지원에 의해 출간되었음.
(201110074.01) This book was supported by the Sogang University Research Grant of 2011.

나남신서 · 1668

민주공화주의와 언론

언론자유의 사상적 고찰

조 맹 기 지음

나남
nanam

Democratic Republicanism and Journalism

Political Ideas on Freedom of the Press

by

Maingki, Cho

nanam

머리말

우리 헌법 제1조 ①항은 '대한민국은 민주공화국이다'이다. 헌법의 규정에도 불구하고, 우리는 별로 그 의미를 심각하게 생각하지 않았다. 학계에서도 관심 밖의 일이었다. 역사학에서 조승래(2010), 정치학에서 김경희(2009) 등이 언급하는 정도였다. 또한 언론학에서 논문으로 밀턴(John Milton)을 언급한 임상원(1997), 홍성구(2011) 등에서 민주공화주의의 편린을 찾을 뿐이었다. 언론학에서는 이 논의가 주요 테마가 아니라는 소리이다.

학계의 늦은 논의에도 불구하고, 민주공화국은 실제 사회운동의 구호로 등장했다. 이명박 정부 초기, 2008년 '한·미 쇠고기 졸속협상'에 반대하는 촛불시위 도중 '민주공화국'이란 용어가 등장했다. 이 시대적 상황은 인터넷·SNS 등 새로운 미디어의 출현과 관련이 있다.

인터넷 미디어가 등장하면서 민주공화주의란 말이 실감나게 되었다. 누구나 직접 미디어를 가진 시대에서 민주공화국이란 말은 더욱 설득력 있게 다가온다. 트위터(Twitter)·페이스북(Facebook)의 등장은 민주공화국의 실체를 더욱 가깝게 느끼게 했다.

민주공화국의 공중은 누구나 표현의 자유를 누릴 수 있다. 여기서 자유로운 표현이란 "다른 사람의 권리를 해치거나 통제하지 않는 모든 사람의 권리이다"라고 규정된다. 인터넷과 SNS의 출현으로 인해 민주공화국의 실현을 눈앞에 두게 된 것이다.

미국 4대 대통령 메디슨(James Madison)은 '연방수정헌법 제1조'를 제정하는 데 기여했다. 그는 공화정 안에서 언론자유를 으뜸으로 간주했다. 그는 공동체 안에서 공동선을 추구할 수 있는 조건으로 언론자유를 언급했다. 메디슨은 입법·사법·행정이 한 파당(派黨)에 의해 움직이는 현실을 직시하고, 그들을 견제하는 기능으로 언론의 자유를 언급했다.

당시 언론은 사회의 여론을 끌고 갔다. 공론장을 형성하는 언론이 그만큼 중요했던 것이다. 그 결과 메디슨은 "의회가 말 또는 언론의 자유를 침해하는 (…) 어떠한 법률도 만들어서는 안 된다"라고 규정했다. 그는 공화국에서 언론이 시민을 보호할 수 있는 최후의 보루라고 간주한 것이다. 위정자가 시민의 목소리를 들을 수 있는 것은 언론을 통해서였다.

그 언론이 SNS의 등장으로 누구나 가질 수 있는 도구가 된 것이다. 각 개인이 가진 새로운 미디어는 개인 차원에서 서로 다투며, 경쟁하고, 그에 따른 제도 또한 서로 견제와 균형을 취하게 한다. 그 사회의 행위자는 다양성을 확보할 수 있다.

새로운 미디어의 상황에서 언론학은 큰 변화를 맞이하게 되었다. 1957년 신문편집인협회가 창설된 이후 우리 언론은 전문직으로서의 언론에만 관심을 가졌다. 그에 따른 연구가 주종을 이루었다. 그러나 SNS 시대에 더 이상 언론은 언론인의 전유물이 아니다.

언론이 전문직으로 감금되면서 언론학은 언론의 역동성을 읽는 데 혼쭐을 놓쳤다. 언론인의 자유뿐 아니라 언론사의 자유로 둔갑한 것이다. 하버마스(J. Habermas)가 언급한 공론장의 '재봉건화'가 진행되었고, 방송은 시청률의 노예가 되었다. 시대적 역동성을 읽을 수 없는 언론은 다른 기구를 견제할 수 있는 기능을 담당할 수 없게 된 것이다. 공론장은 신뢰의 위기를 맞게 되었다. 그에 따라 언론학도 같은 정도의 위기를 맞게 된 것이다. 실제 서구 역사에서 수사학(*rhetoric*)은 철학과 공존하면서 한쪽은 성찰을 무기로 했고, 다른 쪽은 현실감을 무기로 했다. 서구 커뮤니케이션의 역사에서 철학과 수사학 사이의 줄다리기가 바로 그 지성사였다.

이젠 우리 언론학에서도 철학을 수용하고 시대의 역동성, 즉 시대정신을 읽어야 할 시기가 온 것이다. 즉, 수사학이 철학과 공존하던 시대가 다시 우리 주변에 엄습한 것이다. 필자는 그 준비 작업으로 《레토릭의 사상가들》(2011, 나남)을 집필했다. 이 시점에서 좀더 숙성된 의미에서 《민주공화주의와 언론》을 내놓는다. 물론 민주공화주의에서는 개인의 자유와 책임뿐 아니라, 공동체·국가 유지라는 측면이 부각된다.

공동체 유지를 위해서는 개인의 내면성·외면성이 동시에 추구되어야 한다. 개인은 자유를 누린다. 그 자유로 개인은 아리스토텔레스의 올바름, 탁월성, 고상함 등 '시민의 덕'을 실천할 수 있어야 하고, 행복을 누릴 수 있어야 한다. 다른 한편으로 공동체는 오랫동안 유지되고 발전되어야 한다.

그렇게 하려면 개인을 규제하는 법과 윤리가 사회 내에 엄존해야 한다. 법의 외면성과 도덕의 내면성이 동시에 작동하는 것이다. 공동체를 유지하기 위해서는 윤리의 내면성까지 법으로 통제하는 것은 문제가 있고, 외면성의 법으로 윤리를 강화시키는 것도 문제가 있다. 우리 사회는 산업화·민주화 과정에서 개인의 외면성을 법에 맡기고, 양심을 상실했다. 더욱이 언론인들은 양심의 문제를 도외시하고 언론자유를 언급했다. '기술 합리성'은 존재하더라도 '가치 합리성'을 망각한 것이다.

우리의 헌법 정신 아래 공동체의 위기가 온 것이다. 한편으로는 공화주의에 대해 음성을 높이면서, 다른 한편으로 개인의 이기주의가 작동한 것이다. 개인의 이기심만으로 가득한 사회가 되었다. 즉, '만인에 대한 만인의 투쟁'의 이기주의 사회를 유지하면서도 다른 한편으로는 운동적 구호로 공화주의를 언급하는 것이다.

이 책은 다시 우리 헌법 제1조 ①항 '대한민국은 민주공화국이다'라는 명제를 갖고 풀이한다. 그리고 공화주의를 논의한 서구의 사상사적 측면을 언급하면서 우리에게 접목시킨 과정을 서술했다. 그러나 본인의 노력은 역동성을 지닌 민주공화주의에 대한 논의의 서두에 불과하다. 설령 그렇다 하더라도 이런 논의가 계속된다면 앞으로 우리 헌법이 가진 민주공화주의를 더욱 심도 있게 논의할 수 있을 것이다.

이 책을 출판할 수 있게 도와주신 나남 조상호 사장, 고승철 주필, 방순영 편집장, 그리고 책이 나오기까지 신경을 써 주신 강현호 편집자에게 감사드린다.

2012년 12월

조 맹 기

나남신서 · 1668

민주공화주의와 언론

언론자유의 사상적 고찰

차 례

민주공화주의하에서 커뮤니케이션 1

인간은 기본적 의식주 해결과 더불어 삶의 의미를 따진다. 개인은 어떤 삶이 가장 성공한 것이고, 그가 살고 있는 공동체가 어떻게 번영할 수 있을지에 대해 고민한다. 이런 관심이 '공화주의'(*republicanism*)라는 정치체제를 만드는 기본이 된다. 같은 맥락에서 우리의 헌법도 제 1조에 '대한민국은 민주공화국이다'라고 규정하여 의미를 부여한다.

사실 헌법에 '민주공화국'이라고 규정하고도 지금까지 우리는 그 내용에 관해 별 관심이 없었다. 그 법 조항이 어떤 경로로 만들어졌고, 그 의미가 무엇인지 국민들은 별로 관심을 두지 않았다. 우리 사회의 숨 가쁜 역동성은 당연히 위기를 모면하는 데 관심을 집중시켰을 뿐이다. 역사의식이 그만큼 철저하지 못한 증거가 된다. 그러나 최근 김경희(2009), 조승래(2010) 등이 공화주의에 대한 관심을 갖기 시작했다. 2008년 이명박 정부의 '쇠고기 졸속협상'으로 점화된 촛불시위에서 '대한민국은 민주공화국'이라는 표현이 사회운동의 구호로 등장하기 시작했다.

언론학에서도 공화주의의 논의에 관심을 갖기 시작했다. 임상원(1997)은 밀턴(Milton, 1608~1674)의 《아레오파지티카》(*Areopagitica*, 1644)를 이야기하면서 공화주의의 이론적 논의를 꺼냈다. 또한 홍성구(2011)가 밀턴의 작품을 다시 해석하면서 공화주의에 대한 논의를 재 점화시켰다.

언론자유가 만개한 상황에서 공화주의 논의가 불붙게 되는 것은 당연하다. 우리는 지금까지 자유주의 및 언론자유에 관해 많은 논의를 했다. 더욱이 유권자는 1945년 이후 민주주의에 대한 열기를 경험했고, 1987년 민주화를 기점으로 민주주의에 관한 논의를 생활에 가까이 가져가고 있다.

민주주의는 사회의 주도적 의견을 대변한다(Pettit, 1997: 202). 이 체제가 사회의 주요 운영원리로 작동한 것이다. 그러나 민주주의는 다수의 의견을 반영하지만 수많은 개인과 이익집단을 용인하는 다원주의를 수용하지 못하는 약점을 지녔다. 다원주의 이미지가 민주주의에서 환영받지 못하게 된 것이다.

그에 비해 '민주공화주의'에서는 다원주의를 포용한다. 우리의 헌법 조항은 민주공화주의를 잘 설명할 수 있다. 민주공화주의는 "모든 국민은 인간으로서 존엄의 가치를 가지며, 행복을 추구할 권리를 가진다", "모든 국민은 언론·출판의 자유와 집회·결사의 자유를 가진다", "국민의 자유와 권리는 헌법에 열거되지 아니한 이유로 경시되지 아니한다"라는 조항들을 지닌다.

또한 우리 헌법은 민주주의 자유경쟁은 인정하면서 다원주의를 내포한다. 이 헌법 조항은 "대한민국은 통일을 지향하며, 자유민주적 기본질서에 입각한 평화적 통일정책을 수립하고 이를 추진한다", "정당의 설립은 자유이며, 복수정당제는 보장된다"라고 규정한다. 북한의 '인민민주주의'와 대비되는 개념이다. '자유민주주의'에 대한 정교한 규정을 갖고 있는 셈이다. 여기서 자유주의는 '개인의 기본권'을 어떤 경우든 옹호해야 한다는 논리이고, 민주주의는 '인민이 주권자'라는 논리이다. 더욱이 민주주의는 '인간 자유와 평등'의 구현에 관심을 가진다.

지금까지 우리는 자유주의, 민주주의에 관한 논의를 진행했으나 공화주의에 대한 논의는 별로 하지 않았다. 물론 헌법상 커뮤니티 보호란 측면에서 공화주의적 요소를 가진다. 즉, 헌법은 "언론·출판은 타인의 명예나 권리 또는 사회윤리를 침해하여서는 아니 된다", "언론·출판이 타인의 명예나 권리를 침해한 때에 피해자는 이에 대한 피해의 배상을 청구할 수 있다"라고 규정한다.

공화주의에 대한 논의 한 가지를 더 언급하면 헌법은 "국민의 모든 자유의 권리는 국가안전보장, 질서유지, 또는 공공복리를 위하여 필요한 경우에 한해 법률로써 제한할 수 있으며, 제한하는 경우에도 자유와 권리의 본질적인 내용을 침해할 수 없다"라고 규정한다. 여기서 공화주의는 고전적 자유주의 패러다임의 자유를 뒤집는다. 공화주의에서 자유의 주체는 국가 - 도시국가라는 공동체이다. 이런 의미에서 공화주의는 공동체주의(*communitarianism*)와 공유하는 부분이 있다. 즉, 공화주의가 궁극적인 목표로 삼은 것은 공동체의 자유와 독립이다(Milton, 1644/1998: 240).

우리의 헌법은 '민주공화국'이라고 함으로써, 민주적 요소와 공화주의 요소를 함께 가진다. 그러나 현실적으로 초기 공화주의 논의는 그 개념이 희석되고, '자유민주주의'가 더욱 부각되었다. 공화주의에 관한 헌법 규정이 산재할 뿐, 1919년 상해 임시정부 이후 공화주의에 대한 논의는 남북분단으로 일정 부분 중단된 것이다. 더욱이 6·25 전쟁으로 공화주의 정책을 옹호했던 주요 '중도우파들'은 납북행의 비극을 안았다.

그 후 민주주의를 이야기했지만 공화주의는 별로 언급하지 않았던 것이다. 공화주의의 사상은 커뮤니케이션학과 밀접한 관련이 있다. 그러나 최근까지 커뮤니케이션 혹은 언론학에서 공화주의 논의는 《아레오파지티카》 해석을 제외하고는 별로 언급되지 않았다. 공화주의에서 인간의 행복론을 이야기한다면 지금까지 우리 상황은 행복론을 논하는 자체가 허영에 가까웠다. 그러나 자유주의와 민주주의가 한참 진행되면서 국민들은 삶의 의미를 다시 깨닫게 되었다. 2008년 '촛불시위'의 기점으로 다시 공화주의에 대한 논의가 시작된 것이다.

공화주의는 자유주의·민주주의가 인간의 탐욕·허영을 통제할 수 없다는 데서 출발한다. 물론 탐욕과 우월이란 쾌락은 진실하고 완전한 즐거움의 원리이고, 완전한 마음의 평정과 거의 양립하지 않는다(Smith, 1759/

1996: 268).

몇 사람의 탐욕과 허영이 오히려 자유주의, 민주주의에 장애가 된다. 통제할 수 없는 욕망이 펼쳐지면서 우리 사회는 공화주의의 의미를 다시 논하고, 쾌락의 원천을 다시 생각한 것이다. 즉, 경박한 쾌락을 제외하고서 가장 높은 지위가 제공할 수 있는 모든 쾌락을, 만약 그것에 인격의 자유(*personal liberty*)만 존재한다면 우리는 가장 비천한 지위에서도 쾌락을 발견할 수 있을 것이다(Smith, 1759/1996: 267).

아담 스미스(Adam Smith, 1723~1790)는 자유주의·시장경제를 주장했다. 그러나 그의 《도적감정론》은 윤리와 절제를 많이 포함해 커뮤니티 유지의 공화주의 요소를 가진다. 개인의 행동에 자유가 있으면 사회는 반드시 책임을 논의한다. 공화주의에서는 윤리와 도덕이 그만큼 중요하게 부각된다. 그러나 '윤리학'[1]의 본질은 더욱 경험론, 상황론(*circumstances*)

---

1 고대 그리스 철학은 물리학(*physics*), 윤리학(*ethics*), 논리학(*logic*)으로 갈라진다. 논리는 경험의 세계와는 떨어져 있다. 한편 물리학의 자연현상과 도덕적 철학은 경험적 영역이다(Guyer, 2002: 737). 전자는 경험의 객체로서 자연의 법, 모든 것이 일어나는데 따른 법이어서 '당위'(*ought to happen*)이다. 그러나 윤리는 당위뿐 아니라 일어나는 상황을 동시에 고려한다. 말하자면 물리학은 자연의 법칙을 다루고, 윤리는 자유의 도덕적 행위의 법칙을 다룬다. 물론 윤리학은 비경험적 부분과 '선험성'(*a priori*) 부분이 존재하지만, 경험적 부분은 감각적 경험에 기초한다. 이런 윤리적 법칙은 대부분 경험에 의해서 알려질 수 있는 욕구와 본능에 영향을 주는 인간의 의지에 적용된다. 또 다른 측면의 윤리의 선험성과 순수부분(*a priori or pure part of ethics*)은 도덕적 원리, 당위, 의무, 선과 악, 정의와 부정과 같은 도덕적 원리의 형성과 규정에 관련이 있다(Kant, 1785/1964: 14). 이에 기초한 선의지(*a good will*)는 증명하거나 제약이 없는 선한 것이다.

선험성으로서의 'a good will'은 모든 상황에서 선인 것이다. 이것은 절대적이거나, 상황에 관계없는 선이며, 선 자체인 것이다(Kant, 1785/1964: 17). 칸트는 윤리의 선험성의 부분을 도덕의 형이상학(*metaphysic*)이라고 부른다. 이것은 실천이성의 비판(*critique of practical reason*)의 합당화를 도와준다. 그러나 특수한 인간의 의무에 관한 세부적 지식은 인간 특성의 경험을 요구한다. 윤리의 경험적 부분은 칸트에 의하면 실천적 인류학(*practical anthropology*)으로 불린다.

에 기초를 둔다.

개인이 처한 상황적 요구는 점점 더 중요하게 부각된다. 그렇더라도 상황론이 모든 현상을 설명하게 되면 그 사회는 방향감각을 상실한다. 같은 원리로 성찰(省察)이 관심의 대상에서 멀어짐으로써, 철학은 그 영역을 상실한다.

신자유주의에서 불확실성의 상황은 더욱 윤리학에 대한 관심뿐 아니라 공화주의에 대한 논의를 필요로 한다. 신자유주의의 탐욕은 인간의 이성적 사고를 경시하고 도덕과 윤리를 붕괴시킨다. 이때 우리는 커뮤니케이션으로 다시 커뮤니티를 세울 필요성을 가진다.

수사학(*rhetoric*: 레토릭)은 그리스 역사에서 극도로 상황론을 앞세운 이론으로 평가받는다. 그리스 민주주의는 레토릭을 수용하면서 독특한 커뮤니케이션 이론을 정립시켰다. 그리스인들은 레토릭의 상황에서 중요한 요소인 이슈(*issues*)의 상황, 배경을 열거했다. 상황에 따른 시간을 그리스인들은 카이로스(*kairos*)라고 불렀다(Crowley & Hawhee, 2004: 조맹기, 2011: 19). 그들에게 시간의 개념은 시간, 달력에서 표시하는 크로노스(*chronos*)가 있고, 상황적 요소의 시간이 있다. 이 말은 카이로스를 기회, 결정적 순간, 지나가는 시간 등으로 기술하는 것이 더욱 정확하다는 것이다.

세계 자유무역으로 직면하는 상황, 불확실한 기술의 발전은 우리의 사회상황을 더욱 어렵게 한다. 어떤 단일적 이론도 완벽하지 않다. 정치에 참여하는 사람의 숫자는 많아지고, 그에 따른 어떤 대비책도 실효성을 거둘 수 없게 된다. 리더십의 위기가 온 것이다. 그 상황에서 커뮤니케이션학이 현실적 문제를 주도적으로 풀어갈 위치에 놓이게 되었다.

지금까지 커뮤니케이션학, 언론학은 전문직의 언론학에 머물렀다. 그러나 라틴어에 파생된 '나눔', '참가'의 커뮤니스(*communis*), 커뮤니카레(*communicare*) 등은 전문직의 언론학과는 거리가 멀었다. 언론자유가 자유주의 사고의 으뜸이지만 실제 언론은 큰 조직으로써 사회 내 커뮤니케이션 활성화에 도움을 주지 못했다.

한국신문편집인협회는 1957년 4월 7일 '신문윤리강령'을 제정하면서 언론인을 전문직 언론인에 묶어두었다. 같은 맥락에서 〈한국일보〉에서 1958년 3월 1일 과학부를 신설하였다. 과학부의 탄생은 과거의 대기자적 속성으로부터 기능적 전문 기자상을 제시하는 계기가 되었다(조맹기, 1997: 236).

키케로(Cicero, B.C. 106~43)는 수사학을 모든 학문을 통합하는 '학문의 여왕'이라고 했다. 이런 개념에 따르면 수사학은 전문 기능적 영역과는 거리가 있었다. 즉, 이 논리에 의하면 커뮤니케이션 학문을 전문직 하나로만 묶을 수 없는 근거가 된다. 물론 언론은 여러 사람을 상대로 함으로써 엄격성에 의한 자유와 책임을 논의한다.

역사적으로 '외부간섭의 부재'로 '소극적 자유'를 쟁취하는 과정에서 언론·언론사(社)의 자유가 부각되었다. 그렇다고 언론이 모든 사람의 자유를 능가한 자유를 누릴 수 없는 것이다. 더욱이 공화주의가 '공동체주의'하에서 자유와 독립을 논한다면 현대 언론의 자유와 독립은 오히려 커뮤니케이션 행위의 방해가 된다.

필자는 공화주의를 논의하면서 언론을 커뮤니케이션으로 본다. 그 뜻은 '나눔', '참가' 등에 더 큰 의미를 둔다. 그 경향은 인터넷, 포털이 발전하고, 소셜미디어가 활성화된 상황에서 더욱 그 의미가 부각된다. 말하자면 SNS(*Social Network Service*) 상황하에서 모든 사람이 콘텐츠의 제작자가 되고, 수용자가 되는 시대에서 그 의미는 더욱 부각된다.

전통 언론 미디어는 신뢰의 붕괴를 가져왔고, 신뢰 상실을 부추겼다. 그 틈에 '앙가주망'(*engagement*) 형태의 새로운 미디어가 등장하게 되었다. 양심적 지식인의 사회참여를 늘리고, 도덕적 의무를 강조하게 되었다.

트위터(Twitter)는 익명성, 공개성, 수직적 특성을 갖고, 팔로어를 모은다. 이 새로운 미디어는 기존의 것이 가진 전파성을 주안점으로 팔로어에게 접근한다. 트위터는 감각적인 메시지를 빨리 탑재하여 그 정보를 나른다. 한편 페이스북(Facebook)은 실명성, 비공개, 수평적 특성을 갖고 있다. 여기에 가입한 사람들은 수평적 관계 망을 넓혀 간다. 트위터든 페이스북이든 SNS를 사용하는 사람들은 공적 미디어에서 접근할 수 없었던 과거와는 달리 모두가 SNS의 공적 공간에 접근을 시도한다.

정보가 빠를수록 그 정보의 무게는 반감되기 마련이다. 감각적 내용은 쉽게 전할 수 있으나, 지적 내용은 성찰을 요구한다. SNS가 성찰의 노구가 되지 않을 때 커뮤니케이션 내용과 관계는 '진정성'을 결할 수 있다.

물론 전통의 언론은 현대사회에서 커뮤니케이션을 전문으로 하는 도구이다. 언론은 커뮤니케이션 현상의 꽃이나 나뭇잎, 줄기, 뿌리 등이 존재할 때에만 하나의 꽃나무를 완벽하게 설명할 수 있다. 지금까지 우리의 언론은 신뢰성을 상실한 것으로 보아 '자사(自社)이기주의', '편견' 등 파편화된 지식만을 전한 감이 있다.

전문직 언론은 우리가 계속 발전시켜야 할 영역이다. 그렇다고 커뮤니케이션 영역은 전문직 자체만으로 부족한 영역이다. 시대의 역동성 등의 거시적 맥락과 그 미시적 규명이 함께할 때 언론학은 그 뿌리를 더욱 굳건히 내리게 된다.

필자는 공화주의에서 '자유의 주체들이 국가'라는 말에 공감한다. 그 안에서 우리는 커뮤니케이션과 언론의 위치를 다시 점검할 필요를 느낀다. 이 책은 먼저 공화주의의 ① 이론적 논의를 시도한다. 이는 공화주의 체제의 개념적 맥락에서 다뤄진다. 그 이론은 현실적 의미에서 헌법과 우리 사회의 실체에 관한 논의로 이뤄진다. 그 논의 이후 공화주의에서 ② 언론의 현실적 논의를 시도한다. 이 예증으로 공영방송을 언급한다. 더욱이 SNS가 우리사회에서 도입되면서 커뮤니케이션 현상은 관심의 초점이 된다. 커뮤니케이션의 난립상이 노출된 것이고, 여기서 언론의 사회책임론이 대두된다. 이 현실적 논의를 바탕으로 필자는 언제 제반 언론제도가 인간존중을 실현하고, 행복을 가져다주는지에 관심을 가진다.

2 공화주의의 이론적 논의

대한민국의 헌법은 '민주공화주의'를 규정한다. 그렇다면 우리는 다시 다음 질문을 던지게 된다. 이 법의 지배하에 개개 국민들은 행복이 극대화되고, 자유가 존중되고, 미덕의 추구가 일상화되었는가? 그렇지 않다면 우리 민주공화국 헌법은 국민의 삶과 헌법이 따로 제 갈 길을 가는 것을 의미하기 때문이다.

앞에서 말했듯이 지금까지 우리 국민은 '행복'(부유한 삶 자체, Sandel, 2009/2010: 17)을 별로 생각하지 않았다. 같은 맥락에서 언론사상에서는 민주주의의 개인 자유에 대한 논의를 계속했으나, 공화주의에 대한 과제는 별로 논의하지 않은 결론이 도출된다. 그러니 우리의 삶과 헌법이 같이 갈 이유가 없었던 것이다.

공화주의(*republicanism*)는 "'모든 사람에 의한 개인의 지배'(*the rule of each by all*)를 추구함으로써 집합적 자기 결정을 이념으로 한다"라고 했다(Pettit, 1997: 297). 그만큼 공화주의 체제는 개인 간의 '소통'을 중요한 요소로 간주한다. 여기서 소통은 타인과의 관계를 말한다(Berlin, 1964/2006: 544). 물론 타인과의 관계로 이뤄지는 어떤 체계는 인간에 관하여 우연히 발생한 사실이 아니라, 인간이라는 말에 들어 있는 의미의 일부, 종(種)으로서 인간에 대한 정의를 담는다.

공화주의는 인간의 본성에 포함된 사회성을 극대화한다. '인간은 신 앞에서 같은 형제'라는 표현이 적절하다. 같은 맥락에서 최근 기술의 도움으로 가능한 SNS인 페이스북은 관계를 활성화시켜주는 전문도구이다. 왜 최근 기술이 페이스북을 불러왔을까?

이런 물음은 소통이 우연한 것이 아니라 인간 본성의 핵심이라는 논의를 제기한다. 여기서 공화정의 요소가 더욱 중요하게 부각된다. 물론 공화주의는 적극적 소통의 중요성을 강조하는 것에 비해, 자유주의(*liberalism*)는 '개인에 의한 개인의 지배'(*the rule of each by each*)로써 개인이 불개입의 자유를 즐길 수 있게 한다. 자유주의는 분명 집합의 개인 결정에서 부분적 역할을 담당할 뿐이다.

공화주의는 불개입과 불간섭주의이지만 19세기 후반까지 공화정은 남성만을 포함시켰다(Pettit, 1997: 297). 공화주의가 시발이 된 그리스는 남성의 시민에게만 신분집단으로서 사회참여를 독려했다. 당시 개개 시민은 법과 사회적 관행의 상호 보존체제에서 협력하는 것을 통하는 방법으로 권력을 향유했다.

공화주의는 처음부터 공동체적·신분적 속성을 가진다. 이 체제하에서 개인에게 바람직하고, 다른 사람도 같은 감정을 갖도록 독려한다. 개인은 이성과 의지의 소유자다. 그러나 만약 그것을 달성하지 못하도록 방해받는다면 개인은 더욱 상황에 대해 주인이라고 느끼지 못할 것이다(Berlin, 1964/2006: 367). 주체로서의 개인은 '적극적 자유'를 선호하게 된다. 여기서 '적극적 자유'하에서 개인은 자아의 실현, 자기의 고유한 본성을 드러내려고 한다. 이런 사회에서 각 개인은 자유, 평등, 정의, 행복, 안전, 공공질서 등을 확보하려고 한다.

칸트(Kant, 1724~1804)는 《영구평화론》에서 공화주의는 '자유, 입법 그리고 평등'을 주장한다고 했다. 일반적으로 공화주의에서 어떤 제도의 도움을 받는다면, '입법'[1]과 제도는 많은 사람에게 더 많은 선택의 자유를 누리게 한다. 즉, 비지배로서 파생되는 불안정을 법이 보장함으로써 시민은 더 많은 자유를 누릴 수 있게 되는 것이다. 이 사회는 개인의 자유를 극대화하고, 각자 좋은 삶을 선택할 수 있게 된다.

몽테스키외(Montesquieu, 1689~1755)는 자연법에서 개인의 천성, 그 움직이는 법, 그 움직임의 규범, 그리고 개인의 행위 등을 분리하여 논의하지 않는다. 그 논의 아래서 그는 자유를 언급한다. 물론 '자유'[2]를 많이 허용하는 체제는 민주주의이다. 김성호는 "민주 없이 자유 없고, 자유 없이 민주 없다"라는 이 보편적 상식을 정치철학에서는 "'자유민주주의'라고 통칭한다"라고 했다(김성호, 2011. 11. 14). 그에 따르면 "'자유민주주의'는 민주주의의 하위개념이 아니라 민주주의 그 자체다"라고 했다.

자유민주주의는 '소극적 자유', '적극적 자유'에서 그 기능을 찾기 시작했다. 벌린(Berlin, 1909~1997)은 '소극적 자유'로 "내가 뜻한 바를 인간의 행동을 가로막는 장애물이 없는 상태이다"라고 하고, '적극적 자유'로 '누가 나를 통제하느냐. 누가 내 행동을 결정하는가'에 관심을 가졌다(Berlin,

---

1 법이란 사물의 본성에서 유래하는 여러 필연적 관계이며, 그러한 의미에서 모든 존재는 그 법을 가진다(Montesquieu, 1748/1976: 17), 하나의 이성이 있어, 법은 그 이성과 제종(諸種)의 존재 사이에 있는 관계와 그 제종의 존재 상호 간의 관계인 것이다. 예를 들면, 신(神)은 우주에 대하여 창조주로서, 또한 보전주로서 교섭을 가진다. 신이 창조하는 데 의거한 법은 그가 보전하는 데 의거하는 법인 것이다. 신이 그러한 규범에 따라 행동할 때 그는 그 규범을 알기 때문이다. 물론 신은 그 규범을 만들었기 때문에 그것을 알고 있다. 여기서 '신이 규범을 만들었다'라는 것은 그 규범이 신의 전지전능과 관계가 있기 때문이다.

2 자유주의 본령은 모든 개인에게 천부인권이 있다는 믿음과 권리주장의 다양성에 대한 관용에 있다. 재산권과 노동권처럼 상이한 권리가 충돌하는 상황에서 자유의 이름으로 어느 한 쪽 손을 들어주기란 쉽지 않다. 그래서 자유주의는 '절차적 정의'를 추구한다. 현실 속 자유는 '실체적 정의'가 아니기에 다수가 동의하는 절차에 따른 민주적 합의로 해결한다. 자유의 구체적 내용은 결국 민주가 채워준다(김성호, 2011. 11. 14). 한편 민주는 인민주권과 다수결주의로 귀결된다. 다수결 인민주권의 논리는 모든 국민이 평등하다는 대전제를 필요로 한다. 능력의 차이가 엄존하는 현실에도 불구하고 우리가 평등한 건 모두가 자유롭게 살 권리를 가지기 때문이다. 민주는 자유의 터전 위에서만 완성된다.

1964/2006: 600).

적극적 자유는 자유의 최고봉이다. '나'는 오로지 내 삶을 나 자신의 의지에 따라 계획할 때에만 자유롭다. 계획은 규칙을 낳는다. 만약 내가 나 자신에게 의식적으로 규칙을 부과한다면, 또는 발명한 사람이 누구든 합리적인 규칙이기만 하다면, 사물의 필연성에 부합하는 규칙이 존재할 때, 규칙을 이해하고 자유롭게 받아들임으로써 나는 억압받는 것도 아니고 규칙의 노예가 되는 것도 아니게 된다(Berlin, 1964/2006: 379).

이들 자유주의 사상가들은 국가란 것이 유용하고 필요한 기구라는 것은 어느 정도 인정하나 국가가 인간 노력의 최고의 표현이라고 하는 것은 강력히 부인한다(Siebert, Peterson & Schramm, 1956/1991: 75). 국가는 계약을 집행하고, 개인의 재산을 보호하고, 평화를 유지하는 기능을 한다. 그러나 적극적 자유의 상황에서 국가는 최소 기능만을 수행한다. 국가가 필요한 영역이 있다면 국가는 개인 자신의 잠재적 능력을 실현할 수 있는 환경을 제공하는 하나의 수단으로 존재한다.

물론 적극적 자유의 초보 단계는 민주주의이다. 이 체제는 최근의 참정권 확대, 일반적 참정권, 인종과 성에 따른 차별이 없는 평등한 상태를 추구한다. 이런 민주주의는 기원전 6세기 말 아테네에서 신분집단으로서 시민은 평등하게 공직을 갖거나 높은 직에 앉을 수 있었고, 법정에서 자신의 뜻을 펼 수 있었다(Saxonhouse, 2001: 202).

아테네 민주주의의 핵심은 시민들의 평등한 권리인 정치 참여에 있었다. 여기서 평등은 모든 시민이 법질서 아래서 참여를 통한 시민의 자기 지배(*the self-governance*)에 관심을 두는 것이다. 즉, 그들은 시의 통제하에서 동일하게 권리를 나누어 가졌다. 그리스 시민은 경제적 평등이 아닌 정치적 평등을 원했던 것이다. 그들의 민주주의는 시민의 삶에서 동등한 참여를 허용했다. 시민은 법정에서 논의되는 변론을 청취하고, 공직을 가질 수 있었고, 정책 결정에 참여했다. 그러나 그들은 현대 자유민주주의에서 이해하는 것 같은 권리(*rights*)의 개념을 가지지는 않았다(Saxonhouse, 2001: 200).

각 시민은 시의 생활에서 평등하게 대우받았고, 어떤 시민도 당국에 특수한 주장을 할 수 없었으며, 다른 시민에 대항해서 특권을 가질 수 없었다. 그 민주주의 및 공화주의의 사상은 그리스 반도와 에게 해(海)를 거쳐 서구로 전파되었다. 민주주의와 더불어 공화주의가 싹튼다. 공화주의는 자유 뿐 아니라, 비지배(非支配)에 방점이 간다. 이 사상은 키케로의 《로마공화국》(*the Roman Republic*)과 맥을 같이 한다(Pettit, 1997: 5). 그리고 마키아벨리(Machiavelli, 1469~1527)의 《담론》(*Discorsi*)으로 이 전통이 이어진다.

이러한 전통은 르네상스 시기의 이탈리아를 거쳐 해링턴(Harrington, 1611~1677)의 《오세이나 공화국》(*The Commonwealth Oceana*)에 기록되었다. 정부의 각 부서는 서로 견제와 균형을 취하고, 국가를 형성시킨다. 물론 이 철학은 영국과 미국의 공화주의에서 꽃을 피운다.

미국은 17세기 후반과 18세기에 공화주의 이론에 관심을 가진 것이다(Pettit, 1997: 6). 국가의 인민(*The Commonwealthmen*)이 지배와 개입이 아닌, 자유의 사상을 누리게 했다. 개인은 타인의 임의적 명령으로부터 도피할 수 있는 자유를 가졌다.

공화주의자의 경제언어는 개인을 자유시장으로 인도한다. 어떤 계약으로 만든 자유가 그들에게는 중요한 덕목으로 등장하였다(Pettit, 1997: 6). 공화주의 이론(*Republican theory*)은 자유주의에 뿌리를 두고, 대중 개인의 자유 선택적 힘에 초점을 맞춘다. 불개입(*non interference*)으로서 공화주의는 소극적 개념의 자유를 지닌다. 또한 비지배의 정부는 그 뒤에 '적극적 자유', 즉, 자기 주체(*self mastery*)라는 개념을 지닌다(Pettit, 1997: 11). 그렇더라도 '자기 주체'가 공통의 이해와 관련을 맺을 때 공화주의는 의미를 지닌다. 최근 현대 자유는 민주적으로 '자기 통치 커뮤니티'(*self governing community*)에 속하는 자유이다.

공화주의자들이 사용하는 언어는 권리, 자유표현, 자유운동 같은 것을 담고 있었다. 또한 복지, 공정성, 평등 등이 그들이 즐겨 쓰는 언어였다. 그들은 빈곤, 착취, 종속이 아닌 자기가 결정하는 것을 중시한다. 개인은 자신이 중요하게 생각하는 자유를 누린다. 개인은 집단적 자유로 타인과 서로 의견을 나눈다(Pettit, 1997: 6). 공화주의 자유는 집단적 자유(*collective freedom*)를 선호한 것이다.

공화주의자는 여론의 중요성을 부각시켰다. 부르주아 공론장에 관한 이론은 여론(*public opinion*, *Oeffentiche Meinung*)[3]이란 단어와 함께 한다. 여기서 여론은 '공통감각'(*sensus communis*), '일반 의견'(*allgemeine Meinung*), '만인의 합의'(*consensus omnium*) 등의 뜻을 가진다(Habermas, 1962/2004: 177).

르네상스 이후 공화주의에 대한 이론이 본격적으로 등장했다. 데카르트(Descartes, 1596~1650)는 옛 시대로부터 새로운 시대로의 전환에서 중요한 인물이었다. 그는 모든 권력과 권위의 신앙에 도전했다. 인간은 신의 섭리보다 오히려 자신을 신뢰했다. 그는 의심하는 것은 사유하는 것이고, 사유하는 것은 존재하는 것이라는 "나는 생각함으로 존재한다"(*Cogito ergo sum*)라는 유명한 명제를 남겼다(Siebert, Peterson & Schramm, 1956/

3 영어와 프랑스어에서 18세기에 사용된 '의견'(*opinion*)은 라틴어 'opinio', 즉 사견 혹은 완전히 입증되지 않는 불확실한 판단이다. 이 말은 'common opinion', 'general opinion', 'vulgar opinion' 등 여러 가지 뜻을 지닌다. 여기서는 '평판'(*reputation*), 즉 다른 사람의 의견에 대한 존경이 더 중요하다. 장차 진리의 증명과정을 거쳐야 할, 불확실한 의견이라는 의미에서의 opinion은 다중에게서 얻는 그 핵심에 있어 의심스러운 존경이라는 의미에서의 'opinion'과 결합된다(Habermas, 1962/2004: 178). '의견'이 '여론'으로 발전하려면 공공정신(*public spirit*)을 필요로 한다. 그리스에서는 의견이 여론이 되는 것은 광장에서 '구두 동의를 얻게 된다'라고 한다. 현대사회의 여론은 대중매체의 선전기능에 의해서 확립된다. 그렇게 되면 전체 시민들로 하여금 끊임없이 모든 기회마다 현실의 규제할 진리, 이성, 정의를 추구하는 것에 장애를 받게 된다. 이것은 ① 기존의 권력들로 하여금 공동으로 진리를 추구하도록 강제하는 토론에 의해, ② 이러한 추구에 종사하는 이들 권력을 시민의 감시의 눈앞에 두는 공개성에 의해, ③ 시민으로 하여금 스스로 진리를 추구하고 이를 권력에게 말하도록 자극하는 언론의 자유를 통해서다(Guizot, 1851: 10; Habermas, 1962/2004: 194).

1991: 77).

또한 로크(Locke, 1632~1704)는 인간 의사 속에 권력의 중심을 두는 인민주권의 이론을 발전시켰다. 그는 인간이 이성의 구실 아래 국가가 인간의 자연권리를 인정하고 그리고 유지한다는 보장의 대가로서, 인간의 개인권을 국가에 양도한 것이라고 설파했다. 물론 그에게는 개인 이성에 대한 절대적 믿음이 있었다.

한편 칸트에게 이성이란 것은 모든 권위가 피폐되어 버린 전 시대에 있어서와 같지 않고, 권위 있는 해석을 발전하기 위한 유일한 방법으로서 의식의 증거에 입각하여 행동하는 것이었다(Siebert, Peterson & Schramm, 1956/1991: 76). 그는 더욱 이성을 개인의 행복과 연계시켰다. 그에게 개인의 만족은 자신뿐 아니라 다른 사람에게 행복을 가져다주기 때문이다. 즉, 권리를 존중하는 이유는 권리를 가진 사람을 존중해서가 아니라 모든 사람에게 이익이 되기 때문이다(Sandel, 2009/2010: 147).

칸트는 보편적 인권을 논했다. 그는 누구나 존중받을 가치가 있다고 주장했다. 그 이유는 우리가 자신을 소유하기 때문이 아니라 이성적 존재이기 때문이었다. 개인은 자율적 존재이며, 자유롭게 행동하고 선택할 능력이 있다. 또한 그는 행복의 정신을 자기 존중(*self regard, solipsismus*)라고 했다(Kant, 1788/2004: 77). 모든 개인은 그가 누구든 어디에 살든 존중받을 가치가 있다면, 단순히 집단적 행복의 도구가 될 수 없다. 칸트는 보편적 인권을 주장한 것이다.

물론 개인은 탐욕으로 자기애(*self-love*)를 과도하게 사랑(*fondness*) 할 수 있다. 또한 자기 자신에 만족(*satisfaction with oneself*) 할 수 있다. 이때 전자는 이기심(*selfishness*)이고, 후자는 자기 자부심(*self-conceit*)이거나 자만이다. 그러나 칸트는 여기에서 만족하지 않고 '도덕률'[4]을 함께하는

4 커뮤니티가 붕괴될 조짐이 보이면 도덕과 윤리가 관심의 초점이 된다. 우리가 쓰는 '윤리'라는 말은 그 문자적 의미에서 '인간 사이의 이치'라는 뜻이다. 한편 도덕이란 말은 '인간이 마땅히 지켜야 할 덕행'의 길이다. 인간이 마땅히 지켜야 할 '천륜, 인

합리적 자기 사랑(*rational self love*) 으로 승화시켰다. 여기서 도덕률은 자만(*self-conceit*) 을 붕괴시킨 것이다(Kant, 1788/2004: 78). 그는 자기 존경(*self esteem*) 에 도덕률을 첨가시켰다.

그렇다면 칸트에게 동기는 이해(*interest*) 에서 오지만, 이것에 도덕률을 첨가시킨 것이다. 그 결과 도덕적 이해(*the moral interest*) 는 감각에 독립적으로, 실천적 이성의 순수한 이해 자체이다(Kant, 1788/2004: 84). 물론 이해의 개념에 관해서 '격률'(格率, *maxim*) 의 원리로 이해한 것이다. 그는 민주주의가 공화주의로 넘어가는데 일정한 제약을 가했다. 민주주의가 개인의 자유를 원했다면, 공화주의는 사람들(*people*, *demos*) 을 어떻게 보호할 것인가에 관심을 가졌다.

전술했듯 공화주의는 고대 그리스 폴리스에서 시작되어 르네상스 시대에서 더욱 발전한다. 고전적 공화주의 혹은 시민적 휴머니즘의 담론 세계 안에서 나온 것이다(조승래, 2010: 28). 즉, 인간은 사리사욕보다는 공동체에 대한 헌신과 봉사를 우선시하는 시민이 될 때 완성된다고 보았다.

공화주의 이론가들은 폭군으로부터, 혹은 커뮤니티의 붕괴로부터 자유를 유지, 보존하는데 관심을 가졌다(Quill, 2001: 616). 같은 맥락에서 현대 자유주의자(*liberalism*) 는 개인의 자유의 중요성을 이야기한다. 여기서 국가는 중립을 유지하고, 법과 공정한 개입이 개인의 자유를 보장

륜의 도리'다. 그런데 학문적으로 도덕, 윤리라는 말은 서구의 ethic과 morality에 해당되는 말이다(최조웅, 1992: 21~22). ethic이란 단어의 근원은 희랍어로 에토스(*ethos*), 즉 '습관되어 있다'는 뜻이다. 또한 안정성을 뜻하기도 한다. 이 에토스라는 본래의 개념은 동물을 위한 마구간이나 거처에 의해서 제공되는 안정성을 의미하는 것이다. 도덕 역시 인간의 행동은 습관과 안정성이 가장 중요하다는 견지에서 이해될 수도 있다. 이 희랍어가 라틴어로 번역되어 Mos가 되고 여기서 Mores 그리고 Morality가 되었다. 인간 행동이 올바른 습관에 그 근거를 둔다는 것은 두말할 것이 없다. 그러나 습관이 곧 윤리일 수는 없다. 습관이란 일단 형성되면 윤리적 사고 없이도 저절로 행동화되기 때문이다(최조웅, 1992: 21~22).

한다. 한편 공산주의자(*communitarianism*)는 공통의 소속을 중요시하고, 평등을 중요시한다(Pettit, 1997: 120). 여기서 국가는 커뮤니티의 삶의 형태를 직접적으로 지원한다.

공화주의자는 공산주의에 대항하여 자유주의자를 원한다. 그런데 비지배의 경우, 공화주의자는 여전히 공산주의에 대한 미련을 가진다(Pettit, 1997: 120). 공산주의의 사상은 사회적 선과 공동의 선에 있다. 그들은 의도적 태도와 행위를 지배하는 많은 구성원이 존재하는 것을 가정하여, 사회적이다. 비지배는 공산주의의 선(善)인데, 비지배로서의 자유의 원인은 항상 그것을 추구하는 사람을 위한 사회적·공통적 원인 차원을 가지고 있다(Pettit, 1997: 125). 선을 추구하는 국가의 각 개인은 다른 사람과 동일하다는 이성을 제공한다.

아리스토텔레스(Aristotle, B.C. 384~322)에 의하면 공화정에서는 번갈아 시민이 지배할 수 있고 지배당할 수 있는 것이다. 그는 인간으로서 시민의 정치 참여에 관심을 가졌던 것이다. 그러나 마키아벨리는 공화주의 이론의 도구적 목표에 초점을 두었다(Quill, 2001: 613). 능동적 시민권이 그들 자신의 목표를 성취하기 위해서 필요한 것이다.

그 후에도 많은 사람이 공화주의 이론을 폈다. 공화주의는 과도한 집단주의 레토릭이 아니면서, 사회, 계급, 카스트 등으로부터 독립이나 해방을 이야기한다(Pettit, 1997: 125). 공화주의자들에게 자유는 존재하나 지배가 없는 상태이다. 이것은 민주주의와 관련한 제도, 헌법, 그리고 더 많은 것을 구성한 공화주의 사고의 전통과 관련이 있다(Pettit, 1997: 4)

공화주의의 개념은 자유의 범위를 넘어 넓을 수밖에 없다. 많은 이론이 존재하고 어느 하나가 완벽한 이론이 될 수 없다(Quill, 2001: 612). 프랑스혁명은 자유, 평등 그리고 박애를 주장했다. 공화정 아래서 개인은 시민권을 갖고 전통적 엘리트가 갖는 것을 넘어 자유를 언급한다. 공화주의는 개인의 자유를 확장시키고, 시민의 덕(*civic virtue*), 그리고 시민에게 능동적으로 공공문제에 참여할 것을 권장한다. 그때 개인은 다른 사람의 독선적 · 탐욕적 지배의 행위에 대해 언제든지 견제한다.

그렇다고 공화주의는 어떤 사람의 자비가 필요한 공동체는 아니다. 박지향은 "카이사르(Caesar, B.C. 100~44)의 독재에 맞서 로마공화국을 지키려 했던 키케로가 국가를 '공공의 것'(*res publica*)이라고 정의한 데서 공화주의의 개념이 유래한다"라고 했다(박지향, 2011). 또한 "공화주의는 미덕을 갖춘 시민이 자신의 사적 이익을 '양보'하여 전체의 이익을 도모하는 것을 의미한다"라고 했다. 그렇다고 이 말은 "전체를 위해 전적으로 개인을 '희생'한다는 말은 아니다"라고 했다.

공화주의 체제에서 '공공선'(公共善)을 생각하는 것은 그래야 궁극적으로 자신의 행복이 더욱 증진되기 때문이다. 이런 체제를 유지하기 위해 시민들은 일정한 법체계에 동의하며 교육을 통해 시민적 자질을 배우고 토론을 통해 무엇이 공익(公益)인가에 합의하는 과정을 가진다고 했다.

벌린에게 국가, 계급, 민족, 또는 역사의 행진 등이 경험적 자아보다 더욱 '진정한' 주체로 간주되는 것이다(Berlin, 1964/2006: 366). 그에 의하면 내가 나의 주인이라는 생각에는 이미 나를 나 자신으로부터 분리되는 암시가 묻어 있다. 말하자면 인간성 내부에 한편으로는 초월적, 지배적 통제를 행하는 측면이 있고 다른 편에는 욕망과 열정의 덩어리가 존재한다. 후자가 전자에 의하여 훈육되고 치유될 필요가 있는 것이다.

현재 대한민국 헌법은 '욕망과 열정'과 '초월적 지배적 통제'를 규정한다. 헌법 제1조 ①항은 '민주공화국'을 규정한다. 여기서 민주공화국의 주권이 '국민 전체에게 있는 민주주의 국가이다'라고 한다(박영률, 2003: 20). 또한 제1조 ②항에 "대한민국의 주권은 국민에게 있고, 모든 권력은 국민으로부터 나온다"라고 한다.

헌법 전문은 "(…) 자율과 조화를 바탕으로 자유민주적 기본질서를 더욱 확고히 하여 정치 · 경제 · 사회 · 문화의 모든 영역에 있어서 각인의 기회를 균등히 하고, 노력을 최고도로 발휘하게 하며, 자유와 권리에 따르는 책임과 의무를 완수하게 하여 (…)"라고 했다. 민주공화국의 기본은 국민에게 모든 권력이 귀결되고, 국민은 자유와 책임, 그리고 기회균등을 보장받을 수 있는 것이다. 여기서 문제되는 것은 '정의'[5]사회이다. 샌델은 "정의로운 사회가 고대에서 미덕으로부터 출발하는 반면 근현대의 정의론은 자유에서 출발한다고 했다"라고 한다(Sandel, 2009/2010: 21).

과연 대한민국은 헌법정신과 같이 민주공화국을 누리고 있는가? 현실적으로 전혀 그렇지 못하다. 경제적 양극화는 점점 벌어지고, 개인의 적극적 자유는 실종된 상태이다. 개인의 행복은 저 멀리 존재하는 이상향에 불과하다.

〈뉴욕타임스〉(The New York Times)는 2011년 7월 6일 "한국은 국가적으로 신경쇠약에 걸리기 직전인 듯하다"라고 진단했다(심혜리, 2011). 그게 우리사회가 안고 있는 현실적·비판적 진단이다. 그는 "과도한 노동과 스트레스 및 상시적인 걱정 때문이라고 분석했다. 치솟는 이혼율과 학업에 짓눌린 학생들, 세계 최고수준의 자살률 및 근무시간 뒤에도 폭음을 권유하는 남성 위주의 기업문화 환경 등을 한국인의 삶의 조건으로 예시했다"라고 했다. 또한 "매일 30여 명이 자살하며 연예인과 정치인, 체육인은 물론 재계 지도자들의 자살도 거의 일상사가 됐다면서 특히 최근 카이스트 대학생 4명의 자살이 한국을 충격에 빠뜨렸다"고 소개했다. "한국의 자살률은 미국에 비해 3배가 높다. 1999년 이후 10년 동

5 오늘날의 정치를 움직이는 정의에 관한 주장들, 특히 철학자들이 아닌 일반인들의 주장을 가만히 살펴보면 더욱 복잡한 그림이 나타난다. 우리가 내세우는 주장은 언뜻 보기에는 경제적 풍요를 지지하고 개인의 자유를 존중하는 것이다(Sandel, 2009/2010: 21). 샌델은 정의를 이해하는 3가지 방식으로 "① 소득과 부, 의무와 권리, 권력과 기회, 공직과 영광 등을 어떻게 분배하는지 묻는 것이다. 정의로운 사회는 이것들을 올바르게 분배한다, ② 개인의 권리 존중을 강조하는 이론이다. 하지만 정의가 자유와 개인의 권리를 존중하는 것이라는 생각은 오늘날의 정치에서 행복 극대화라는 공리주의 사고만큼이나 익숙하다, ③ 마지막으로 정의는 미덕 그리고 좋은 삶과 밀접히 연관된다고 보는 이론을 살펴볼 것이다. 오늘날의 정치에서, 미덕 이론은 흔히 문화적으로 보수주의, 종교적으로 우파와 동일시된다"라고 했다(Sandel, 2009/2010: 33~35).

안 2배가 늘었다"라고 했다.

우리의 민주공화국이 충격 자체라는 것이고, 우리의 삶 자체가 진단된 것이다. 이 기사는 우리가 "서구 혁신기술을 강박적으로 받아들여 왔지만 정작 불안과 우울, 스트레스에 대한 심리치료를 대부분 거부하고 있다"라고 지적했다(심혜리, 2011). 사회를 움직이는 동력에 문제가 생긴 것이다. 우리 사회는 1997년 IMF 구제금융 이후 삶의 방향을 상실한 것이다. 국민들은 모든 문제를 경제로 풀이하려고 하는데도 문제가 심각성을 더해간다. 물론 강박관념으로 받아들이는 기술을 경제로 이야기할 수는 있다.

칸트는 기술이 안고 있는 충동을 욕구의 주관적 근거로 간주했다(Kant, 1788/2004: 95). 그때 칸트는 개인 의지의 객관적 근거를 동기(*motive*)에 두었다. 그 동기를 이론적으로 풀이하면 모든 주관적 목적으로 추상화가 된다면 '형식적 격률'(*formal maxim*)이 된다. 칸트는 충동에서 근거한다면 그것은 물질적(*material*)이라고 했다.

충동에 의한 물질적 지배가 우리의 삶을 지배하는 것이다. 그렇다면 우리의 삶 자체에 문제가 생긴 것이다. 칸트에 의하면 "인간성(*humanity*)의 원리는 모든 합리적 행위자에게 일반적으로 목적 자체로 존재한다"라고 했다(98). 그렇기 때문에 인간은 자신의 특성을 지니고, 그 특성으로 다른 사람에게 대우를 받게 된다. 그 목적론적 상황에서 모든 사람의 행위는 자유가 처한 상황에서 제약받는다. 칸트는 인간 자체의 특성을 어떤 경험으로 오는 것이 아니라 일반적, 객관적 목표로 본 것이다. 그는 순수이성(*pure reason*)뿐 아니라, 일반적 실천이성(*universal practical reason*)을 이 상황에서 제시했다.

그는 개인의 이성을 "일반적 법칙을 만드는 의지로서 모든 합리적 인간 의지의 사상이다"(*the Idea of the will of every rational being as a will which makes universal law*)라고 했다. 물론 그 의지의 선택은 격률의 상황과 관련이 있다. 그 사상은 제도와 헌법으로 연계된다.

충동의 상황에서 격률의 선택으로 이성의 잣대를 상실할 수 있다. 우리의 이런 상황은 제도와 헌법으로 다스릴 입장도 아니니다. 그렇다면 이 상황에서 적극적 자유를 찾는 방법은 덕성(德性) 함양의 필요이다. 칸트의 실천이성은 도덕률에 대한 중요성을 언급했다. 그리고 그리스인들은 '시민의 덕성'을 지나치게 강조했다.

그런데 우리 사회는 자기 절제, '시민의 덕성', 도덕성이 붕괴되었다. 우리 의식에 문제가 생긴 것이다. 기든스는 "인간의 행복과 경제적 번영의 선진화 사이에 직접적·필연적 관계는 없다"라고 했다(Giddens, 1972: 15). 그는 "욕구를 제공하는 효과가 더 많은 욕구를 자극하는 것에 불과하다면, 욕구와 만족 사이의 거리는 선진화로 감소되지 않고 오히려 그 갭(*gap*)이 확산된다"라고 했다. 우리는 어떤 목표 없이 삶을 살아간다는 말이 된다.

탐욕은 악덕이고 나쁜 태도이며, 소유에 지나치게 집착하는 욕망이다(Sandel, 2009/2010: 28). 그러니 탐욕을 포상하고픈 마음이 생길 리가 만무하다. 탐욕은 허위의식에 사로잡힌 나머지 '시민의 덕성', '도덕성'을 상실하게 만들고, 커뮤니티를 파괴시킨다. 이런 상황에서 개인의 절제는 탐욕의 행진에 매몰되고 만다.

개인의 덕성이 상실된다고 공권력이 어떤 도움을 주는 것도 아니었다. 서기남은 무너져가는 공권력을 "사회질서, 교권, 도덕성 등 나라를 지탱하는 기둥들을 바로 세우는 것이라고 본다. 모두가 다 그런 것은 아니겠지만 도덕이 땅에 떨어져서 자기 부모나 할아버지뻘 되는 어른들에게 아무런 공경심 없이 무례한 행동을 하는 요즘 젊은이들을 보면 한숨이 절로 나온다"라고 했다(서기남, 2011). 그는 사회제도의 문제를 직시하는데 "학교·학부형이 교사를 조롱하고 폭행하는 사회, 파출소에서 난동을 부려도 경찰관이 도망치는 사회, 이런 사회에 사는 젊은 세대들이 무엇을 보고 배우겠는가. 우리 모두 (특히 공직자들) 각성하고, 이제부터라도 무너져가는 사회기강을 바로 세워서 다시는 이처럼 부끄럽고 불미스러운 일들이 발생하지 않는 정의롭고 훈훈한 사회가 되었으면 한다"라고 했다(서기남, 2011).

또 다른 사회제도의 문제는 투표율의 감소다. '자신의 자기를 지킨다'라는 참여정치의 실종을 가져왔다. 사회적 비조직화, 시민의 참여의 부족, 공적 기구의 신뢰의 감소, 시민가운데 이질화, 사회적 생활 속에서 너무 많은 시장기능의 강조 등이 우리가 처한 현실이다.

부르주아 개인주의가 이익추구로 나타나고, 그 행동이 여론을 통해 공론이 된다면 금상첨화가 아닐 수 없다. 그러나 공정성, 형평성, 객관성, 균형성을 상실한 여론은 탐욕을 부추긴다. 시민의 동기가 충동적 · 탐욕적 동기로 작동하고, 시민의 덕성이 무너지고, 공권력이 붕괴되고, 사회정의가 상실된 상태이다. 그 사회에서 경제정의가 얼마만큼 작동할지 필자는 의심을 하게 된다.

자본주의 초기에는 이탈리아 공화정의 복원이 기대되었다. '공론장'(*public sphere*)으로서, 초기 시민사회에서의 언론에 관심을 가졌다. 여기서 시민사회(*civil society*)는 '부르주아 사회'(*buergerliche gesellschaft*), 즉 노동, 자본, 재화시장을 통해 조정되는 경제영역을 더는 포함하지 않는 곳이다. 시민사회의 제도적 핵심을 이루는 것은 자발적 토대 위에서 이루어진 비국가적이고 비경제적인 결사이다(Habermas, 1962/2004: 51). 이들 시민사회는 교회, 시민광장, 시민운동, 직업연합, 정당, 노동조합, 대안기관 등이다.

말하자면 시민사회는 비(非)정부적, 즉, 2차 연합을 의미하는데 경제나 관리가 아닌 비정부적 2차 집단에 속한다. 하버마스는 이들의 활동 영역을 '자유주의적 공론장'(*liberal public sphere*)이라고 했다(Fraser, 2003: 102). 이곳은 사적 개인의 구성원이 되어 공중을 형성하기 위해서 모인 곳이다. 여기서 사적 개인(*private persons*), 즉 부르주아 공중은 정부의 관리도 아니다. 공론장은 국가 권력기구가 아니라, 국가에 대항하여 봉사하는 갖가지 비정부적 의견의 형태를 비형식적으로 동원한다. 그들의 공론장에서 참여는 공적 능력을 담보하지는 않는다. 그들은 국가가 결정한 비판적 언급의 여론의 관점에서 국가를 평가한다. 그들은 소득과 부, 의무와 권리, 권력과 기회, 공직과 영광을 공정하게 분배하도록 도와준다. 같은 맥락으로 공화주의에서 여론의 형태는 사회 전체의 맥락으로부터 분리될 수 없다. 공화주의에서 지배를 결한 것은, 타인의 면전에서 지배를 결한 상태를 의미한다(Pettit, 1997: 66). 신분(*the status*)은 지배하는 아무도 개인을 지배하지 않은 상태, 혹은 타인이 법이 아닌 임의적으로 간섭하지 않는 상태에서 공동체의 구성으로서 살아가는 것을 의미한다.

우리는 타인이 부재한 상태의 마음을 갖고 살아간다. 그럴지라도 비지배는 자유인(*liber*)으로서 시민의 역할과 관련된 신분이고, 자연적 자유로부터 차별화된다. 이 상태에서 사회적 이념은 구성원의 호혜적 상호 간의 관계를 맺는다. '인간 사이의 이치', 즉 윤리문제가 부각된다. 시민은 다른 사람이 현존하는 상태에서 자유를 얻는다.

공화주의하에서 개인의 행복과 복지는 사회의 목표이며, 생각하는 유기체로서의 인간은 이를 둘러싼 세계를 조직하고 그의 이익을 추진할 결정을 내릴 수 있다. 인간은 때때로 인간적 문제를 해결함에 있어 신이 부여하는 이성의 힘을 행사하지 않는다고 하더라도 결국 그들은 개개인의 결정의 집대성에 의하여 문명의 목적을 촉진하게 된다(Siebert et al., 1956/1991: 74).

이런 공화주의 사회에서 모든 원리는 경험적, 혹은 합리성으로 얻을 수 있는 모든 원리는 ① 행복의 원리로 얻는 것, 즉 자연적, 혹은 도덕적 느낌에 기초한 것이며, ② 완성의 원리로 얻는 것이며, 우리의 의지의 가능한 효과로서 합리적 완성(*a rational concept of perfection*)의 개념에 기초하거나, 혹은 우리 의지의 원인을 결정하는 것으로 자기 존재의 완성(*a self-existent perfection*, 신의 의지)의 개념이다(Kant, 1788/2004: 109).

3 언론의 현실적 논의

현재 우리 사회는 양극화가 심해지고, 불평등이 상대적으로 강화되었다. 공영방송을 비롯한 방송은 다양한 의견을 수렴하는 것이 아니라 강력한 관료화로 사회 내 커뮤니케이션을 단절시킨다. 원래 공영방송은 '우리의 가정을 풍요롭게 하고, 우리의 가족을 교육시키며, 학교 교육을 보조할' 비영리적 시스템이자 상업방송의 대안으로 계획되었다(Bullert, 1997/2005: 31). 이러한 방식의 방송운영은 '심층적 시사 프로그램뿐 아니라 문화적이고 정보를 제공하는 편성을 통해 시청자의 '이성과 감성에 호소' 하고 '보다 더 교양 있고 계몽된 대중을 길러낼 것이다'라고 했다.

공영방송은 비주류나 소수자의 목소리를 대변하면서, 사회 변동의 최전선에 서게 된다. 이들 방송은 사회적 약자를 사회일원으로 생활할 수 있게 만든다. 공화주의가 지향하는 목소리와 다르지 않다. 공영방송의 이런 취지에서 사회 내 양극화가 계속 심화된 것은 공영방송의 사회적 기능이 약화되었다는 결론을 도출한다.

뿐만 아니라 거대 언론은 사회책임을 뒤로 한 채, 각각의 제도를 유지하는 데 급급하다. 미디어는 '선전적 성격'을 강화시킴으로써 공론장의 '플랫폼(場) 역할'을 상실하게 되었다.

민주주의 그리고 공화주의는 '혼합 정부'(*a mixed government*)로 왕, 귀족, 인민, 그리고 입법, 사법, 행정 등이 견제와 균형을 취하도록 했다. 그 견제와 균형의 마지막 보루로 언론을 두었다. 그런데 공영방송 등이 제 기능을 하지 못한 것이다.

이런 현실은 다른 새로운 미디어가 생겨나면서 공개된 것이다. 인터넷뿐 아니라 SNS 미디어가 우리사회를 엄습한다. 새로운 미디어의 네트워크는 변형된 커뮤니티의 역할을 담당한다. 그러면서 우리는 미디어의 역할을 염두에 두고 공화주의 이론을 다시 생각하게 된다.

2010년 우리사회는 또 하나의 미디어인 SNS를 수용했다. 이른바 '소셜 네트워크'가 생겨나고, 디지털 광장이 활기를 띠고 있다. 개인이 '사회적' 존재로만 남아 있다면, SNS는 공론장의 역할을 담당하게 된다. 이 매체는 네트워크가 수평화되어 있다(장덕진, 2011). 누구나 참여하여 공동체를 형성한다. 서로 트위터에 참여하여, 정보를 공유하고, 네티즌은 이내 집단지성(集團知性)을 형성시켰다. 개인은 스마트폰으로 취재를 하고, 사진을 찍고, 녹음하고, 기사를 송고한다. 미디어 장벽의 넘나듦이 그만큼 용이해진 것이다. 그곳으로부터 개인은 수많은 정보를 얻고, 생산하고, 공유의 범위를 넓혀간다.

전통 미디어와 달리 SNS는 네트워크의 편집권이 완벽하게 분산되거나 민주화된다. 다양한 매체들이 기사를 제공하면 수용자들은 SNS에서 기사를 선택하고, 비평하고, 공유한다(장덕진, 2011). 이 과정에서 편집자가 드러낸 사실에 새로운 사실이 더해지거나 편집의 의도가 재해석돼 새로운 뉴스로 만들어진다. 각자가 SNS를 활용해 자신의 신문을 편집하는 것이다.

각 분야의 전문가들은 순간순간 희비가 엇갈리는 다양한 반응들을 실시간으로 주고받는다. 개인의 동선과 내면이 실시간으로 중개된다. 개인은 누구나 정보 생산자로서 SNS 세계에 참여한다. 최근 소셜 컴퓨팅, 소셜 웹, 소셜 검색, 소셜 커머스, 소셜 TV, 소셜 선거, 미래의 큰 트렌드들은 한결같이 '소셜'이라는 접두어를 달고 있다(장덕진, 2011).

공통점은 수많은 사람이 네트워크를 통해 집단지성을 만들어내고 '공공의 선(善)'을 창출한다. 네트워크의 복원은 '사회적인 것'의 복원이기도 하다. 매체도, 콘텐츠도, 디바이스도, 선거도, 정책도, 모두 네트워크를 통한 사회적 필터링에 의해 재구성된다. 말하자면 그 참여자는 '소셜 네트워크'로 타인을 접하게 되고, 디지털 세계에서, 사회적 네트워크 안에서 정보전달이 이뤄지고 '시대정신' 혹은 지식을 교환한다.

자유와 평등이 함께 하면서 더불어 입법이 만들어지는 공화정의 형태는 더욱 설득력 있는 이론이 된다. 네트워크로 인해 디지털 안에 개인은 커뮤니티를 유지한다. 사적 개인이 실시간으로 참여하여 그들의 의사를 전달하고 집단지성을 만들어 낸다.

물론 개인의 자유와 권리가 더욱 확대되면, 그에 따른 규제방법도 더욱 정교해질 수밖에 없다. 그렇지 않으면 국가가 더욱 혼란스럽게 된다. 개인 차원에서 그렇게 문제되는 것만 아니다. 최근 논의되는 '자본주의 4.0 시대'[1]에서 정보통신기술(IT)은 대단히 유용한 도구로 활용가능하다(김성태, 2011). 정보통신기술은 사람과 사람을 이어주는 커뮤니케이션과 정보습득의 수단만이 아니라, 네트워킹을 기반으로 산적한 사회문제의 해결과 인본주의 가치의 실현을 위해 효율적이고 효과적인 역할을 할 수 있게 되었다.

더욱이 최근 확산되는 스마트폰, SNS 등의 스마트 기술은 자본주의

---

1 《자본주의 4.0》(*Capitalism 4.0: The Birth of a New Economy*)은 러시아 출신으로 영국에서 활동 중인 저널리스트 아나톨 칼레츠키(Kaletsky)가 2010년 사용한 말이다. 이 말은 '낮춤과 배려', '따뜻한 자본주의', '착한 자본주의'로 귀결된다(이영성, 2011). 그는 18세기에서 1920년까지 지속된 자유방임 자본주의를 1.0으로, 이후 1930년대 대공황을 겪으면서 정부의 시장개입이 대세가 됐던 시기를 2.0으로 규정했다. '자본주의 2.0'이 1970년대에 스태그플레이션으로 휘청거리게 되자, 비효율적인 정부 대신 시장에 모두 맡겨야 한다는 신자유주의가 태동했는데 이 시기가 '자본주의 3.0'이라는 것이다. 그 후 '자본주의 4.0'은 자본가의 선의, 이를 바탕으로 한 공정한 사회, 그리고 번영하는 국가를 지향한다(이영성, 2011).

4.0 실현을 위한 새로운 기회를 제공할 수 있다. 스마트 기술은 사회구성원 누구나 참여하여 개방적 협력과 창의적 혁신을 바탕으로 새로운 가치를 만들 수 있는 개방형 플랫폼(場)과 공생발전의 생태계 구축을 가능하게 한다(김성태, 2011).

우리는 커뮤니케이션의 극대화 시대에 살고 있다. 말의 커뮤니케이션을 통한 '화학적 반응'이 가능한 시대이다. 원래 커뮤니케이션[2]은 공유를 의미를 지닌 라틴어의 'communis'에서 유래되었는데, 그 의미가 인간(들)이 다른 인간(들)과 생각이나 지식, 정보, 의견, 의도, 느낌, 신념, 감정 등을 주고받아 공유 또는 공통화하는 것이다(차배근, 1992: 17). 더욱이 기술의 발달로 즉시성이 강화되었고, 쌍방향 커뮤니케이션이 가능하게 되었다.

이로 인해 정보의 생산자와 소비자의 구분이 불분명해지고, 데이터 교환만이 아니라 오히려 공유의 범위가 넓어졌다. 이러한 역동성으로 인해 커뮤니케이션 자체가 새롭게 인식되었고, 대화, 교류, 연대, 긍정적 관계의 창출이 더욱 활기를 띠게 되었다. 그러나 또한 부정적 요소도 공존한다. 곧 커뮤니케이션 도구는 소통의 일방성, 자기 내면세계의 일부만을 전달하려는 경향, 자칫 자아도취에 빠질 수 있는 등 자기허상을 만들어낼 위험을 안고 있다.

멀티미디어 사회가 한참 진행되면서, 우리사회는 엄청난 충격을 경험하고 있다. 즉, 사생활 침해, 자료의 보안과 기밀유지, 저작권과 지적재산에 관한 법률, 음란물, 자살사이트, 뉴스를 가장한 뜬소문 등의 유

---

2 커뮤니케이션(*communication*)은 원래 '공통'(共通), '공유'(共有)라는 의미를 지녔는데, 라틴어 동사는 'communicare'로서 '같이 이야기하다'(*to talk together*), '협의하다'(*confer*), '대담하다'(*discourse*), '상담하다'(*consult*)의 뜻을 가진다(차배근, 1992: 17). 또한 이 말은 '지역공동사회'(*community*)뿐만 아니라 '우의'(友誼, *fellowship*), '다른 사람을 다룰 때의 정의'(*justice in men's dealings with one another*)를 뜻하는 라틴어의 'communitus'라는 말과 밀접한 관계를 가진다.

포와 인신공격 등이 우리사회를 엄습한다. 특히 악성리플이나 자살사이트, 인터넷 중독 같은 부정적인 현상은 우리 사회에 죽음의 문화를 양산하고 있다.

미디어가 하나씩 늘어날수록 소통의 문제는 더욱 심각하게 다가온다. 이런 사회의 심각성에 비해 커뮤니케이션 연구자는 사회에서 일어난 현상을 기술하는 데 만족한다. 빠른 기술에 대한 어떤 대안을 사회에 내놓지 못한 것이다. 이런 의미에서 고전적 언론자유의 의미가 얼마나 도움이 될지 필자도 의문을 가진다. 1945년 이후 언론은 거대산업으로 변해왔다. 신문과 방송은 이제는 '공론장'을 형성하거나, 개인의 언론자유를 보장하는 기구로 작동하지 않고 있다.

하버마스는 1960년대에 벌써 이런 일들을 예견했다. 그는 1962년 《공론장의 구조변동》(*Strukturwandel der Oeffentlichkeit*)에서 "의도적 여론몰이의 형식은 '자유주의적 공론장의 이상(理想)으로부터 의도적으로 벗어나는' 형식이다. 국가의 관료제는 거대한 민간기업과 단체조직이 이미 작동시키는 관행으로부터 이러한 형식을 차용한다. 공공행정은 이들과 협력하여 비로소 그 '선전적 성격'을 획득한다"라고 했다(Habermas, 1962/2004: 313). 사적 의견이 공론장에서 서로 교환되고, '사상의 공개시장'(*the free market places of ideas*)을 거치면서 공론화하는 이상적인 상황은 더는 기대할 수 없게 되었다. 비대해진 미디어가 '선전적 성격'을 강화시킴으로써 진리와 진실은 왜곡되기 일쑤이다. 매스미디어가 기업과 국가 기구의 선전적 기능을 담당하기에 이른 것이다. 더욱이 기술의 발전은 거대 미디어의 위상을 추락시켰다. 1990년대 이후 인터넷, 가상공간의 발전으로 기존 미디어는 시도 때도 없이 공격의 대상이 되었다.

언론학 연구는 새로운 미디어의 등장과 더불어 위기를 맞게 된 것이다. 과거의 언론자유의 분석틀은 미디어 연구에 집중되었으나, 지금은 누구나 미디어 내용의 생산자가 된 것이다. 또한 언론학은 서구에서 이야기하는 자유주의자들 몇 명을 집중적으로 연구하는 성과에 만족했다.

그러나 인터넷이 한참 발전된 상황에서는 그 몇 명이 아닌 더 폭 넓은 범위로 언론자유를 논할 필요가 생겼다. 언론의 자유가 아닌 커뮤니케이션의 자유가 논의되어야 한다. 그만큼 학제 간 연구가 요구되는 시점이다.

이런 관점에서 언론자유의 사상은 역사를 다시 서술해야 할 위치에 놓이게 되었다. 최근 언론학에는 언론자유와 공동체 유지라는 양자의 장점을 살린 공화주의에 관심을 두기 시작했다.

임상원(1997)은 "아레오파지티카의 언론자유사상", 조맹기(2009, 2010)는 "민주공화주의하에서 원활한 소통의 미학", "민세 안재홍의 '민주공화국' 사상" 그리고 홍성구(2011)는 "《아레오파지티카》에 나타난 공화주의와 언론자유" 등을 논했다. 그리스, 로마, 르네상스 이후 공화주의 사상이 우리 학계에서 활기를 띠고 있다.

홍성구는 언론자유를 처음 논한 밀턴에서 공화주의 사상의 편린을 찾았다. 그가 《아레오파지티카》를 해석하는 데 적용한 공화주의의 개념은 '비지배', '공동선', '시민적 덕성', '공론장' 등이다. '시민적 덕성' 부분은 자유주의와 공화주의의 관계로 설명했다(홍성구, 2011: 180). 같은 맥락에서 아리스토텔레스는 '시민의 덕', 탁월함, '선', 그리고 '행복' 등을 논함으로써 공화주의의 기틀을 마련했다(Aristotle, 1962: 3~10). 또한 그는 "공화주의에서 공존의 이념이 합의에 의해서만 만들어지는 것이 아니라 공동체 구성원들 간의 대립과 갈등 속에서도 생겨난다고 파악한다. 즉, 공동체 구성원들의 사익 추구로 인해 공동선이 훼손되지 않고 유지되기 위해서 정치적 공동체는 불평등의 심화를 막는 공정한 법률과 시민적 덕성의 함양을 필요로 한다"라고 했다(홍성구, 2011: 183).

공화주의의 이론가는 로마법으로부터 자치정부의 원리를 도출했다. 법은 모든 사람에게 자유를 부여하고, 어떤 외부의 통제나 간섭으로부터 탈출해 자신을 '관리'(*mastery*) 할 수 있게 했다. 그 사회의 모든 사람이 자기 스스로 중요한 결정을 하도록 했다. 물론 자기의 이익을 취하지만 커뮤니티의 구성원은 '애정'(*affection*)의 수동성과 '정념'(*passions*)의 능동성, 그리고 '성찰'(*reflection*)의 오묘함을 추구했다. 전통 서구인들은 공통성을 위해 같이 의견을 교환하고, 함께 '숙의'(*deliberation*)에 참여했다. 그들은 특정한 당파성을 대항하여, 공통선을 구사했다(조맹기, 2009: 273).

한편 공화주의는 '인민주권'(*the sovereignty of the people*)에 기초한다. 대한민국 헌법에도 '국민주권'을 이야기한다. 그리고 주권자의 인권과 권리를 주장한다. 헌법 제 10조는 "모든 국민은 인간으로서의 존엄과 가치를 가지며, 행복을 추구할 권리를 가진다. 국가는 개인이 가지는 불가침의 기본적 인권을 확인하고 이를 보장할 의무를 지닌다"라고 한다.

같은 맥락에서 밀턴의 인민주권은 가장 적은 요구로, 다수의 지배와 행복과 맥을 같이 한다. 그러나 공화제는 독립(*independent*), 상호주관적 신분(*intersubjective status*)에 더욱 관심을 가짐으로써, 민주주의보다 더욱 적극적이다. 개인은 정통성 있는 법에 의해 종속되는 자유로운 시민으로서 의무와 책무를 성실히 수행해야 한다(Viroli, 2002: 10; 조맹기, 2009: 276).

이런 공화주의 논의는 임상원이 불을 붙였다. 그는 "공화주의에서 자유의 주체는 국가·도시국가라는 공동체이다(Milton, 1644/1998: 240). 또한 그는 "이런 의미에서 공화주의는 공동체주의(*communitarianism*)와 공유하는 부분이 있다. 즉, 공화주의가 궁극적 목표로 삼는 것은 공동체의 자유와 독립이다. 공화주의는 아리스토텔레스의 "인간은 정치적 동물이다"라는 명제를 받아들인다. 이런 의미에서 공화주의가 아리스토텔레스적이라면 자유주의는 칸트적이다"라고 했다(임상원, 1998: 240). 더욱이 칸트는 자유주의와 공화주의 이론을 함께 포함한다.

홍성구와 임상원은 공화주의와 현대 언론자유의 사상을 밀턴에서 그 기원을 찾았던 것이다. 밀턴은 1644년 11월 24일 《아레오파지티카》란 글을 작성하여 의회에 보냈는데 이 글의 부제는 '허가받지 않고 인쇄할 자유를 위해 영국 의회에 보내는 존 밀턴 씨의 글'이었다.

많은 자유주의자는 간섭을 거부하는 '소극적 자유'의 개념을 가졌다

(Pettit, 1997: 9). 그들은 다른 사람을 넘어 권력을 지배하는 것에 대한 억압을 허용하지 않았던 것이다. 이는 그들이 만든 활기찬 시민사회였고, 이 점에서 공화주의와 맥을 같이 했다(Pettit, 1997: 8).

자유주의자의 이러한 개념은 빈곤, 무지, 불안정, 노동현장, 선거, 언론자유 등에서 적용되었다. 그들은 불개입뿐 아니라 평등에 관심을 가졌다. 《아레오파지티카》는 언론자유의 고전이고, 현대 자유주의 언론이론은 여기서부터 시작한다. 밀턴은 '허가받는' 출판을 거부한 것인데 이 글은 3가지 정도의 뜻을 지닌다.

첫째, 책은 인간 정신의 산물이다. 밀턴은 "우리가 좋은 책 하나를 파괴한다는 것은 이성 그 자체를 죽이는 것이고 이는 마음속에 있는 하느님의 형상을 죽이는 것이다"라고 했다(Milton, 1644/1998: 30). 밀턴은 '좋은 책은 뛰어난 영혼의 고귀한 생혈(*life-blood*)이며 한 생명이 죽은 후에도 그 정신을 영원히 간직하고 비장해 두는 것이다'라고 생각했다. 그는 '기독교적 자유'와 '지적 탐구의 자유'를 집중적으로 논의한 것이다. 동서고금을 통해 영원한 진리는 한 번 죽으면 같은 육체를 지닌 인간으로 환생할 수 없다는 사실이다. 그렇다면 밀턴에게 책 한 권은 다시 살릴 수 없는 지혜를 담은 것이다.

둘째, 밀턴은 실제 검열이 불가능함을 강변했다. 그는 "도대체 누가 각 가정의 침실에서 속삭이는 불평과 연가를 침묵시킬 수 있는가? 창문에 관해서도 마찬가지이고 발코니 문제도 그렇다. 겉장에 해로운 내용을 실은 책들이 판매를 위해 전시되었을 때는 누가 이를 금지해야 하는가? 20명의 검열관들이 해야 하는가?"라고 했다(Milton, 1644/1998: 86). 검열의 사실상 불가능한 측면을 강조한 것이다.

밀턴의 둘째 논리는 벌린과 상통한다. 그는 1958년 "자유의 두 개념"에서 '소극적 자유'를 다루었다. 그는 "가만히 놔두었더라면 내가 할 수 있었을 일을 다른 사람으로 인하여 내가 못하게 되었다면 그만큼 나는 자유롭지 못하다. 그리고 다른 사람 때문에 그 영역이 일정한 한도 이상으로 축소될 때 내가 강제를 받는다든가 또는 어쩌면 노예가 되었다는 서술이 가능하다"라고 했다(Berlin, 1964/2006: 344). 이 입장은 "각 개인이 타고 난 능력을 최소한으로나마 발현할 수 있는 영역이 허용되지 않는다면 어떤 종류의 목표의 추구도 가능할 수 없기 때문이다"라고 한다. 여기서 말하는 소극적 자유는 "다른 사람 어느 누구도 내 활동에 개입하여 간섭하지 않는 만큼 내가 자유롭다는 것이다. 정치적 자유는 단순히 한 사람이 다른 사람의 방해를 받지 않고 행동할 수 있는 영역을 의미한다"라고 했다.

나머지 하나는 '사상의 공개시장' 원리이다. 이는 "진리와 거짓이 서로 맞붙게 될 때는 언제나 진리가 승리하게 된다는 밀턴의 유명한 이 주장을 상징적으로 표현해 주는 한마디 말이 있다(…) 그것은 오늘날 '자동조정의 원리'(*the self-righting principle*) 라고 알려진 개념으로써(…) 진리는 아주 강하며, 진리가 승리하도록 하기 위한 어떤 정책도, 술책도, 허가도 필요하지 않다'라고 밀턴은 말했다"라고 한다(Milton, 1644: 409; Altschull, 1990/1993: 81).

불문법을 채택하는 영국에서는 '자기수정의 원리'가 의사결정 과정에서 상당히 중요한 위치를 차지했다. 그 논의가 끊임없이 어떤 형식을 만들기를 시도한 것이다.

밀턴의 자동조정 장치는 스미스의 《국부론》(*An Inquiry into the Nature and Causes of the Wealth of Nations*, 1776)에 반영되었다. 스미스는 "자기 자신의 이기적 동기에 따라 행위를 해나가면 모든 경제인은 '보이지 않는 손'[3]의 인도로 사회에 기여하게 될 것이며 따라서 도덕적으로 정당하

3 《국부론》에 등장하는 '보이지 않는 손'의 작용을 위해서는 '일정한 제도적 장치'가 구축되어야 한다. 개인의 자유가 '정당한 범위의 경쟁 테두리' 내에서 허용될 때, 개인의 이기적 행동들은 보이지 않는 손의 작용에 의해 사회의 이익과 일치할 뿐만 아니라(정태적 일치성) 그것을 촉진하게 된다(동체적 일치성)(박순성, 2003: 49). 좀더 풀이하면 자유주의의 제도적 측면을 강조하는 이 해석에 의해 자기애에 따라 움직이는 개인들 간의 조화로운 사회질서는 '개인들의 사회윤리'와 함께 '적절히 규정된 사회제도'를 기본조건으로 한다.

다"라고 했다(박순성, 2003:219).

밀턴은 '사상의 공개시장 원리'에 따라 서적 허가를 거부했다. 그는 "'책이나 팸플릿 문서는 앞으로 허가관 또는 적어도 이 법에 따라 지명 받은 자 가운데 1명에 의해 인증 및 허가받지 않으면 인쇄될 수 없다'라는 명령을 판단한 것이다"라고 했다(Milton, 1644/1998: 27). 즉, 자유방임의 맥락은 개인 생활의 영역에 국가의 권위 또는 그밖에 어떤 형태의 권위도 침범하지 못하도록 하는 일이 사회 전체의 조화와 병행할 수 있다고 생각하였다.

스미스는 《국부론》을 쓰기 17년 전 《도덕감정론》(*The Theory of Moral Sentiments*, 1759)을 집필했다. 《국부론》은 개인에게 도덕적인 책임감을 회피하게 하지만 《도덕감정론》은 개인들에게 경제적 욕구를 추구하는 것을 포기하고 도덕적 책임감을 갖도록 권유한다"라고 했다(박순성, 2003: 219). 이것은 개인의 만족에 끝나지 않는다. 아리스토텔레스는 "자기 충족(*self-sufficient*)은 자신 혼자의 준거가 아니다. 개인은 부모, 가족, 부인, 친구 시민 등과 같이 생존한다. 그 이유는 인간은 천성으로 사회적 · 정치적 존재이기 때문이다"라고 했다(Aristotle, 1962: 15).

사회윤리는 커뮤니티 유지, 공화주의 원리에 필수적이다. 설령 그렇더라도 공화주의는 그것만으로 유지가 불가능하다. 인구가 팽창함에 따라 분업이 이뤄져야 하고 사회제도가 형성되어야 한다. 언론제도가 생긴 것도 커뮤니케이션의 활성화를 돕기 위한 것이다.

언론의 자유는 그 목적을 위해 허용한 것이다. 그러나 필자가 문제를 제기하는 측면을 하버마스가 언급했다. 언론은 최근 '선전적 성격'을 취해 더는 공론장 역할을 할 수 없게 되었다. 하버마스는 《공론장의 구조변동》에서 다른 하나를 언급했는데, 그는 언론, 사회제도가 형성되면서, '진리'와 '진실'이 계속 유지되고 확산에 문제가 생겼다는 측면을 강조했다.

필자는 하버마스와 동조하면서 칸트에서 그 해결책을 찾아본다. 칸트는 '명령'(*imperative*) 을 이야기하면서 합리적 행위자(*a rational agent*) 가 가져야 할 수단의 덕목으로 기술(*technical*), 효용성(*pragmatic*), 그리고 '도덕의 강압'(*imperative of morality*) 을 언급했다. 도덕감은 행복과 관련이 되고, 시민의 선한 행동과 연계된다(Kant, 1785/1964: 27). 즉, 그는 도덕이란 행복 극대화를 비롯한 어떤 목적과도 무관하다고 주장한다. 그 대신 도덕은 인간 그 자체를 목적으로 여기고 존중하는 것이다(Sandel, 2009/2010: 149). 칸트의 원리대로라면 과연 거대한 기업으로 변한 언론제도가 우리에게 인간존중을 실현하고, 행복을 가져다줄까? SNS에 언급되는 내용이 '진실'과 '진리'를 밝히는데 도움이 될까? 그리고 이들 사회제도는 진정한 공동체 형성에 도움이 될까?

우리 헌법 제 1조에 '대한민국은 민주공화국이다'라는 공화주의 명제를 풀어가면 그 해답이 금방 나온다. 공화주의하에서 언론은 그만큼 사회에서 '탐욕'을 견제하는 중요한 도구가 된다. 뿐만 아니라, 언론은 공론장을 통해 진리를 규명하고, 진정한 공동체를 유지하고 발전시킨다. 만약 언론학에서 이런 의미를 규명하지 않는다면, 헌법은 개인의 생활과 전혀 동떨어지게 된다. 이 책은 공화주의의 논의들에서 ① 그리스·로마의 공화주의 개념, ② 아리스토텔레스의 '시민의 덕', ③ 하버마스의 공론장, ④ 해링턴의 공화정과 스미스의 사회윤리, ⑤ 칸트의 공중, 개인성, ⑥ 메디슨(Madison, 1751~1836) 의 '미 연방 수정헌법', ⑦ 존 스튜어트 밀(Mill, 1806~1873) 의 사회적 행복, ⑦ 인민주권하에 '최대 다수의 최대 행복' 등 공화주의의 의미를 규정한다.

공화주의의 논의들 4

1. 그리스 · 로마의 공화주의 개념

공화주의는 개인의 자유와 커뮤니티 유지라는 2가지의 큰 흐름에서 그 의미를 규정해야 한다. 개인의 자유를 강조하면 자유주의와 일맥상통한다. 자유주의자들은 '인간의 자유와 평등의 구현'에 관심을 가진다. 그들은 특히 개인의 천부인권 등 기본권에 주목한다.

벌린은 '소극적 자유'와 '적극적 자유'를 이야기했다. 전자는 다른 사람에 의한 지배가 없는 상태이고, 후자는 개입(*interference*)이 없는 상태이다(Pettit, 1997: 51). '적극적 자유'는 임의의 개입에 대항해서 안전을 요구한다.

공화주의는 임의적 권력의 비지배(*non-domination*) 상태이다. 물론 비지배는 지배가 없는 상태인데 지배는 그 주도자가 개입할 수 있는 능력을 가져야 하고, 그것은 임의 근거에서 행해지고, 그 행위는 개인이 직접 행할 뿐 아니라 직위를 갖고 있음으로써 가능한 것이다.

여기서 비지배는 물론 한 사람에 관한 내용일 수 없으며 반드시 두 사람 이상, 커뮤니티 생존, 운영과 관련이 있다. 공화주의가 자유주의와 개념을 달리하는 이유가 우선 여기에 존재한다.

또한 개입은 강압이든 조작이든 다른 사람에 영향을 주고, 그 영향이 구체적 상황하에서 역동적으로 이뤄지는 것이 관건이다. 개입이 임의적으로 일어나면 그 사회의 커뮤니티에는 불만이 쌓인다. 권력의 남용으로 도덕과 윤리가 땅에 떨어지게 마련이다. 그렇다면 개입에 바탕을 둔 지배가 없는 상태는 커뮤니티 안에서 같은 신분(*status*) 을 유지하면 된다. 최근 우리 사회에 논의되는 복지의 강화는 국민 개개인에게 신분의 혜택을 누리게 하는 형태이다.

이런 공화주의 전통과 그 성격은, 특히 아리스토텔레스의 특성으로 보아 고대 그리스에서 온 것을 이야기하는 로마 작가도 있지만 그 기원은 로마로 잡는다(Pettit, 1997: 283). 그 전통은 로마 공화정의 제도와 같이 상생하면서 등장한 것이다. 로마인들이 B. C. 509년 폭정을 이유로 마지막 왕을 축출한 후 자신들의 국가를 '공공의 것'이라는 뜻의 레스 푸블리카(*res publica*)[1]를 세웠다. 우리는 그 단어를 '공화(共和) 라는 말로 번역하고 왕이 지배를 하지 않는 국가로 이야기한다(조승래, 2010: 15).

로마는 이 제도를 형성하는데 정통성을 부여했고, 영향력을 끼쳤다. 자질과 능력만 있는 인민에게 누구나 평등한 기회를 제공했다. 공화국의 명성은 폴리비우스(Polybius, B. C. 200~110년경), 리비(Livy, Titus Livius, B. C. 59~A. D. 17), 플루타르크(Plutarch, A. D. 46~120년경), 타키투스(Tacitus, A. D. 55~117년경), 살루스트(Sallust, B. C. 86~34) 그리고 변호사, 웅변가, 철학자이었던 키케로 같은 역사가에 의해서 명료하게 얻게 되었다.

---

1 공화국(*res publica*) 의 publica, 즉 public의 어원은 라틴어 publicus에서 나왔으며, 이것은 '인민에 속하는 것'이라는 의미로 인민을 뜻하는 'populus'의 형용사형이다(김경희, 2009: 52). 키케로는 공화국을 인민의 일들(*res populi*) 로 정의했다. 여기서 인민은 사적 개개인을 의미하는 것이 아니라, 이미 공동체를 구성하는 전체 구성원을 가리키는 집합적 개념이다. 개개의 구성원들을 공동체라는 틀 속에서 인지한 것이다. 그 개념에는 지배가 존재하지 않는다.

폴리비우스는 《역사》(*Historiae*)[2]에서 최초로 '혼합정론'[3]을 폈다. 또한 리비는 타인의 의지에 종속되지 않고 오로지 자신의 의지에 따라 사는 것을 곧 자유라고 했다(조승래, 2010: 109). 그는 《로마사》에서 "로마들이 자유로운 시민이 되기 위해서는 매년 관리를 선출하고 또한 법의 지배에 모든 시민이 평등하게 복종하는 자유국가를 수립해야만 했다. 그러나 국가는 자치 공동체로 규정될 수 있는데, 그 안에서는 법의 지배권이 그 어떤 인간의 그것보다 훨씬 더 크다"라고 했다(109).

한편 키케로는 같은 맥락에서 그리스 전통을 받아 '혼합정체'를 선호했다. 키케로가 볼 때 불안정성을 극복할 수 있는 유일한 길은 3가지 요소를 혼합하는 것이었다(김경희, 2009: 47). 즉, 키케로는 민주제에서는 인민들이 소중히 여기는 자유(*libertas*), 귀족제에서는 뛰어난 가문에서 자라고 교육받은 훌륭한 인물들의 지혜(*consilium*), 군주제에서는 군주의 대승적 사랑(*caritas*)을 각각 가져와 결합하기를 바란 것이다.

로마의 공화정은 3가지 기구가 견제와 균형을 취하면서 지배가 없는 체제, 즉 혼합정론으로 운영되었다. 군주제의 집정관, 귀족제의 원로원, 민주제를 구현하는 민회가 존재한 것이다. 시민 각자는 자질과 능력

---

2 《역사》는 기원전 151년 작성된 책이다. 그 책 제 6권은 로마의 정치현실 속에서 공화정의 실체를 예리한 통찰력으로 분석했다(임채원, 2008: 47). 공화주의 전형을 폴리비우스의 공화정에서 찾으며 그가 공화정의 절정기로 고려한 시기는 과두정이 끝나는 기원전 449년경에서 기원전 3세기 말 로마가 한니발과 싸우는 때이다. 후세 사가들은 이 시기를 더 확대하여 삼두정치를 시작해 제정으로 넘어가기 이전 시기까지로 간주한다. 그는 이 시기를 '혼합정체'(*mikte*) 공화정의 모태로 삼았다(48).

3 혼합정론은 공화정, 군주정, 전제정 등이 견제와 균형을 취하는 형태이다. 공화정체는 인민집단, 또는 단순히 인민의 일부가 주권을 가진 정체라는 것이고, 그 두 번째로 군주정체란 한 사람이 통치하지만, 확립되고 제정된 법에 따르는 것이다. 이에 반하여 전제정체는 단 한 사람이 법도 규범도 없이 만사를 자기의 의지와 일시적인 기분으로 이끌어 간다(Montesquieu, 1748/1976: 2). 공화제에 있어 인민 전체가 주권을 가질 경우, 그것은 민주정이다. 주권을 인민의 일부가 가질 경우, 그것을 귀족정이라고 한다(29).

에 따른 차별적 평등관에 근거했다(김경희, 2009: 51).

물론 로마의 공화정은 엄밀하게 말하면 그리스에서 일부 빌려온 체제이다. 아테네 민주정은 평등하고 동질적인 시민들의 동등한 참여를 보장했다. 모리스(Morris)는 "평등은 아테네와 다른 도시에서 묘지의 등장으로 부자(*agathoi, the good*)와 자원을 적게 가진 사람(*kakoi, the bad*) 사이에 차별의 붕괴가 명료하게 된데서 시작되었다. 그 현상이 그리스 사회 동안 계속되었다"라고 했다(Morris, 1987: 216; Saxonhouse, 2001: 195).

그리스 사람들에게 카코이(*kakoi*)는 신(神)에게 저주받은 사람이어서, 영생에 대한 확실성이 존재하지 않았다. 그들은 여전히 종교에 목을 매었고, 신에 대한 두려움, 미신의 일상화, 죽음의 공포, 고통의 두려움, 지옥에서 벗어나 속죄 등에 관심을 가졌다. 카코이들은 속죄의 의미로 제의(祭儀)를 정교하게 고안하고, 종교 행사를 치렀다.

모리스는 장례 예식의 변동을 추적하는 것이 계급 이해로부터 자유롭게 정치적 단위의 개념 쪽으로 움직이는 도시(*the polis*)의 원형을 이해하는 데 도움을 줬다고 본 것이다. 그리스와 더불어 로마에서도 그 정신을 수용하기에 이른다. 키케로는 공화국을 '인민의 것'(*res populi*)이라고 규정했다(조승래, 2010: 16). 그에게 인민은 단순히 인간들의 군집을 말하는 것이 아니라, 법체계에 동의하고 공익을 추구하는 다수를 의미했다.

공화주의에서 논의된 시민권(*citizenship, civitas*)은 자유의 개념과 함께 한다(Pettit, 1997: 36). 신분으로서 시민권은 행동의 자유를 얻으며 법의 보호를 받는다. 시민권을 가진 자유인은 정의와 공동의 이익을 인정하고, 동의한 사람들이다. 그들은 법을 통해 자신의 자유를 보장받는다. 누구도 임의적 간섭을 할 수 없으며, 공화국에서는 의사결정과정에서 시민의 동의가 필요했다.

로마의 논객들은 노예(*slave*)로부터 시민(*citizen*)을 분리시켜, 신분으로서 시민의 자유를 감지했다. 그때 자유는 예속 상태를 없애 두려움이 없는 마음의 안정 상태를 만들어 냈다.

당시 공화주의 전통에서 자유(인)는 liber(시민, *citizen*)와 servus(노예, *slave*) 사이에 적대관계에 있었다(Pettit, 1997: 31). 이때 시민은 다른 사람의 지배 혹은 임의적 권력에 종속되지 않았다. 물론 그들에게 지배가 없는 것은 힘의 부재가 아니라, 권력의 균형을 이루는 것이었다(김경희, 2009: 42). 그때 시민은 주인의 명령과 부름에 따라 움직이는 노예와는 달랐고, 균등한 형태에서 자신의 자유를 누릴 수 있었다.

자유를 가지는 공화주의는 각 사회마다 같은 수가 없었다. 공화주의는 고정되고 화석화된 하나의 '주의'라기보다는 그 자체가 '운동'이었다(김경희, 2009: 19). 즉, 공화주의는 유일 보편의 진리를 추구하는 것이 아니라 구체적 상황과 문제에 대응하는 것으로서 현재성, 현장성, 맥락성을 중요하게 생각했다(김경희, 2009: 121). 공화주의 운동이 구체적 맥락 속에서 균형을 찾는 것이라면 공화주의 자체의 성격 규정에도 관심을 갖게 된다.

그리스어의 '상식/공통감각'(*common sense, senus communis*)은 공화주의에서 형성되곤 했다. 이러한 생각은 많은 부분 고대 그리스의 폴리스(*polis*) 정신으로부터 이어받은 것이다. 폴리스는 한 사람이 지배하는 곳이 아니라 여러 시민이 함께 지배하는 곳이다. 아리스토텔레스는 폴리스를 '지배하는 자가 지배받고 지배받는 자가 지배하는 곳'이라고 규정했다. 이는 동등한 능력과 평등한 권리를 지닌 시민단의 참여 민주주의를 의미했다(김경희, 2009: 49). 인간은 폴리스 안에서 정치적 동물(*zoon politikon*)이라는 그의 인간관은 바로 그러한 지배에 참여하여 남들과 동등한 인간이 될 때 비로소 인간다운 인간이 될 수 있다는 뜻이다(조승래, 2010: 17). 그리스인들에게 행복은 자아실현을 가능케 한 공동체에서 실현 가능했다.

아리스토텔레스의 전통에 기초한 '시민적 인본주의'(*civic humanism*)가 공화주의를 가능하게 했다. 시민은 공적 일에 반드시 참여했고, 각자는 시민의 덕(德)을 키웠다. 그들은 "인간은 오로지 정치참여를 통해 인간의 본성을 구(실)현할 수 있다"라고 보았다(홍성구, 2011: 181).

인간은 우주의 질서에 순종한다. 몽테스키외는 "신의 자의적인 행위처럼 보이는 천지창조의 불변의 규범(율법)을 상정케 했다. 이러한 규범은 항구적으로 정해진 관계이다. 어떤 동물체와 다른 동물체와의 사이에는 모든 운동체가 양과 속도와의 관계에 의하여 받아들여지고, 증대하고, 소멸한다. 개개의 다양성은 통일성이 있고 개개의 변화는 영구적이다"라고 했다(Montesquieu, 1748/1976: 18). 개인의 덕성은 우주의 질서에 순응하는 것이 된다. 그러나 덕성에 만족하지 않고, 개별 개체는 자율성을 가진다. 말할 필요도 없이 공화주의에서 중요한 덕목은 자유사상이었다. 즉, 공화주의는 우주의 질서하에서 개인의 천부인권 사상을 수용하고, 신이 만들어준 율법에 따라 자신의 행위를 규제한다.

마키아벨리는 '고전적 공화주의'(*classical republicanism*)에서 자유주의 사상을 이야기했다. 그는 타인으로부터 스스로를 방어하기 위해 정치에 참여한다고 보았다(홍성구, 2011: 181). 여기에서 공화정은 "시민의 공통사에 봉사하도록 통치기구를 구성한다"라고 한다.

로마 전통에서 비지배로서 고전적 공화주의에서의 자유 개념은 3가지 축의 사상이 떠받친다. 공화주의는 ① 공통의 선(*the common good*)에 초점을 두어 헌법(*constitution*)을 제정한다, ② 이런 측면에서 자유는 아무도 다른 사람의 주인이 될 수 없는 점에 있어 어떤 사람에 의해 누리는 신분의 상징이다, ③ 정부가 개인의 삶에 간섭하거나, 세금을 거두거나, 강압적 법으로 강제할 수 없다. 간섭의 힘은 성격상 임의적이고, 그 자체가 지배(*dominus*), 혹은 주인(*master*)이 행한 것이다(Pettit, 1997: 284).

2. 아리스토텔레스의 '시민의 덕'

전술했듯 고전적 공화주의는 자유주의와 맥을 같이 한다. 그리스 시민(*demos*)은 부족의 가족보다 아테네에 속하는 것에 더욱 소속감을 가졌다(Saxonhouse, 2001: 198). 그들은 개인을 최소 단위로 했고 행정기구를 형성시켰다. 아테네 시민들은 정책을 논하기 위해 고등법성(*Areopagus*)에 직접 참여했다. 그들의 민주주의 전통은 이소크라테스(Isocrates, B.C. 436~338)에게서 강하게 부각된다. 《아레오파지티카》는 그 기원이 아테네의 이소크라테스가 기원전 325년(추정) "Areopagitic Discourse", 혹은 "Areopagiticus"라고 한 연설문이다(Milton, 1644/1998: 17~18). 이소크라테스는 플라톤이 말한 절대 진리를 수용하기를 거부했다. 그는 영원불변한 보편적 지식은 급변하는 우리 삶의 구체적인 현실에서 쓸모가 없다고 보았다(김현, 2010.10.23).

이소크라테스는 플루트 공장을 가진 아버지를 두어 부유한 집안에서 태어났다. 그의 아버지는 국가를 위해 재정을 보조할 만큼 충분한 재력을 가졌다. 그는 강한 인문학 배경으로 갖가지 학문의 '아우라'(*aura*)를 전할 위치에 있었다. 그는 아테네의 유명한 논객이었고, 연설가였고 정치학, 더욱 구체적으로 정치의 도덕성에 초점을 두었다(Milton, 1644/ 1998: 17). 에토스를 정치에서 중요한 요소로 간주한 것이다. 그는 수강료를 많이 받아가면서 우수한 학생을 많이 가르쳤고, 유능한 사람들을 많이 배출했다. 그는 인문학 교육을 강화시킴으로써 좋은 지식인을 길러낸 것이다.

또한 이소크라테스는 수강생들에게 "Areopagiticus"[4]와 더불어 "평화"

---

4 Areopagitica라는 말의 어원은 그리스 시대의 법정인 아레오파구스(*Areopagus*)에서 '론'(論)이란 뜻의 ca가 붙은 것이다. 아레오파구스는 그리스어로는 전쟁의 신 아레스(Ares)와 지역이나 구역이란 의미인 파구스(*pagus*)의 합성어다. 이 신화에서 나오는 아레스는 제우스의 아들이며 전쟁의 신이었다. 호전적이고 다혈질이었던 그는 자기 딸을 겁탈한 사촌형제를 죽였다. 그 죄로 아레스는 다른 신들이 서

(*peace*), "아르키다무스"(*Archidamus*) 등을 많이 읽혔다. 그는 이들의 연설을 통해 민주주의를 찬양했다(Isocrates, 1966: xxxviii). 같은 맥락에서 밀턴은 이소크라테스를 빌어서 악의 세력에 대항하여 싸움을 자처한 자신의 모습을 견줬다. 밀턴은 왜 언론자유가 필요한가를 규정했는데, 여기서 이집트 오시리스(Osiris) 신화를 언급했다. 선한 나일 강의 신(神) 오시리스는 티폰(Typhon)과 그 악당의 공모에 의해 살해당해 그 살점은 온 나일 강변에 뿌려졌다. 그의 아내 이시스(Isis) 신은 파편화된 그의 시신을 모아 원형으로 복원시켜 선한 신 오시리스를 다시 환생시켰다.

밀턴은 '시민의 덕성'을 찾기 위한 노력을 하면, '선악의 대결'[5]을 시도한 것이다. 그는 "악을 모른다면 어떻게 선악을 구별할 수 있단 말인가? 그렇다면 선악은 대적할 필요가 있다"라고 했다. 진리와 허위가 맞붙어 논쟁할 필요가 생긴 것이다. 밀턴은 "누가 자유롭고 공개적인 대결에 진리가 불리하게 되는 것을 본 일이 있는가?"라고 했다(Milton, 1644/1998: 150).

또한 그는 "악의 모든 유혹과 악의 제시하는 즐거움 같은 것은 충분히 고려하고 이해할 수 있으면서도 절제할 수 있고, 옳고 그름을 구별할 수

있는 파구스 바위언덕 위에서 재판을 받게 되었다. 그는 그 재판 결과 무죄를 선고받았다. 그는 '진리', '진실'을 밝힌 것이다. 그 후 아레오파구스는 최고법정으로서 살인과 같은 극악한 범죄나, 종교문제 등을 다루었다. 아크로폴리스에 있는 이 고등법정에서 연설하는 것이 바로 아레오파지티카였다. 이 연설을 한 이소크라테스는 고대 그리스 아테네의 유명한 논객이고 연설가였다(Altschull, 1990/1993: 79). 그는 대중 앞에서 자기가 쓴 연설문을 읽곤 했다.

5 시버트(Siebert)는 《언론의 4이론》(*Four Theories of The Press*)에서 《아레오파지티카》의 자유방임주의를 소개했다(Siebert et al., 1956/1991: 44; 강대인, 1991: 67~68쪽; Milton, 1644/1998: 169~170). 그의 논리에 따라면 "'인간은 이성에 의하여 옳은 것과 틀린 것 그리고 선악을 구별할 수 있으며 이러한 능력을 행사할 수 있기 위해 인간은 다른 사람의 사상이나 사고에 제한 없이 접근할 수 있어야 한다'는 주장을 하고 '진리는 확정적인 것이고 증명 가능한 것'이며 '자유롭고 공개적인 대결을 하게 되면 이길 수 있는 독특한 힘을 가진다는 것을 확신했다'고 설명한다"라고 했다.

있고, 또 진실로 더 좋은 것을 선택할 수 있는 사람이야말로 진정한 기독교인이다"라고 했다(Altschull, 1990/1993: 80).

밀턴은 르네상스 이후 감정 절제가 이뤄지지 않고, 신중하지 않고, 전문지식이 성행하고, 지식이 파편화되고, 반쪽짜리 진리가 유통될 것을 예측한 것이다. 말하자면 우리가 사는 세상에는 선에 관한 지식과 악에 관한 지식이 공존하고 서로 구별하기 어려울 만큼 교묘하고 유사하게 널려 있다. 밀턴은 과연 현대사회에서 어떤 지식이 진리에 가까울지에 관해 논의한 것이다. 그러면서 밀턴은 행복한 사회생활에 본질적으로 중요한 3가지 종류의 자유, 즉 '종교의 자유, 가정의 자유, 시민적 자유'를 제시했다(Altschull, 1990/1993: 73).

이런 자유가 인간에게 부여되었다. 하느님은 모든 성숙한 인간이 그 자신이 정신을 위한 양식과 육체의 양식을 결정하는 힘을 행사하도록 하였다(Milton, 1644/1998: 65). 더욱이 하느님은 인간을 어떤 규율 아래 어린아이처럼 묶어 놓고 사용하는 것이 아니라 사람에게 이성이란 선물을 준 후 선택자로서의 신뢰를 준 것이다. 말하자면 하느님은 우리에게 절제, 정의, 금욕을 명령했지만, 우리가 욕망하는 모든 것을 아주 후하게 쏟아 놓고 우리의 마음이 그 한계와 포만의 단계를 넘어서 배회할 수 있게 했다(Milton, 1644/1998: 91~92).

절제를 통해 잘 선택할 수 있는 인간은 행복한 삶을 누린다. 여기서 말하는 행복한 삶은 결국 모든 사람이 잘 사는 사회이다. 밀턴은 개인뿐 아니라 공동체의 행복한 삶을 영위하길 염원했다. '최대 다수의 최대 행복'의 편린을 존 스튜어트 밀에게서 찾을 수 있게 했다. 그는 일반 복지를 극대화시키기 위해 모든 다른 도덕적 원리들과 결정들을 그것에 종속시키며 그것으로부터 파생되는 것에 관심을 두었다(Urmson, 1988/1996: 39).

여기서 공리주의자들은 도덕철학자의 일이란 "상식적인 도덕적 합의를 자료로서 다루는 것이며, 자신들 주위의 비철학적인 도덕적 행위자들의 다양한 판단 속에서 어떤 질서와 체계를 세우려고 노력하는 것"이라고 생각한다. '최대 다수의 최대 행복'은 공화주의 체제에서 핵심과제이다. 모든 구성원이 최선의 삶을 살아가는 것이다. 여기서 어떤 사람이 행복하다고 말하는 것은 그가 살아갈 만한 가치가 있는 삶을 살고 있다고 말하는 것과 매우 동일한 것이다(Urmson, 1988/1996: 31).

시민은 지적·도덕적 덕을 가진다(Aristotle, 1962: 33). '시민적 인본주의자'로서 아리스토텔레스는 우리 어떤 일을 접했을 때 이성에 의한 지속에 기초를 두거나, 이성에 따른 선택을 하도록 했다. 시민은 '폴리스적 동물'로서 인간 개개인의 목적을 실현한다. 아리스토텔레스는 개인이 이성적 행동을 하기를 바랐다. 그 이성과 덕성은 개체로서의 자율성과 자연적 질서, 법질서 아래서 작동하도록 한다. 개개인의 존재가 정의로운 사회 안으로 행동하도록 규율한다. 개체인 인간은 사회적 행위의 '텔로스'(*telos*: 목적, 목표, 본질)에 영광을 안겨줬다(Sandel, 2009/2010: 262). 그에게 정의는 영광, 미덕, 그리고 좋은 삶의 본질에 더욱 가까이 가는 것이다. 좋은 덕성에 관해 그리스 시민은 공적인 일에 참여하여 공익을 실현함으로써 자신을 나타낸다. 공화주의는 이때 특정의 것이 아니라 공공의 것을 계속 확인한다. 아리스토텔레스는 공동체 유지·발전에 관심을 가진 것이다.

더욱이 돌발적인 상황이 발생할 때, 그는 우리의 행위가 우리의 좋은 '성격'에 의존해야 한다고 보았다(Aristotle, 1962: 25). 또한 지나치지 않으면서, 모자라지도 않는 중용(中庸)의 '덕'(德)[6]을 탁월함으로 묘사했다(Aristotle, 1962: 51).

아리스토텔레스[7]는 혼합정체론을 선호했는데, 이 정체는 그리스 시민

6 아리스토텔레스는 덕을 감정이나 능력에 두지 않고, 그 대안의 성격, 즉 '덕의 원형'(*the genus of virtue*)에 두었다(Aristotle, 1962: 42). 덕은 선을 유발하는 탁월성(*excellence*)이며, 이로 인하여 어떤 기능을 잘 유지하게 한다.

7 아리스토텔레스는 혼합정체론을 제시했다. 이 정체성은 권력독점을 통한 극단과 배제의 정치가 아니라 권력분점을 통해 각 세력 간의 균형과 안정을 꾀하는 방법을

의 지배(*kratia*)를 의미한다. 이것은 공동체 구성원 일부가 자신들의 사사로운 이익을 위해 전 공동체를 좌지우지하는 것을 극복하기 위한 것이다. 즉, 혼합정체론을 위해 '지배'가 없는 상태를 추구하고 공동체를 구성함으로써 어느 한 층의 목소리가 과해지는 것을 막는 것이다(김경희, 2009: 42).

물론 '기회의 평등' 입장에서 불평등이 존재할 수 있다. 이를테면 플루트를 분배한다고 해보자. 누가 최고의 플루트를 가져야 하는가? 아리스토텔레스는 대답한다. 그는 "최고의 플루트 연주자가 가져야 한다"라고 했다(Sandel, 2009/2010: 263). 정의는 능력과 우수성에 따라 차별적으로 적용된다. 플루트 연주의 경우 능력은 플루트 연주 실력이다. 만약 정의가 부, 타고난 신분, 외적 아름다움, 우연(제비뽑기) 같은 기준에 따라 차별 적용된다면 부당한 일이다.

한편 혼합정체를 통해 아리스토텔레스는 제도적으로 관리를 채용하고, 규범적 측면을 강조했다. 그는 시민의 덕성, 좋은 습관이 그리스 시민을 행복하게 한다고 본 것이다. 같은 맥락에서 개인의 의기양양한 행동을 강압에 의한 것이 아닌 '고상함'에 두었다(Aristotle, 1962: 25).

아리스토텔레스는 정치의 목적을 "시민의 미덕을 키우는 것이다"라고 했다(Sandel, 2009/2010: 2271). 이것은 고상하게 사는 것, 좋은 삶을 사는 법을 터득하는 것이다. 즉, 사람들의 고유한 능력과 미덕을 계발하게 만드는 것이다. 말하자면 공동선(共同善)을 고민하고, 판단력을 기르며, 시민자치에 참여하고 공동체 전체의 운명을 걱정하게 하는 것이다. 그렇다면 교육에서 지적인 덕 혹은 수월성은 경험이 필요하다. 도덕적

선택한다(김경희, 2009: 40). 즉, 민중과 귀족층, 가난한 자와 부자를 정치에 고루 참여하게 하고 그들에게 각각 이득이 되는 요소를 정체 속에 혼합시킬 것을 요구했다. 예컨대 민회에 참여하거나 재판정에 배심원으로 참석할 때 지급하는 수당은 가난한 자를 배려하는 민주정의 요소이다. 같은 맥락에서 아리스토텔레스는 귀족과 민중의 대립에서 균형추 역할을 할 수 있는 중산층의 역할에 주목했다.

덕은 에토스, 즉 '좋은 습관'에서 유래한다. 언론의 자유도 결국은 개인과 커뮤니티의 행복과 맥을 같이한다. 물론 좋은 습관을 갖는 것은 개인의 감정 처리와 관련을 맺는다.

아리스토텔레스에게 감정은 경험으로 얻어지는 어떤 것이다. 감정은 좋아하는 것들과 싫어하는 것, 즐거움과 괴로움, 그리고 이에 따른 본능적 욕구와 행동을 포함한다. 본능적 욕구(*appetite*), 즉 이러한 종류의 욕망은 반듯하게 즐거운 것들은 좋아하고 즐겁지 않은 것들을 피하게 한다. 물론 정서와 감정은 항상 우리에게 만족을 주는 것은 아니다. 본능적 욕구는 동물들도 가진 것이고 그 본능은 우리에게 불행을 가져온다. 시민은 그 본능적 감정과 다른 차원의 이성을 갖는다.

본능적 욕구가 즐거운 것들에 대한 것인 것처럼 이성적인 소망은 좋은 것들에 대한 것이다. 그러나 개인이 즉각적인 희열과 욕망들을 만족시키는 것은 불이익을 가져올 수 있으며, 심지어 파멸을 초래할 수 있다는 것은 분명하다. 욕망을 충족시키는 것이 높은 차원의 행복은 아닐 것이다. 그러므로 욕망의 제거는 평화와 독립으로 가는 유일한 길이다(Berlin, 1964/2006: 566).

벌린은 에피쿠로스(Epikouros, B.C. 341~270)의 가장 위대한 두 단어는 아우타르케이아(*autarkeia*)와 아타락시아(*ataraxia*), 즉 자급자족과 부동심이다. 그는 "독립이 에피쿠로스가 가질 수 있는 유일한 무기이다"라고 했다.

한편 초기 스토아학파(the Stoic)는 평화와 행복을 누릴 방법을 고안했다. 즉, 현명한 사람만이 평화와 화합 속에서 살 수 있다는 것이다(Berlin, 1964/2006: 570). 현명한 사람은 감정이 없기 때문에 특정한 인간 부류에게 특별히 매달리지 않으므로 자신이 어디에 사는지를 중요하지 않게 생각한다. 신을 모시는 사원, 신의 조각상, 법을 따지는 재판소가 없어도 현자는 어디에서나 살 수 있다.

같은 맥락에서 아리스토텔레스는 인간의 궁극적인 목적은 행복이기 때문에 이성적 소망이 본능적 욕구와 모순될 때에는 이성적 소망이 우세해야 바람직하다는 것을 의심하지 않았다(Urmson, 1988/1996: 76). 물론 아리스토텔레스는 행복의 고상함과 질을 따진 것이다. 같은 맥락에서 키케로의 'qualitas', 즉 영어의 질(*quality*)로 행복한 삶을 이야기했다(Urmson, 1988/1996: 21). 또한 그는 도시국가(*city-state*) 그리스어의 'arete'를 영어의 덕(*virtue*)으로 번역했다. 그리고 'vitium'을 악덕(*vice*)이라고 했다. 공화정에서 이야기한 '시민의 덕'을 다름 아닌 아리스토텔레스와 더불어 키케로가 완성시킨 것이다.

훌륭한 연사는 시민의 개성과 가치로 삶의 전체를 관통하도록 해야 한다. 로마의 키케로는 정교한 웅변가였다. 그는 많은 문학, 철학, 레토릭 이론 등 많은 업적을 남긴 사람으로서 인문학의 대가였다. 당시 커뮤니케이션학, 수사학은 모든 학문을 통합하는 '학문의 여왕'이었다. 수사학은 무게가 있어야 하고, 화자의 윤리가 강조된다. 수사학자는 자신의 성품으로 타자를 설득하기 이른다. 아리스토텔레스는 논리(*logos, speech and reasoning*)를 통해 사고의 수단으로 다른 동물과는 분리될 수 있게 갖가지 행위를 조직화하는 능력을 발전시키길 원했다(Aristotle, 1962: xiii). 물론 그때 화자는 자신의 위치를 잘 정립해야 했다.

키케로는 논쟁을 발견하고 조직화하기 위해 자리매김(중지 점)의 체계를 정리했다. 입장의 사상(*the idea of stasis*)은 키케로에게 중요한 작업이었다(Borchers, 2006: 44). '중지 점'은 외면적으로 어떤 '장'(場)을 형성한다. 라틴말로는 'loci communes'라고 하는데 이것은 공공장소(*commonplaces*)로 변역된다(Herrick, 2009: 105). 이것은 밀턴의 '사상의 공개시장'과 맥을 같이 한다(조맹기, 2011: 23).

물론 공론의 장에서 시민의 덕이 본능적 욕구에서 오는 것은 아닐 것이다. 아리스토텔레스는 의도적인 것과 비의도적인 것을 대비시켰다(Aristotle, 1982: 52~53). 본능적 욕구가 원래 경험에서 온다면 비의도적·수동적 요소를 지닌다. 그는 의도적인 것과 의도적이지 않은 것을 구별하는 진술, 즉 그는 “우리가 선택에 관해 논의해야 한다”라는 진술을 하였다. 그가 말하는 것처럼 선택된 행동들은 의도적인 행동의 일부분이다(Urmson, 1988/1996: 90). 그래서 선택에 관한 논의는 ‘탁월성’과 밀접하게 관련되며, 행동보다는 성격을 더 잘 가리킨다. 즉, 자제력을 가진 사람은 본능적 욕구를 억제하고, 이성적 · 의도적 행위를 통해 ‘탁월한 선택’을 하게 된다.

물론 아리스토텔레스의 윤리학은 어떤 방향으로 행위를 하도록 기획되었다. 그는 과학적 지식이 아닌 행위 · 실천에 관심을 가졌다(Aristotle, 1962: xix). 그렇다면 인간의 행위는 어떤 ‘목적’(목표, 성공, 마지막 점)을 가진다. 인간은 성공하기 위해 선택하는 ‘수단’을 사용한다. 목적을 성취하기 위한 경제적 이유에서든 경쟁의 정도에서든 ‘목적에 대한 수단’은 너무 지나치게 제한적이다. 그러나 그는 ‘황금률의 수단’을 선택하도록 바랐다. 선택의 탁월성이 요구되는 부분이다. 본능적 욕구에 자신을 맡긴다면 일시적 행복이 있지만 결국 그 행복은 불행을 잉태한다. 개인은 선택적 자유를 누리지만 그렇지 않을 때, 개인은 강제에 의해 행동하게 되는데 이는 외부에 원인이 있기 때문에 무의도적인 행동이며 이로 인해 행위자는 고통을 느낀다.

외부의 원인을 줄이는 방법은 절제를 통하는 것이다. 먹는 것의 즐거움, 마시는 것의 즐거움, 성(性)의 즐거움 등 충동적 욕구를 자제하고, 탁월한 선택에 의한 즐거움을 증가시키는 것이다. 아리스토텔레스는 선택의 대상들에는 훌륭한 것, 유용한 것, 즐거운 것이 있으며, 그와 반대되는 것은 천한 것, 해로운 것, 고통스러운 것이라고 말한다.

아리스토텔레스는 절제의 참된 영역이 촉각의 즐거움들이라고 결론짓는다. 절제가 다른 감각 등과 관련이 있는 한에서 그것들은 촉각의 즐거움들과 연관되기 때문이다. 예를 들어 음식의 냄새는 음식을 먹는 것과 연관된다.

한편 기쁨과 즐거움들은 지성 속에 있지 않고 영혼 안에 있는 정감적 요소에 존재한다(Urmson, 1988/1996: 122). 그 영혼이 작동하고, 탁월한 선택을 하기 위해서는 중용과 조화의 감정이 필요하다. 아리스토텔레스는 시민공동체의 생존과 발전을 위해 사(私)를 철저히 배격하길 원했다. 이런 개인의 행동은 '잘 사는 것'(*living well*), '좋은 행동'(*acting well*), '공정함의 충만'(*faring well*) 등을 통해 행복을 추구한다(Aristotle, 1962: xxi). 그때 정의는 성격의 탁월성과 동일한 것이고, 부정의는 성격의 나쁨과 동일한 것이며, 특히 정의는 사람들이 자신들의 공평한 몫을 얻는 것과 관련이 있다(Urmson, 1988/1996: 126). 공화(共和)를 실현하고자 아리스토텔레스는 정의를 '올바름'(*righteousness*)이라고 하고 그곳으로 향하도록 했다.

그리스 시민들은 욕망에서 벗어나 영혼 안의 지혜로 행복을 추구했다. 왜냐하면 아리스토텔레스에게 지혜는 탁월성 전체의 한 부분이며, 지혜의 소유는 사람을 행복하게 만들기 때문이다. 즉 아리스토텔레스에게 행복은 "지혜와 같은 탁월성과 분리되고 구별되는 어떤 것이 아니라, 지혜와 그 밖의 다른 탁월성들이 행복 속에 들어 있는 구성요소들이다"(Urmson, 1988/1996: 149).

아리스토텔레스는 행복한 삶이라고 흔히 인정되는 3가지 후보들은 '감각적 즐거움의 삶과 정치적 활동의 삶 그리고 관조적 삶'이라고 한다. 후반부에서 윤리학의 가장 행복한 삶은 관조적 삶이며 두 번째로 행복한 삶은 정치적 삶이라고 말하는 것으로 나타난다(Urmson, 1988/1996: 196). 정치적 동물로서 인간은 개인의 고상함과 행복을 통해 공동체의 번영에 일조할 수 있다.

아리스토텔레스는 "불변하는 진리에 대한 성찰을 모든 활동들 중 가장 가치 있는 것으로 선택하려고 한다. 우리는 이러한 활동을 덕스럽게 또는 부덕(不德)하게 행할 수는 없으나, 더 좋게 또는 더 나쁘게 행할 수는 있으며, 그것을 더 좋게 행하는 것이 더욱 가치 있는 일이다"이라고 했다(Urmson, 1988/1996: 41).

3. 하버마스의 공론장

아리스토텔레스와 키케로의 시민공동체는 현대사회의 공화주의로 더욱 발전한다. 이탈리아에서 14세기와 16세기 초에 일어난 자유공화국이 그것이다(Gramsci, 1996; Viroli, 2002: 21). 플로렌스, 베니스, 제아, 루카, 시나 등과 같은 이탈리아 도시의 성문 안에서 공화정이 싹트기 시작했다.

로마 공화주의의 사상은 르네상스 시기 이탈리아에서 새로운 차용으로 이뤄졌다. 혼합정체가 다시 고개를 들기 시작한 것이다. 당시 귀족들은 자신들로만 수반(Doge), 원로회(Pregadi), 대회의(Maggior Consiglio)를 구성하여 귀족 가운데 그 누구도 우위를 점할 수 없도록 하였다(조승래, 2010: 18).

르네상스 이탈리아를 주도한 인물은 마키아벨리였다.[8] 그는 로마와 다른 '노예 없는 공화국'에 관심을 가졌다. 이는 평민들이 독립된 개인으로 살 수 있도록 국가정책이 어떻게 뒷받침되어야 하는지를 보여준다(임채원, 2008: 42).

마키아벨리는 《담론》에서 리비의 역사를 비평했다. 마키아벨리는 피렌체 출신이었는데 당시 피렌체는 단테, 다빈치, 미켈란젤로를 낳은 르네상스 문화를 꽃피운 곳이었다. 르네상스 문화의 후견인은 역시 피렌체

8 마키아벨리는 당시 르네상스와 혼합정체와는 다른 이론을 폈다(Machiavelli, 1965b: 14~43; 조승래, 2010: 20~21). 그는 로마 공화정의 생명력을 지녔던 혼합정체보다 자유인이 지위를 얻기 위해 귀족들과 투쟁을 벌이던 평민들의 삶에서 그 의미를 찾았다. 그는 이러한 자유를 담보했던 것이 바로 로마의 시민군 제도라고 보았다. 스스로를 무장해 자신과 국가를 위해 싸우는 시민들만이 그 누구에게도 굴하지 않는 평등한 자유인의 지위를 얻을 수 있다는 것이다. 따라서 마키아벨리가 말하는 자유는 오늘날 자유주의자들이 말하는 간섭의 부재로서의 '소극적 자유'와는 다르다. 개인은 "자유론, 애국주의가 혼융된 시민군론(그들은 '자기 국가를 자기가 지킨다'라는 정신을 가졌다) 등으로 근대 공화주의자들이 신봉하는 신조가 되었다"라고 했다.

에 적을 둔 메디치 가문이었다(임채원, 2008: 49). 당시 마키아벨리는 자유의 절대성을 이야기했다. 그는 자유를 '지배가 없는 것'과 동일시했다(Pettit, 1997: 284). 물론 간섭의 부재를 의미하지는 않고 '자의적 지배권력의 부재'(*non-domination: the absence of arbitrary power*)가 더욱 크게 부각된다. 누구든 자의적인 지배를 시도한다면 개인의 자유는 언제나 침해당할 수 있다.

마키아벨리의 전제는 자유를 지키는 일에 몰두하는 것이다. 인간은 각자 추구할 목적을 위해 자유인이 되어야 한다. 계약으로 만든 법은 그들을 지켜주고 시민의 참여를 자유롭게 보장한다. 인간의 몸과 같이 국가도 흥망이 있게 마련인데 국가가 망할 시기에는 부패가 심해지고, 불평등이 일어난다. 마키아벨리는 권력의 불평등이 지배현상이 나타나게 되고, 그로 인해 "공화정은 망할 징조에 봉착하게 된다"라는 지론을 가졌다. 그는 공화주의 안에서 공통의 선은 공적 생활에 일어나게 하는 비지배의 정치를 통해서만 성취될 수 있다고 보았다. 시민에게 '공론장'은 모두에게 드러나는 공개적인(*public*) 공간에서 공동(*common*) 문제를 논의하는 곳이 된다.

물론 '정치공동체'[9]는 귀족과 인민(시민) 두 계층으로 구성되었다(김경희, 2009: 60). 그때 인민은 지배받지 않고 자신들의 생계를 유지하며 자유롭게 살아가는 이들이다. 그러나 귀족은 권력욕과 지배욕을 갖기 마련이다. 귀족과 인민들 사이에는 서로 죽이고 죽는 반목과 대립의 상황이 계속되었다. 그때 마키아벨리는 그 갈등을 어떻게 조정하는가에 관심을

9 당시 피렌체 정치공동체는 귀족들이 주도권을 쥐고 인민들을 정치에서 배제하는 체제를 '저변이 좁은 정체'(*governo stretto*)라 했고 인민이 주도권을 쥐고 귀족들의 정치 참여를 용인하는 것을 '저변이 넓은 정체'(*governo largo*)라고 명명했다. 한편 무정부 상태는 귀족과 인민의 갈등과 대립이 조정되지 못하고 극단화될 때 일어난다(김경희, 2003: 61). 마키아벨리는 정치공동체는 구체적인 역사적·정치적 상황에 따라 다르게 나타난다고 보았다. 그러나 그는 '저변이 넓은 정체'가 가장 좋은 정체임을 설파했다.

가졌다. 그는 주관성, 상호주관성을 가진 자유의 연합을 시도했다. 개인은 자유의 감정을 가진 자유민이었다. 자유민들은 법과 제도를 통해 가장 적은 지배를 받고, 개인의 선택 범위를 확장시키는 일에 앞장선다.

마키아벨리는 당시 대부분의 작가들보다 강압이나 테러에 더욱 관용을 가졌다(Pettit, 1997: 71). 그는 개입을 최소화하고 공통의 이익을 추구하는 것이 자유 커뮤니티를 유지한다고 보았다. 누구도 완벽하게 소유할 수 없는 자유공동체가 마키아벨리의 꿈이었다. 그가 이야기하는 정치는 법의 지배, 권력의 분산, 다른 계급의 견제와 균형 등과 같은 로마의 체제를 실행하는 것이었다. 즉, 로마 체제는 시민, 귀족 그리고 군주들이 서로 견제와 균형을 취하는 상태이다. 그들의 자유는 시민의 정치참여를 보장해 귀족들의 지배욕을 제어하는 일에 사용되었다(김경희, 2009: 63). 그 도구로 마키아벨리는 법을 통해 시민의 자유를 보장하려고 했다. 그렇게 하자면 시민은 자기 절제, 올바름, 탁월성 등 덕성을 잘 키워야 한다. 그가 구가한 공화정은 시민에 기반을 둔 곳이다. 이를 바탕으로 그는 시민들이 결혼을 자유롭게 하고, 그들은 자신을 키울 수 있을 만큼 자식을 갖고, 어떤 공포 없이, 영주로부터 자신을 떼어내고, 그의 능력에 따라 유명세를 얻을 수 있게 했다(Machiavelli, 1965a: 33; Pettit, 1997: 32).

한편 마키아벨리 공화정은 하버마스를 통해 더욱 정교하게 전개된다. 하버마스는 사적(*privatus*)이고,[10] 특수한(*sunderlich*, *particular*) 것이 공적

---

10 라틴어 프리바투스(*privatus*)에서 차용한 독일어 'privat'라는 말은 16세기 중반 이후에야 사용되는데, 그 의미는 당시 영어 'private'과 프랑스어 'prive'가 지녔던 것이다(Habermas, 1962/2004: 74). 이 말은 '공적 관직을 갖지 않음'을 뜻했다. 다른 말로 '사적'은 부르주아의 사적 개인을 칭할 때 쓰인다. 여기서 사적 개인은 '지배하지 않는다'라는 의미를 지닌다. 그들은 공권력에 대항하여 권력을 요구할 때 대항하기보다 기존의 지배원칙을 무력화시킨다(Habermas, 1962/2004: 96). 또한 그들은 권력과 대항할 때 이성과 법을 앞세운다. 그 결과 과시적 공공성의 담지자였던 봉건권력, 교회, 제후국, 귀족신분은 양극화 과정에서 해체된다. 이들은 사적 구성성분 또는 공적 구성성분으로 갈라진다. 예를 들면 종교행위는 사적인 일이 되나

(*publicus*), 일반적(*gemeinlich, common*) 영역에 침투하게 했다. 그에게 보통사람(*common man*)은 사적 인간(*private man*)으로 간주된다(Habermas, 1962/2004: 67). 평민으로서 사병(私兵)은 또한 공병(公兵, *common soldier*)이었다. 여기서 '과시적 공공성의 유형'이 발견된다. 중세의 문헌들에서는 '지체 높은 영주에 속하는'(*herrschaflich*)이라는 말과 '푸블리쿠스'(*publicus*)가 동의어로 사용되었다. publicare는 '영주에게 녹점되다'는 뜻이었다. 그런데 일반 사람들에게도 publicus라는 말이 적용된 것이다. 그들은 자신을 보다 높은 권력으로의 체화를 시도한 것이다.

영국에서 17세기 중반 이래 '공중'(*public*)이라는 말이 사용되기 시작하는데 그때까지 이에 상응하는 말로는 '세계'(*world*)나 '인류'(*mankind*)가 있었다(Habermas, 1962/2004: 93). 공중으로 결집한 사적 개인들은 공권력으로 하여금 여론 앞에서 자신을 정당화할 것을 강제하려 한다. 여기서 쓰인 공중은 '판결을 내리는 공중'이라고 하는데, 공중의 판결을 위해 제출된 것이 '공개성'을 얻는다.

공중의 사적 경험은 특유하게 공적 논의를 자명한 것으로 이끈다(Habermas, 1962/2004: 97). 이러한 사생활 영역이 충만하고 자유로운 내밀성(*innerlichkeit*)이라는 근대적인 의미로의 프라이버시(*Privatheit*)[11] 개

교회 자체는 공법적 단체들 중 하나로 존속한다. 또한 사적 생활세계의 영역이 공적 영역으로 침투한다. 자발적 결사체들이 민주적 법치국가의 제도적 틀 내에서 공적 세계의 형성을 시도하게 된 것이다.

11 프라이버시는 사생활권(*right to privacy*)으로 발전되었다. 사생활 권리는 "인격권에서 유래되고 생명권에서 유래되는 권리로 규정된다"라고 한다(서정우: 2010, 135). 이 권리는 일반적으로 사사권(홀로 내버려질 수 있는 권리), 비밀권(자신의 비밀이 남에게 침해받지 않는 권리), 평온권(고독하게 있을 수 있는 권리), 행복추구권(외부로부터 아무런 간섭 없이 자기 스스로가 마음대로 자기생활을 영위할 수 있는 권리) 등이다. 사생활 권리에 대해서는 워렌과 브랜다이스가 "사생활권"이란 논문을 발표했는데, 사생활권이란 ① 공공 혹은 일반의 이익에 관계된 사실 이외에는 어떠한 사실도 공개하지 않는다. ② 명예훼손법에 저촉되지 않고, 또한 특별히 허용된 커뮤니케이션 상황 아래서 이뤄졌을 경우 그 공표는 방해받지 않는다. ③ 구

념의 역사적 출현을 가능케 했다. 마키아벨리는 자유인과 시민이 자유를 얻는데 있어 그들이 성취한 것은 '그들 자신대로 살게 하는 것'(*to live of themselves*) 이라고 했다(Maitland, 1981: 109~110; Pettit, 1997: 29).

한편 공중은 공적 성격을 지녔다. 17세기 말 프랑스어 'publicite'로부터 영어의 공시성(*publicity*) 이란 단어가 차용된다(Habermas, 1962/2004: 93). 독일에서는 공중(*publikum*) 이 18세기에 등장했다. 여기서 공권력의 비판은 '여론'(*Oeffentliche Meinung*) 의 형태로 제시되는데, 이 말은 18세기 후반기에 프랑스어 'opinion publique'를 모방한 말이다. 영국에서도 '여론'이라는 말이 거의 동시에 출현했다.

공중은 공공적 존재로의 상승, 즉 현존의 능력을 갖춘 고귀한 존재로 인정받게 된 것이다. 또한 시민은 '위대함, 통치자, 폐하, 명성, 품위, 명예' 등의 과시능력을 갖고자 한 것이다. 시민들은 종교에서 과시적 성격을 매일 실천했다. 오늘날에도 교회의식, 예배의식, 미사, 의식행렬에서 아직 과시적 공공성이 살아 있다(Habermas, 1962/2004: 70). 교회는 사람들을 공적 영역에서 사적 영역으로 끌고 왔다. 당시 이탈리아 도시에서 시민들은 자유, 법, 평등, 참여, 시민적 미덕에 관심을 가졌다.

그들은 자신들의 경제적 이익을 취하기 위해 부르주아 공론장[12]을 형성

두 공개가 야기하는 사생활권의 침해가 실제적 해악이 없는 한 법은 어떠한 구제도 부여하지 않는다. ④ 본인이 스스로 또는 본인의 동의를 얻어 사적 사항이 공개된 경우에는 사생활권이 소멸된다. ⑤ 공개된 사실의 진실성은 면책사유가 되지 않는다. ⑥ 공개자의 무악의성은 면책사유가 되지 않는다(Warren & Brandeis, 1890: 193~222; 서정우. 2010: 137).

12 공론장은 하버마스가 1962년 《공론장의 구조변동》(*The Structural Transformation of the Public Sphere*) 에서 발전시킨 개념이다. 공론장은 독일어로 'Oeffentlichkeit'로 '공공성'(*publicity*), 혹은 '공공영역', '공개장', '여론', '공론' 등으로 번역되었다(Habermas, 1962/ 2004: 14). 하버마스가 '공공영역'(*die Oeffentlicke Sphere, Bereich*) 을 국가, 혹은 공권력의 영역으로 특칭해서 사용하는 반면, '공론장'(*Oeffentlichkeit*) 은 그 자체 사적 부문에 속하는 것이지만 공공영역으로서의 국가와 사적 영역으로서의 사회 사이에서 양자를 매개하는 것으로 정의했다. 또한

시켰다. 이때 밀턴은 "진리의 본성을 직시했다. 진리는 특별하게 정해진 논리나 사고의 방법에 묶여 있을 때보다 자유롭고 자율적일 때 더 빨리 그 자신을 드러내 보인다"라고 했다(Milton, 1644/1998: 81~82). 부르주아가 공론장에서 진리뿐 아니라 경제적·사회적 자유를 구가한 것이다. 그곳은 시민이 공통의 관심사를 숙의했고 포괄적인 상호작용이 제도화된 영역이었다(Fraser, 2003: 84). 또한 부르주아들이 생활세계의 포괄적 의견을 형성시키기 위한 장소였다.

공론장은 국가로부터 개념적으로 분리되었고 담론의 생산, 유통을 위한 곳이었다. 경제 순환 안에 있는 것도 아니지만 공론장은 토론하고 숙의하는 등 폭넓은 관계의 하나로 간주된다. 사상의 교환장소가 된 것이다. 그곳은 모든 사람에게 공개적으로 접근할 것을 주장했다(Fraser, 2003: 86).

당시 시민들은 상당하게 정착된 관습과 사회를 규제하는 도덕률의 힘으로 '가시가 돋친 토론'을 막아낼 충분한 힘을 가졌다. 전체 시민들은 끊임없이 현실적 권력을 규제할 진리, 이성, 정의를 추구하도록 강제하거나, 절대 권력의 정당성을 어디에서도 인정하지 않는 체제를 갖고 있었다.[13]

물론 당시 부르주아는 경제적·사회적 자유뿐 아니라 정치적 자유를 누리고자 했다.[14] 공론장의 역할을 한 최초의 신문들, 이른바 '정치신문'이라

'Oeffentlichkein'는 '사적 개인으로서의 공중이 논의하여 여론을 형성하는 마당', '토론하고 논의 한다'라는 의미를 함께 갖고 있다. 그러나 최근 의도적 여론몰이의 형식은 '자유주의적 공론장의 이상으로부터 의도적으로 벗어나는' 형식이다. 그 예로 홍보활동은 타협의 소재 자체를 공적 토론의 주제로 만들지 않으면서 자신의 위신을 강화하려는 목표를 가진다(Habermas, 1962/2004: 317).

13 1820년 이래 부르주아 법치국가의 원천과 역사에 관한 강의를 했던 구조트(Guizot)는 '여론의 지배' 상황을 묘사했는데, 그 특징은 "① 기존의 권력들로 하여금 공동으로 진리를 추구하도록 강제하는 토론에 의해, ② 이러한 추구에 종사하는 이들 권력을 공민이 감시하는 눈앞에 두는 공개성에 의해, ③ 공민으로 하여금 스스로 진리를 추구하고 이를 권력에게 말하도록 자극하는 언론의 자유를 통해서"라고 했다(Guizot, 1851; Habermas, 1962/2004: 194).

불렀던 신문들은 처음에는 주간으로, 17세기 중반 경에는 일간으로 창간되었다. 공론장의 전문기구로서 언론이 등장한 것이다. 하버마스는 국가가 운영하는 〈르노도〉(*Renaudot*, 1631), 〈런던 가제트〉(*Gazette of London*, 1665), 정부 허가를 받은 신문 〈정보제공자〉(*Intelligencer*, 1663), 〈법정, 도시, 나라의 그날의 정보제공자〉(*Daily Intelligencer of Court, City, Country*, 1643) 등의 신문을 열거했다(Habermas, 1962/2004: 68).

영국은 혼합정체를 갖고 균형을 취하려고 했으나, 왕의 전제적 권력쟁취는 이러한 균형을 깨트렸다. 그러나 공중은 명예혁명(1688년)으로 다시 균형을 찾게 된다. 해링턴과 시드니(Sidney)는 17세기 신 로마 공화주의자(*neo-Roman republican*)였다. 그들은 자유에 대해 그리스, 로마와 르네상스 이론을 수용했다. 초기 영국의 신 로마 공화주의자는 반귀족주의자(*anti-royalists*)였으며, 자유국가라고 하더라도 왕의 지배를 허용할 수 있었다. 그렇지만 왕은 법에 종속되어야 하고, 의회의 힘에 의해서 견제 받았다(Pettit, 1997: 285). 영국 사회의 금융세력 등장으로 균형을 다시 회복한 것이다. 그 내용은 별로 바람직하지 않았으나, 사회변동에 획기적 계기를 마련했다. 사적 세계의 공적 세계로의 이전이 이루어진 것이다. 자본가 계급은 다수의 이익을 대변하는 대신 정치적 세력과 결탁하여 하원을 파당의 세계로 전이시켰다.

요즘 우리가 말하는 '코드'정치를 획책한 것이다. 그렇더라도 그 사적 의견을 공론화시키는 공론장은 돋보였다. 그 일련의 사건들이 영국, 미

---

14 부르주아가 '적극적 의미'에서 정치적 자유를 누린 것은 큰 변화였다. 마키아벨리는 자유를 위한 열망이 욕망(*a desire*)을 파생시켰다고 했지만, '지배되는 것'(*to be ruled*)에 관심을 가지는 것은 아니라고 했다(Machiavelli, 1965a: 204; Pettit, 1997: 28). 그는 대단히 적은 사람들만이 지배를 위하여 자유롭게 되는 것을 원했다. 한편 대부분의 사람들은 안전하게 살기 위해여 자유를 원했다. 덧붙인다면 마키아벨리는 '간섭'을 배제하는 것이었다. 그렇다면 참여를 보장하는 공론장은 '정치적 자유'를 위해 큰 변화를 가져온 것이다. 시민과 자유인은 참여하는 자유를 얻은 것이다.

국 등에서 뚜렷한 경향으로 나타나기 시작했다. 독립을 통해 수립된 미국은 자연적 귀족제를 인정하지 않았음에도 로마 공화정의 통치체계를 많이 모방했다(조승래, 2010: 19). 2명의 통령, 로마 원로원과 같은 이름의 상원(Senate), 그리고 하원을 두었던 것이다.

영국과 미국인들은 공론장으로서의 언론을 중요한 제도로 등장시켰다. 이를 통해 권력자의 '지배'나 '간섭'을 배제하기에 이른다. 공론장이 모든 사람에게 공개되고 접근 가능하게 됨으로써 사회생활이 정치화되고, 신문이 증가하고, 검열에 대한 저항투쟁 그리고 언론 '자유'[15]가 확장되었다.

이들 신문은 처음부터 군주의 여행과 귀국, 외국 고위귀족의 도착, 축제, 궁정의 '장중한 의식', 임명 등에 대해 보도하였다. 이들 정치신문은 '과시적 형태'의 보도에 앞장섰다. 그들은 귀족문화를 전파하는 기능을 담당했다. 또한 그들은 사회적·문화적 정체성을 형성하고 규정하는 것을 경험한 것이다(Fraser, 2003: 93). 부르주아들은 귀족·왕족들과 같은 관용구, 스타일을 공유하게 되었다.

부르주아 공중은 처음 '고상한 세계', 즉 궁정·귀족 사교계와의 교류를 통해 이를 학습한 것이다. 그리고 그 후 그들은 '궁정'의 정책을 비판하기 시작했다. 그 비판은 커피하우스, 살롱 및 만찬회 등 제도화된 틀에서 이뤄졌다. 그들 참여자들은 숙의를 통한 '자기 추구'(*self-seeking*)의 집합이었지만 사적 개인들은 곧 공적 정신을 가진 집합으로 그 기능을 전이시켰다(Fraser, 2003: 98). 그들은 같은 행위를 시도하면서 공통의 이해를

15 여기서 자유는 로마의 'libertas'(*freedom*)이다(Pitkin, 1988: 523~552; Pettit, 1997: 27). 로마 평민들은 민주주의로 갈등하는 것이 아니라, 보호(*protection, private security*)에 관심을 가졌고, 공적 권력이 아니라 개인 안전에 관심을 가졌다. 물론 그들은 공중을 언급했는데 그들의 안전의 제도적 확보를 추구했다. 그래서 libertas는 수동적이고, 방어적이고, 전적으로 소극적이었다. 이것은 'civitas'(시민권, *citizenship*)와 동의어로 쓰였다(Wirszubski, 1968: 3). 먼 속주의 사람들은 시민일 수 있었고, 투표권이 없었지만 시민의 소극적 자유를 즐겼다.

추구할 수 있게 된 것이다.

18세기 처음 10년간에 이미 런던에는 3천 개가 넘는 커피하우스가 생겨 초콜릿과 커피를 팔기 시작했다(Habermas, 1962/2004: 102). 또한 의회에서의 토론클럽은 필연적으로 살롱과 선술집에서의 사교모임을 확장시켰다. 드라이든(Dryden)이 윌(Will)의 커피하우스에서 '고대와 근대'에 관해 젊은 작가들과 토론을 시작했고, 이보다 약간 후에 애디슨(Addison)과 스틸(Steele)이 버튼(Button) 커피하우스에서 '작은 원로회' (*little senate*)를 열었다. 즉, 부르주아 공중들은 과거의 '과시적 행태'를 붕괴시키고 문예적 공론장, 즉 새로운 공론장을 형성시킨 것이다.

다른 한편으로 그 당시 사적 정보교환은 제국의회, 전쟁 사건들, 수확량, 세금, 귀금속 수송에 관한 그때그때의 자세한 뉴스뿐 아니라, 국제 무역 뉴스를 담았다(Kempters, 1936; Habermas, 1962/2004: 86).

당시 뉴스 자체는 상품이 되었다. 따라서 영리적 뉴스 제공이 시장의 법칙과 동일한 법칙에 종속된 것이다. 재산, 교양이 상품으로 유통되기 시작한 것이다. 같은 맥락에서 소유주의 공중은 인격체로서의 공중이 되었다. 이들은 핵가족의 내부 공간, 심리적 해방의 장소로부터 사회적 연관으로 엮이게 되었다.

한편 관청이 명령과 칙령을 공표하기 위해 이 언론기구와 뉴스를 이용함으로써 공권력의 수용은 근원적으로 '공중'이 된 것이다(Habermas, 1962/2004: 88). 한편 당시 신문들은 만찬회 · 살롱 · 커피하우스가 그 공중의 범위와 구성, 교제 스타일, 논의의 풍토, 주제의 정향에 있어 아무리 다르다 하여도 이들 모두는 대체적으로 사적 개인들 간에 벌어지는 지속적 토론을 조직화하였다. 공중은 대중운동을 주고하고, 폭 넓은 논쟁과 토론을 진행시키고, 입법과정에서 조정을 시도하였다. 따라서 이것들은 일련의 공통되는 제도적 관행들을 형성시켰다(Habermas, 1962/2004: 107).

사적 개인은 편지글을 통해 주체성을 발전시켰으나, 자신의 숙의내용을 뉴스기구에 직접 제공하거나 기고하기 시작했다. 부르주아 공중은 신문을 운영하고, 기자를 채용하여 타인의 정보를 싣기도 했다.

신문의 독자들은 사적 의견을 곧 공적 내용으로 간주되기 시작했다. 처음 문예적 공론장에서 부르주아의 정치적 과제는 정치사회와 달리, 시민사회의 규정이었다(Riedel, 1962; Habermas, 1962/2004: 128). 그러나 곧 친밀하게 된 사적 영역의 경험을 바탕으로 한 부르주아 공론장은 기존의 군주 권위에 맞서게 되었다

정치적 공론장에서 정치인은 언론을 자기의 선전도구로 사용했다. 그 내용은 공론장을 통해 공적 의미가 부여되었다. 그때 그 내용은 다른 사람의 반대론에 부딪치면서 자기검증원리를 경험하게 된다. 사적 의견이 공론장에서 공적 의견으로 등장한 것이다. 그렇다면 언론은 편리한 존재임에 틀림없다. 18세기 초 할리(harley)는 이 새로운 상황을 이용할 줄 아는 최초의 정치인이었다(Habermas, 1962/2004: 138). 그는 디포(Defoe)와 같은 유형의 문필가를 고용했는데, 그 언론인은 정당을 대변하는 새로운 형태의 저널을 발행했다.

정치신문이 등장한 것이다. 할리의 〈당 정신〉(*Parteigeist*), 〈공공정신〉(*public spirit*), 그리고 디포의 〈리뷰〉(*Review*), 〈터친〉(*Tutchin*), 〈업저베이터〉(*Observator*) 등이 클럽, 커피하우스, 집, 거리 등에서 흘러나오는 이야깃거리를 게재했다. 이들 신문은 1726년 〈걸리버〉(*Gulliver*), 〈던시아드〉(*Dunciad*), 1735년 〈젠틀맨스 매거진〉(*Gentleman's Magazine*) 등이 등장하여 정부를 견제하는 권력 제 4부(*the fourth estate*)의 역할을 담당하게 되었다(Habermas, 1962/2004: 139).

18세기의 마지막 10년 동안의 정치 잡지들은 사적 개인들 사이의 사교생활이 결정화되는 지점이었다. 1770년대 이후 사적 독서회(Lese gesell-schaft)와 영리적 독서회가 모든 도시에 퍼지고, 심지어 소도시까지 확산되었다. 영국, 프랑스, 독일에서 정치적·사회적 공론장이 형성된 것이다. 당시 여론매체는 심지어 집행권의 성격, 지배의 형태 등을 결정짓게 되었다(Habermas, 1962/2004: 168). 하버마스가 이야기하는 공론장의

구조변동이 있기 전에 이념형(*ideal type*) 공론장이 형성된 것이다.

한편 하버마스는 부르주아 공론장에서 사적 개인이 공적 문제에 대해 숙의한다고 했다. 왕에 의한 임의적 지배는 그 기능을 상실하게 되고, 부르주아는 공중으로서 '자기 지배'를 정당화한 것이다. 여기서 공적(*public*)은 ① 국가와 관련된, ② 모든 사람이 접근 가능한, ③ 모든 사람의 관심영역, ④ 공통의 선이나 공유된 이를 포함한, ⑤ 시장경제에서 사유재산에 속한, ⑥ 친밀한 국내 혹은 개인생활의 포함 등에서 그 의미를 찾았다(Fraser, 2003: 96).

공적 영역뿐 아니라 친밀한 사적 영역(생활세계), 즉 욕구와 필요 등 경험을 바탕으로 한 부르주아 생활영역이 공론장을 형성시킨 것이다. 더욱이 이들 공론장은 왕권을 가진 군주의 권위에 대해 맞서기도 했고, 기존의 권위에 대항하여 공개성의 원리를 사용했다. 이들은 정치적 공론장의 객관적 기능을 '문예적' 공론장의 범주로부터 얻은 자기 이해에, 즉 사적 소유자의 이해에 일반의 것을 수렴시킬 수 있었다(Habermas, 1962/2004: 133).

밀턴은 정치적 공론장에서 자유를 주장했다. 그는 공론장을 통해 사상의 공개시장 원리를 강조했다. 그러나 하버마스가 언급한 공론장에서의 시민-공화주의(*the civic-republican*)는 자유주의-개인주의(*libera-individualist*)를 더욱 발전시킨 것일 수 있었다(Fraser, 2003: 98). 후자는 정치가 자기 이익, 개인 선호의 집합임을 강조한다.

그 결과 부르주아는 가장 많은 이익을 창출하기 위해 타협과 협상을 시도한다. 그러나 공화주의에서 개인의 선호, 이익, 정체성은 공적 담론과 공적 숙의를 전제로 한 결과이다. 즉, 자유주의와 달리 공화주의자는 이들을 외부에서 오는 강압으로 보지 않았을 뿐 아니라, 개인 이해로만 간주하지 않았다. 공론장에서의 숙의를 통해 부르주아 공중은 자기 이익, 개인의 선호, 개인의 정체성이 서로 공유될 수 있다는 측면을 강조한 것이다. 사건이 일어나면 공론장의 지면을 통해 공개되고, 그 사건에서 진실이 밝혀지고, 사상이 진리로 숙성되고 축적된다. 이런 공론장을 통해 하버마스는 '비지배', '공동선', '시민적 덕성' 등을 형성시킨다고 본 것이다. 공론장에서는 익숙한 개인의 성격이 형성된다. 즉, 부르주아 사적 개인들의 사회적 지위가 대체적으로 재산과 교양이라는 두 특징을 결합시킬수록, '소유자'의 공중은 '인격'의 공중과 동일시되었다(Habermas, 1962/2004: 133). 부르주아는 간섭과 지배에 의존하지 않고 경제적·사회적 자유를 누렸다. 그들은 자기 지배를 공언하고 나선 것이었다.

하버마스는 합리성(*rationality*)에 관한 굳은 믿음이 있었다. 합리주의자들에게 자연법은 벌써 질서를 형성하고 있었다. 즉, 실정법이 공정의 관계를 규정하기 이전에 이미 그러한 공정의 관계가 존재했던 것을 긍정할 수밖에 없었다(Montesquieu, 1748/1976: 19). 시대를 달리하면서 공화주의는 변형된 형태를 지녔지만 그 정신은 그리스, 로마, 르네상스 그리고 부르주아 공중의 형성기를 통해 계속성을 유지했다.

부르주아 공론장 혹은 공개시장에서는 개인의 자유와 권리가 공개되고 공정성만 확보된다면 '자기검증원리'(*the self-righting principle*)는 작동된다고 보았다. 더욱이 미국의 권리장전에는 언론의 자유나 종교의 자유를 비롯해 다수의 힘으로도 침해할 수 없는 자유들이 규정되었다(Sandel, 2009/2010: 34). 전 세계적으로 개인의 사생활과 보편적 인권을 존중하기만 한다면 공화주의 원리가 작동할 수 있었다.

하버마스는 부르주아 공론장을 통해 '생활세계'를 합리화시킬 수 있다고 보았다. 그는 새로운 접근의 합리성으로 집합적 쾌락과 가치(*pleasure and value*)를 구현하려고 했다. 말하자면 쾌락과 가치에 대한 성찰은 더욱 합리적 해결을 담보한 것이다(Raffel, 1992: 17). 커뮤니케이션 당사자는 이런 공론장의 기구를 통하여 서로가 기분이 나쁘지 않게 가치의 갈등적 요소를 사전에 차단했다.

다른 한편으로 생활세계의 합리화가 이뤄지면서 구조는 경직되어 갔다. 개인은 정치적·사회적 자유를 누릴 수 없게 되었다. 공론장인 언론이 홍보매체로 작동하고 자본주의의 사적 이익을 득세하게 되었다. 즉, 생활세계가 체계로 편입되면서, 공론장이 체계의 식민지화가 되었다. 체계는 사회적 자유를 박탈함으로써 정치적 자유를 빼앗아 갔다. 그 사회는 지배와 간섭의 세계로 이전한 것이다.

하버마스가 이야기하는 공론장에 참여하는 공중에게 존재적 근거를 제공한 것은 지금까지 논했던 밀턴의 정치적 공론장의 그 개념을 확장시킨 것이다. 즉, 하버마스는 사상의 공개시장에서 사회적·경제적 공론장을 포함한 것이다. 한편 밀턴은 르네상스 시대의 이탈리아와 프랑스의 작가, 예술가, 과학자, 정치이론가들처럼 로마의 고전에 깊이 뿌리박혀 있었다(Altschull, 1990/1993: 27). 근본적으로 밀턴은 인간이 선천적으로 선한 존재였고, 죄악을 정치적인 무지와 동일한 것으로 보았다. 이 점에서 밀턴은 교육과 지식이 선한 인간들로 하여금 이 땅 위에 천국을 만들게 할 것이라고 믿었다. 그는 공개시장에서 사상이 자유롭게 교환만 된다면 선한 인간이 반드시 승리한다고 보았다. 아무리 사회가 개인의 이익을 추구하고, 파편화된다고 하더라도 결국 '진리'와 '진실'이 승리한다고 본 것이다.

4. 스미스의 자유방임(공론장의 운영원리)과 도덕감정

1) 해링턴의 국가

한편 영국 공화정은 해링턴에 의해 논의되었고, 스미스에 의해 활기를 띠게 되었다. 해링턴은 영국에서 고전적 공화정(*the commonwealth*)에 대해 처음으로 프로그램을 갖고 언급한 사람이었다(Harrington, 1656/ 1992: ix). 물론 그는 왕조에서 공화정으로의 혁명적 변동을 원치 않았고, 크롬웰 섭정(*Cromwellian Protectorate*)을 원치도 않았다.

그는 왕국이 국가와 함께하고 보존하기보다 분리시키고 붕괴시킨다고 보았다(Harrington, 1656/1992: xii). 왕국이 우리가 어떤 목표를 갖고 공화주의를 설립할 것이라는 환상에 대해 반기를 들었다. 그는 새로운 형태의 정부를 원했는데, 법률상(*de jure*) 문제를 논하기 전에 법적, 윤리적, 정치적, 종교적 문제 등 현실상(*de facto*) 문제에 관심을 가졌다. 그는 영국의 당시 문제를 자발적, 창의적 지성을 갖고 해결하길 바랐다.

그는 군주(*monarchy*), 귀족(*aristocracy*), 민주주의자(*democracy*)가 함께 견제와 균형을 취하길 원했다. 베네치아 공화정은 14세기 이후, 500년간 지속되었다. 그곳은 독립적인 상인과 수공업자가 중산층을 이뤄 안정성을 유지한 것으로 보였다. 그들은 지중해를 끼고 무역으로 공화국을 지탱했다. 도시에 거주하는 인민들은 경제력을 바탕으로 새로운 공화정을 건설하였다.

베네치아인들은 개인의 능력이 출중하더라도 특정인에게 권력을 몰아주는 일 따위는 하지 않았다(임채원, 2008: 109). 언제나 견제와 균형으로 시민의 자유를 보호하려고 했다. 베네치아 공화정은 이러한 정치의 산물로 간주되었다. 이 공화정은 그리스의 묘지를 공유하는 신분의 공화주의도 아니었고, 그렇다고 르네상스 초기 문예적 공론장을 형성하자는 것도 아니었다. 그 대신 그들은 계급의 일원으로 사회적, 경제적 공동체에 참여했다. 이 공화국은 국왕이나 원수 1인이 아닌, 귀족의 소수도 아닌, 평민의 다수도 아닌 이들 모두의 개별적 이해관계를 뛰어넘는 계급이익을 고려하면서도 공동체 전체의 이익으로서 공공성을 실현하고자 했던 것이다(임채원 2008: 55).

해링턴의 공화국은 평등을 중요한 덕목으로 이야기했고 관직은 언제나 교체될 수 있었다. 그는 각 정부의 형태를 불완전한 것으로 묘사하면서 서로 견제와 균형을 취할 혼합정부(*mixed governmen*)를 선호했다(Harrington, 1656/1992: xv). 그는 탐욕의 정치가 아닌 '시민의 덕'이 있는 정치를 원했던 것이다. 그가 염원했던 가상의 《오세이나 공화국》은 연방정부와 지방정부 그리고 상·하원의 양원제로 이원적 체제를 추구했다(임채원, 2008: 60). 상원은 제안하고 하원은 결의한다는 것이 해링턴 권력분립의 핵심이었다.

해링턴은 현실상(*de facto*)을 강조함으로써 절대 진리, 절제를 통한 질서(*de jure*)를 강조한 플라톤보다 마키아벨리에 더욱 관심을 가졌다. 그리고 천연자원이라고는 아무것도 없었던 베네치아를 공화주의 모델로 삼았다(임채원, 2008: 49). 그들은 바다로 활로를 찾아 무역입국으로 지중해의 대국으로 성장하여 열강의 갈등 속에서도 번영을 누렸다.

해링턴은 베네치아를 르네상스 공화주의의 표본으로 삼았다. 그들은 로마 이래로 새로운 공화국에 관심을 가졌다. 공화국은 "'사적인 것'(*res private*)과 별개의 추상적이고 사회적 개념이다"라고 한 것이다(임채원, 2008: 55). 그 체제에서 해링턴은 시민군을 통한 안전보장을 추진하기 원했으며, 역사적 발전을 비평하는 수준에서 공화주의 이론을 폈다. 17세기 영국은 중세 봉건시대가 가고 종교적 후견인과 상업이 득세하기 시작한 시기였다.

그때부터 정치적 이성의 자유가 회자되기 시작했다. 여기서 자유는 국가, 공화국, 혹은 도시 등과 관련된 시민 가운데 지적 실천이 체계화되면서 얻어질 수 있었다. 당시 영국의 커뮤니티는 도시국가의 형태를 갖는 것이었다. 오세아나 공화국의 정교한 질서는 정치적인 모든 과정에 시민이 참여하도록 했다. 시민은 동등한 소유를 갖고, 그들의 신분의 같은 안전을 누리고, 그들이 가진 자유를 누렸다. 국가의 방어도 시민군의 힘으로 가능하게 했다. 또한 그들은 자신들을 짓밟을 사람이 있을 경우, 전제군주, 혹은 폭군이든 대항해 국가의 이름으로 자유를 위하여 싸우도록 했다(Harrington, 1656/1992: 62~63). 모든 국가는 인민을 가장 우선순위에 두고, 그 다음에 상원을 두고, 나머지에 행정관을 두도록 했다. 그 체제에서 지식인은 시민의 대표로 참여하고, 귀족들은 자신들의 권력을 유지하는데 관심을 가졌다. 양자가 서로 법 제도 아래 이성적으로, '공정하게 겨루'(*fair play*) 도록 한 것이 17세기 영국의 풍경이었다.

국가의 이성은 정직하게 민주주의 아래서 움직이고, 정직하게 질서를 형성한다(Harrington, 1656/1992: 291). 공직은 언제나 다른 사람으로 교체될 수 있었다. 국가는 동등한 권리를 가진 자작농의 시민(*agrarian*)이 설립한 정부이다. 개인의 열정은 이성과 법의 잣대에 의해 제약을 당했다.

오세이나 '공화국'[16]에는 국가의 '도덕률'이 있었다(Harrington, 1656/1992: 39). 인간 개인의 도덕률에 대한 신념은 사적 종교를 탄생시켰고, 국가 도덕률에 대한 신념은 국가 종교를 만들었다. 역사에서 둘이 같이 간 경우도 있었으나, 국가는 개인의 합리성과 양심에 의한 자유를 침해할 수 없게 했다. 해링턴은 모든 시민적 자유가 양심과 신앙의 자유로부터 출발한다고 믿었다. 따라서 양심의 자유 없이는 시민적 자유가 완전해질 수 없고, 시민의 자유가 없이는 공평한 공화국이 실현될 수 없다는 것이었다(김영한, 1989: 237; Milton, 1644/1998: 341). 같은 맥락으로 대한민국 헌법 제 19조는 '모든 국민은 양심의 자유를 가진다'라고 했다. 양심의 자유는 권리임과 동시에 의무이다. 권리만 갖고 의무를 다하지 않는 사회는 '염치없는 사회'를 만들 수 있는 가능성을 내포한다. 그렇다고 국가가 나서서 국가 종교를 만들면 그것은 권력의 남용이 된다(Harrington, 1656/1992: 39).

이탈리아 공화주의는 영국에 전해졌다. 군주정의 전통을 이어오던 영국에서 국왕을 상대로 의회는 국왕 찰스(Charles)를 심리하기 위한 특별법정을 설치했다(임채원, 2008: 44). 군주정에서 반역죄는 오직 국왕만이 심리할 수 있지만, 거꾸로 왕이 반역죄로 재판에 회부되었다. 1649년 1월 30일 찰스는 "이 나라의 선량한 백성에 대한 압제자요, 배반자요, 살

---

16 commonwealth는 크롬웰 이전부터 영국에서 '공화국'으로 번역되었는데, 이는 공공선(公共善)의 또 다른 표현이다. 이는 영국인에게 공화가 '공동의 부'로 인식되었음을 의미한다(임채원, 2008: 73).

인자이자 공적"이라는 유죄판결을 받고 그의 궁정 화이트홀(Whitehall) 앞에서 군중의 무거운 신음소리 속에 단두대의 이슬로 사라졌다(임채원, 2008: 44). 찰스를 처형한 잔여의회(Rump Parliament)는 군주정을 폐지하고 공화정을 수립했다.

이 공화국은 형식상으로 의회가 최고 권력기구였지만 실권은 군대에, 그것도 사실상 크롬웰(Cromwell)의 수중에 있었다. 군주정, 귀족정, 민주정의 혼합정부가 여전히 난항을 걷고 있었다. 그렇더라도 '단기의회' '장기의회' 등 시민혁명기에 공화주의적 사상이 영국과 미국 사회의 저항정신으로 피어났다. 《아레오파지티카》의 언론자유 투쟁의 위력은 여전히 현실에서 미미한 것이었다. 그러나 절대군주제에 대한 공화주의적 대안을 제시한 해링턴의 저작들은 다음 18세기 영국 저항정신의 중심인 지방파(*Country*)의 지적 스승이 되었다(임채원, 2008: 40~41).

공화주의는 청교도 정신과 접목되었고, 이러한 공화주의적 흐름은 대서양을 건너가 미국 건국의 아버지들의 지적 뿌리이자 미국 연방헌법의 정신적인 근간이 되었다. 그들은 공공선(*public good*)에 관심을 가진 것이었다.

2) 스미스의 사회윤리

같은 맥락에서 '오세이나 공화국'의 운영원리는 1세기 후 스미스의 '자유방임주의'에 의해서 더욱 정교하게 설계되었다. 그는 사적 세계의 확장에 관한 이론적 맥락을 제공했으며, 참여를 통한 자유의 확보에 대한 공화주의 이론을 더욱 발전시켰다. 더욱이 그는 밀턴의 '사상의 공개시장'으로부터 사회적·경제적 요소를 포함한 공론장의 이론을 발전시켰다.

스미스는 영국의 조그만 항구마을 커콜디(Kirkcaldy)에서 태어났다. 14세에 글래스고 대학에 입학했고, 17세 때 옥스퍼드 대학의 벨리얼 칼리지에서 수학했다. 그는 고대철학, 과학사 등에 관심을 가졌고, 특히 역사, 사회과학 등에 열중했다. 1751년 글래스고 대학에 교수로 임용된 그는 그 동안 강의노트로 작성된 내용을 바탕으로 1759년 《도덕감정론》이란 제목의 책을 폈다. 그는 그 책에서 인간의 본성 및 심성을 탐구했다(Smith, 1759/1996: 6).

그는 1776년 사회과학 이론과 사회발전 이론을 규명하는 《국부론》(*the Wealth of Nation*)을 출산했다. 이 책은 "개인의 이익추구가 대체적으로 사회의 이익을 생산한다"라는 논리이다(Smith, 1776: 11).

스미스는 이 책을 집필하면서 정확한 분석에 의존했다. 물론 그의 분석은 주체가 직면한 상황, 얻고자 하는 목표에 따른 분석을 시도했다(Smith, 1776: 18). 그때 그의 판단은 자신의 성향(*propriety*), 외부의 상황에서 벗어날 수 없다고 가정되었다. 그렇다면 그는 자신이 어느 곳에서나 적용될 일반적 이론을 설명한 것이 아님을 선언한 것이다.

그렇다고 하더라도 스미스의 이론은 인간의 천성의 개념, 지적 체계에 관심을 두었으며, 더불어 특수한 경제적 상황의 형태를 포함시켰다. 그의 분석은 상황적 경제원리에서 벗어나지 않았던 것이다. 그 설명원리는 체계이론으로 기계론적 설명을 했다(《라 로슈푸코에게 보낸 편지》, 1785, 248; Smith, 1776: 12). 기계(*machines*)는 조그만 체계(*system*)이다. 그것은 다른 부분과 연계되고, 동시에 통합적 작동을 한다. 이것은 현실적으로 예술가들이 빈번히 만나는 다른 움직임과 같은 효과를 가져오기도 한다.

스미스는 경제이론만으로 사회를 설명한 것이 아니라, 사회철학(*social philosophy*) 이론을 이야기한 것이다. 개인은 사회 내에서 고립되어 존재하는 것이 아니라, 사회국가(*the social state*) 안에서 생존한다. 그는 공화정의 논리로 개인과 다른 사람들과의 공존을 인정하고, 그 세계 속에서 개인들이 소통하며 공동의 일을 숙의하고 결정한다고 보았다. 이때 시민들은 정치의 주체가 되어 참다운 참여정치를 복원시킨다. 물론 스미스의 종합적 분석은 경제행위와 사회행위를 함께 논의한다. 《국부론》은 넓은 사회적 성격을 가졌고, 그것은 사회적 국가에서 발견되고 교환경제가 주도적 역할을 하게 되는 특수한 사회적 구조 안에서 운용된다(Smith, 1776: 14).

국부론의 체계 안에서 개인은 다른 사람의 행위를 성찰하고, 상상하고, 동감(*sympathy*, *fellow-feeling*)의 영역을 찾아낸다. 여기서 동감(同感)은 어떤 의미에서도 이기적 원리(*selfish principle*)로만 간주될 수는 없다(Smith, 1759/1996: 566). 예를 들면 내가 타인의 격정과 분노에 대해 동감하는 경우 사실상 나의 이러한 감정은 자기애에 기초를 둔다. 왜냐하면 동감은 당신의 문제를 내가 절감함으로써, 즉 나 자신을 당신의 처지에 놓고 나서 내가 그 유사한 상황에서 무엇을 느끼게 될 것인지를 상상하는 데에서 생겨나기 때문이다.

같은 맥락에서 우리가 어떤 성격이나 행위를 공감(시인) 할 때 느끼는 감정들은 다음의 경우이다. 즉, ① 우리는 행위자의 동기에 대하여 동감한다. ② 우리는 그의 행위로부터 혜택받은 사람들의 감사하는 마음에 공감한다. ③ 우리는 그의 행동이 이상의 2가지 동감이 일반적으로 준수하는 일반 원칙과 일치한다. 그리고 ④ 마지막으로 그러한 행위가 개인이나 사회의 행복을 증진시키는 경향을 가진 행위체계의 일부를 구성하는 것으로 간주될 때, 그것들은 이러한 결과로부터 아름다움을 이끌어내는 것처럼 본다(Smith, 1759/1996: 583~584).

행위자는 다른 사람의 공감(동감)을 얻도록 하고, 그렇게 하도록 자신을 제약한다. 그곳에서 각 개인은 행복을 느낀다. 스미스에게 개인의 행위는 다른 사람의 행복과 불행을 연계시킴으로써 서로 맞물려 일어난다. 여기서 공감은 타인의 행복이 나의 행복에 영향을 준다는 이야기이다. 큰 그림에서 그의 체계는 서로가 사회의 적응력을 증가시키는 방향으로 발전한다.

개인에게는 이성의 능력, 일반적 정의에 관한 룰(*rule*), 그리고 도덕률이 존재하기 마련이다(Smith, 1776: 22). 그는 그 바탕에서 개인은 "타인의 행복을 필요로 한다. 연민(憐憫)과 동정(同情)이 이런 종류의 원리이다. 타인의 비참함을 목격하거나 또는 그것을 아주 생생하게 느낄 때 우리는 이러한 감정을 느낀다"라고 했다(Smith, 1759/1996: 27).

동감을 가지기만 한다면 이기적이거나 자기애가 반드시 나쁠 필요가 없다. 스미스에 의하면 이기심과 자기애는 인간이 개체로 자기 자신의 행불행이나 자기 이익(*self interest*)에 관심을 갖는 심리적 상태를 의미한다(박순성, 2003: 14). 이런 의미에서 두 감정은 모두 사회적이지도, 그렇다고 반사회적(*unsocial*)이지도 않다.

말하자면 개인은 사적 영역과 공적 영역의 이분법적 사고를 가진다. 그는 근대적 개인이 가진 양면성을 이야기한 것이다. 즉, 근대적 개인은 사익을 추구하는 존재이기도 하고 집단적 목적을 추구하는 존재이다. 사익추구론의 존재로서 근대적 개인은 경제인으로 상업사회의 질서 속에서 활동하지만, 또 다른 한편으로 사회의 정의를 추구하는 존재로서 정의로운 국가건설에 이바지한다(박순성, 2003: 30). 이런 현실을 커뮤니티 차원에서 풀어보면 집단적 도덕, 덕목은 타인의 행불행과 함께 하려는 감정이고, 다른 사익추구는 타인의 행불행에 역행하려는 감정이다. 전자는 동감(동료의식, 연민)이고, 후자는 반감(시기, 질투)이다. 동감이 도덕적 감정의 원천이라면 반감은 반도덕적 감정의 원천이다. 더욱이 도덕의 덕목 중에서 보편적 자애(*universal benevolence*)는 최상으로 평가되고, 동감은 이타심의 원형이다.

어떤 경우든 도덕적 감정과 반도덕적 감정이 합쳐져서 사회적 감정을 형성한다(박순성, 2003: 15). 그러나 이 두 감정이 반사회적으로 되는 경우는 자신의 관심을 자기 이익에만 집중하고 외부에 대한 관심을 폐쇄하는 경우로 이를 '자기애의 오만'(*arrogance of self-love*)이라고 부른다.

전통적 관점에서 이기주의와 이타주의가 서로 대립하지만 스미스에게는 공존한다. 물론 그에게 어떤 원칙도 없이 그것들이 공존하는 것은 아니다. 여기서 개인의 이익추구 행위의 객관성은 사회적 준거(*reference*)를 형성하게 된다(Smith, 1776: 24). 이 점진적 과정은 미천한 사회에서 문명화된 사회로 이전된다.

물론 그 역작용도 사회 내에서 존재하는데 이는 지나친 이익을 추구하는 행위에서 발생한다. 개인은 허영과 명성을 추구하는 존재로서 사회적 지위를 대상으로 하는 야망을 가진다. 이런 야망은 지배와 복종관계를 형성한다. 야망은 국가라는 사회제도에서 가장 적절한 자기실현의 대상을 찾게 된다. 국가는 야망을 가진 개인들의 좋은 활동영역이 된다. 그 탐욕의 결과 한쪽은 부가 넘쳐나고, 다른 한쪽은 사회적 행위를 하지 못할 정도로 재산을 갖지 못하게 된다. 하층계급은 이익추구 행위 자체를 거부하면서 사회적 병리현상을 잉태하게 한다. 소외계층은 사회적 공감과정을 이탈한다. 사회는 법으로 정의를 실현하고 사회의 도덕률이나 정부에 의해서 그 사람을 일방적으로 제재한다.

설령 부의 불평등이 존재하더라도 정제되고 계몽된 이성은 도덕률에 의해 움직일 수 있다. 이것은 현실적으로 인간의 지혜이고, 신의 지혜이다(Smith, 1776: 27). 신과 인간의 질서가 함께할 때 세상은 그 율법에 의해서 지배되고, 반드시 '보이지 않는 손'(*an invisible hand*)에 의해서 움직일 수밖에 없다.

김경희는 《공화주의》에서 제도뿐만 아니라 그 속에서 행동하는 행위자와 그들의 행동윤리를 강조한다(김경희, 2009: 105). 또한 그에 따르면 "공화주의는 시장제도를 잘 만들어놓으면 '보이지 않는 손'에 의해 사적 행위자들의 이기적 행동이 공공의 이익으로 진화될 것이라고 한 주장에 동의하지 않는다"라고 했다. 필자는 이 의견에 동의할 수 없다. 그는 행위자의 행위를 극대화시킨 자유주의를 이야기한다. 심지어 국가의 역할은 전적으로 개인의 '이기적 행위'(*self-regarding actions*)에 의존하는 체계로서 최소화된 것이다(Smith, 1776: 77). 더욱이 그의 분석은 경제뿐만 아니라, 역사적, 도덕적 논쟁을 포함한다.

스미스는 신의 율법을 곧 인간의 율법, 계율, 도덕률 그리고 관습법으로 고정했다. 그것이 이성에 근거한 자연법이다. 그렇다면 '보이지 않는 손'에는 벌써 사회윤리가 포함된다. 그는 사회윤리를 바탕으로 동감을 이끌어냈다. 즉, 개인은 "자연적 이기심과 탐욕에도 불구하고, 그들 자신만의 편의(便宜)를 염두에 두더라도, 혹은 그들 자신의 공허하고 만족될 수 없는 욕망의 충족임에도 불구하고 자신들의 여러 개량의 산물을 가난한 사람들과 나누어 가진다고 확신했다"라고 한다(Smith, 1776, 제4편 2장; Adam Smith, 1759/1996: 331). 또한 그는 "'개인은 보이지 않는 손'에 인도되어 토지가 모든 주민들에게 평등한 몫으로 분할되었을 경우에 행해졌을 것과 거의 같은 생활필수품을 분배하게 된다"라고 했다. 모든 개개인들이 오직 자신들의 이득만을 의도할 뿐인데, 그들은 '보이지 않는 손에 인도되어 자신들의 의도와는 전혀 다른 어떤 목적을 증진시킨다'라고 한 것이다.

스미스는 '보이지 않는 손'이라는 표현을 그의 저서 《천문학》(*Astronomy*)에서 처음으로 사용했다(Macfie, 1971: 595~599; Smith, 1759/1996: 331). 그가 사용하는 이 책의 장소는 오로지 불규칙적인 사건들만을 초자연적인 대리자의 탓으로 돌리는 초기 종교사상에 관하여 논의하는 곳이다. 그는 "불이 타오르고 물이 신선해진다. 그리고 천체가 내려앉고, 가벼운 물질이 위로 날아간다. 이것은 그들 자신들의 성격의 필연성에 기인한 것이다. 우리는 '주피터'(Jupiter) 신[17]의 그 '보이지 않는 손'이 그런 일에 종사하고 있다는 것을 이제까지 깨닫지 못했다"라고 했다. 보이지 않는 손은 현실에도 작동한다. 불문법을 신봉하는 영국에서 보이지 않은 손은 그들의 체제를 지켜줄 수 있는 최후의 보루였다. 현실적으로 개인은 자신

17 주피터는 그리스의 제우스(Zeus) 신이며, 청공(天空)의 신이다. 이 신은 "온갖 기상현상을 지배하며, 비와 폭풍과 천둥을 일으키는 신이다. 제우스는 그리스 민족의 국신이다. 그는 하늘을 지배하는 자인 동시에 전 세계를 통치하는 자이다. 신들과 아버지로서 모든 권력을 주거나 빼앗는 자이며, 범죄자를 벌하고 사회의 질서를 유지하며, 국가의 재앙을 막는 위력을 가진다.

의 목적을 타인에게 제시하고 타인과 나눔을 시도한다. 여기서 목적은 그리스어의 '텔로스'로 번역되나, 하이데거는 '텔로스'를 문제와 관점의 '상호 책임'(*responsible for*)으로 간주하였다(Heidegger, 1977: 8).

스미스는 자유주의가 '절제되었다'라는 표현을 2가지 의미로 사용했다(박순성, 2003: 45). 즉, ① 개인의 자유는 적절한 사회제도에 의해 제한된 동시에 보장된다, ② 개인의 자유가 개인의 사회윤리에 의해 규정된다. 절제된 자유란 '제도화'되고 '자율화'된 것을 의미한다. 설령 자유가 '제도화'된 것이라고 하더라도 어떤 원리가 딱히 쉽게 결정되는 것은 아니다. 아리스토텔레스에 의하면 덕성이란 절제 있고 그리고 올바른 감정이라기보다는 오히려 이러한 주요관습이라는 것이다(Smith, 1759/ 1996: 488). 그렇더라도 그는 덕성을 이성에 따른 중요의 습관이라고 했다.

그에 따르면 모든 덕성(절제를 포함)들은 2가지 서로 상반된 악덕의 중간에 놓여 있다고 했다(Smith, 1759/1996: 488). 그 2가지 악덕 중 하나는 어떤 특정 종류의 대상들에 의해 지나치게 많은 영향을 받는 것이고, 다른 하나는 지나치게 적게 영향을 받음으로써 악덕이 된다는 것이다. 예를 들면 꿋꿋한 용기의 미덕을 그 반대의 악덕인 비겁함과 염치없는 경솔함의 중간에 있는 덕성으로 보았다. 같은 맥락에서 절약이라는 미덕 역시 탐욕과 낭비의 중간쯤에 놓인 미덕이다. 탐욕은 이기심이 그 대상에 대하여 지나치게 많이 관심을 갖는 데 있고, 반면 낭비는 적절한 관심의 결핍에 있는 것이다. 마찬가지로 대담성도 역시 지나친 오만과 지나친 소심성의 중간에 놓여 있다.

한편 에피쿠로스는 "절제라는 덕성의 전체 가치는 그것의 효용에서, 즉 장차 더 큰 향락을 위해서 현재의 향락을 연기할 수 있게 해 주거나 현재 향락의 결과 일어날지도 모를 더 큰 고통을 회피할 수 있게 해 주는 것에서 생겨난다"라고 했다(Smith, 1759/1996: 530). 간단히 말해서, 절제는 쾌락에 관한 신중 이외의 아무것도 아니라는 것이다.

사회가 복잡할수록 개인의 행위가 다원적으로 전개되고 상호책임의 범위가 광범위하게 될 수밖에 없다. 그 바탕에서 개인은 자유, 절제, 탐욕의 행위자로서 사회에 참여한다. 근대 시민사회의 자연적 자유체계는 3가지 사실에 근거하여 개인의 참여를 독려한다. 즉, ① 자유스러운 개인의 근면과 검소에 의한 불평등한 자본축적과 그에 따른 분업체계, ② 완전경쟁에 의한 정당한 교환법칙의 확립과 동감에 의한 이기심의 억제, ③ 교환과 분업에 의거한 경제의 이상적 발전과 그에 따른 사회적 풍요와 복지의 달성 등에 의해 자유체계가 규정된다(박순성, 2003: 91).

스미스는 경제적 자유주의에 대한 균형 잡힌 자유방임을 주장한다. 부르주아 개인은 도덕적 조건으로서 근면, 검소, 정직 등 경제인의 덕목을 지닌다. 이러한 조건이 갖추어진 상태에서 자연적 자유체계로서의 상업사회는 이상적으로 운동하고 발전한다. 더욱이 그의 《도덕감정론》은 공통적 사회가치관의 필요성을 강조하면서 "사회의 구성원이 '독립적 책임을 의식하고, 사회의 규범을 존중할 때' 비로소 시민사회가 형성될 수 있다"고 기술했다. 개인은 자유를 누리되 '독립적 책임을 의식하고 사회의 규범을 존중'할 필요성을 생각할 필요가 있다. 그때 자유주의적 개인들로 구성된 사회에서는 '서로의 이해'를 조화(내지 중화) 시켜줄 수 있는 경쟁규칙이 자생한다.

절제된 자유주의적 개인들은 자신들의 행위에 의해 사익과 공익의 조화를 가능하게 하는 제도적 장치로서 경쟁규칙을 스스로 만들어낸다(박순성, 2003: 50). 개인에게는 결과론적 만족이 따라와야 한다. 개인의 행동동기는 단지 이미 확립된 의무원칙(*rule of duty*)에 대한 존경, 즉 모든 점에서 '감사의 법'(*law of gratitude*)에 따라 행동하려고 하는 성실하고 진지한 열망인 것이다(Smith, 1759/1996: 288)

그렇다면 보이지 않는 손의 작용을 위해 '일정한 제도적 장치'가 구축된다. 개인의 자유가 '정당한 범위의 경쟁의 테두리' 내에서 허용될 때, 개인의 이기적 행동들은 보이지 않는 손에 의해 작동되는 것이다(박순성, 2003: 49).

이 사회는 '공정한 경쟁정신'과 '정의에 의한 제재'라는 두 원칙에 의해 지배된다. 이러한 자유주의의 두 원칙을 다르게 설명한다면 그 사회는 개인이 자기이익을 추구하는 행위가 사회적으로 가능할 수 있도록 하는 '평등, 자유 그리고 정의의 자유주의적 틀'(*the liberal plan of equality, liberty and justice*)이 미리 존재해야 한다(박순성, 2003: 151).

같은 맥락에서 각 집단의 목표와 활동에 도움을 줄 공영방송은 "시민들이 그들의 개인적 혹은 시민으로서의 삶을 결정하는 데 필요한 정보를 얻는 기회인 이른바 '사상의 공개시장'(*marketplace of ideas*)에서 다양한 관점이 서로 경쟁하는 방식을 취하게 된다(Bullert, 1997/ 2005: 35).

밀턴에게는 전통의 관습과 프로테스탄트 원리가 강하게 작동했지만, 그렇지 못한 1백 년 후 영국사회에서는 사회적 도덕률이 강하게 요구되었다. 또한 스미스의 시대에서는 고삐 풀린 말과 같이 원리원칙에 벗어난 자본주의 행위자가 예상보다 많이 증가한 것이다. 자본주의 탐욕이 세상을 어지럽게 했고, 그에게는 탐욕을 견제할 수 있는 체계를 만들 필요가 있었다.

스미스는 시장을 몽테스키외가 논한 토양과 기후에 관련된 어떤 인과관계의 역할로 규정지을 수 없다고 보았다(Smith, 1776: 30). 경제구조가 사회구조뿐 아니라 법과 정책이 함께 융합될 때 어떤 우위로 인과관계를 규명하는 것이 쉽지 않고 계획되기가 어려운 현실을 직시한 것이다. 그렇더라도 개인은 사회생활을 도외시할 수 없었고, 진리의 규명이 저만큼 멀리 존재할 수 있었다. 스미스는 밀턴의 이시스 신화가 재현되는 것처럼 느낀 것이다. 더욱이 분업의 가속화로 사회는 더욱 비정상적 상호관계가 빈번해졌다. 개인은 혼자의 힘이 약하다는 사실과 타인의 도움이 필요하다는 사실을 알게 된다. 그때 개인은 타인이 자신의 열정을 받아들이는 것을 보고(동감하는 것을 보고) 기뻐하는데 그것은 타인의 도움을 받을 수 있다는 확신을 갖게 되기 때문이라는 것이다(Smith, 1759/1996: 36). 이런 현상은 SNS로 상호작용이 집약적으로 일어나는 현대사회일수록 더욱 농후하게 나타난다.

개인은 칭찬받을 만한 성격, 다시 말해서 존중, 명예 및 시인의 자연적 대상이 되는 성격에 더욱 민감하다. 그들은 어느 한 행동지침보다는 다른 행동지침을 선호하고, 어느 행동이 옳고 다른 행동을 그르다고 하는지 등에 극도로 민감하다(Smith, 1759/1996: 478). 물론 스미스는 공감의 영역이 어떤 원리도 없이 경제 · 사회현상만으로 이뤄지는 것은 아니라고 논리를 세웠다. 그렇더라도 경제적 영역에서 인간은 물질적 이익을 얻기 위한 욕구에 의해 지극히 동기화되어 있다(Smith, 1776: 44). 그것이 우리 경험의 특수한 성격이다. 우리의 저녁식사에 도움을 줄 정육점, 양조장, 빵가게는 자비심에서 상점을 운영하는 것이 아니라, 자신의 이익을 위해 노력한다.

그러나 스미스의 논쟁은 사회의 결속의 성격에 관한 어떤 선제판단에 의존한다(Smith, 1776: 44). 그것을 그는 《도덕감정론》에서 언급한 것이다. 이 점에서 본다면 그의 경제분석은 개인의 인간과 재산의 관점에서 그의 동료가 상처받는 것을 제약하려고 했다. 그의 이런 성격은 경제현상에서 상호의존에 의존했는데, 이는 의도하지 못했던 사회적 결과를 염두에 둔 것이다(Smith, 1776: 44). 그럴지라도 그의 역사이론에서 사회경제적 분석에 관련을 맺고 자신의 논리를 폈다. 그는 농업과 산업의 재화 산출에서 3가지 생산의 특수한 요인의 사용을 요구한다. 그 3가지 요인인 토지, 노동, 자본을 일치시킨 그는 지대(*rent*), 임금(*wages*), 이익(*profit*)의 화폐적 환수의 형태를 분리시켜 설명했다.

이는 격률의 원리에서 최대의 효과를 나타내도록 한다. 개인에게 유용성과 생산비용은 수요 창출에 결정적 기여를 한다. 개인은 경쟁을 통한 자유방임 정책, 즉 완전한 자유주의 체제에 순응한다. 더욱이 스미스는 분업에 의한 경제적 성장과 자본의 축적의 주요 이슈를 등장시켰다. 분업은 숙련도를 높이고 시간을 절약하고 기계를 사용함으로써 생산성을 높일 수 있다. 그 제도 아래서 국가는 이익이 붕괴되는 것을 막기 위해 정의

(*justice*)의 정확한 관리를 제공해야 한다(Smith, 1776: 77). 국가는 개인의 자유와 공동체의 '공공선'을 위해 작동해야 한다. 정부는 법의 제정과 집행으로 공통의 이익을 유지해야 하고, 기술성과 비용의 증가에 제동을 걸어야 하고, 전쟁의 위험성을 방어해야 한다.

경제학적 비유를 든다면 조화로운 자연적 질서론은 완전균형이론이고, 불완전한 상업사회론은 불완전균형이론이다(박순성, 2003: 31). 조화로운 자연적 질서 속에서 균형은 시장에서 나타나고 완결된다. 불완전한 상업사회에서 완전한 도덕정치는 상업사회의 불균형을 균형으로 가게 하는 유일한 힘이다. 불완전에서는 외부의 힘이 작동할 수밖에 없게 된다. 불완전한 기계를 정상적으로 작동시키기 위해서는 외부의 힘이 끊임없이 필요하게 되는 것과 같은 원리이다. 그렇더라도 스미스의 체제는 외부 힘의 논리가 아닌 자율성을 강조한다. 그의 완전한 자유체제는 개인의 자유행위에 현저한 특성을 부여하기 위해 고안된 것이다(Smith, 1776: 78).

스미스가 선호하는 국가는 '야경국가'로서 전통적 국가(*the state*)와 다른 해링턴이 이야기한 국가의 수준에 만족한다. 그렇더라도 개인의 자유는 도덕률을 통해 일정 부분 제약될 수밖에 없다. 개인은 절제를 통해 사회체제에 순응하고 경제의 유통과 성장은 특수한 견제와 균형을 취한다. 그는 경제이론을 이야기하면서 공화정을 이야기하는 것이다. 더욱이 그는 커뮤니티의 붕괴를 막기 위해 독점 상태의 기업에 대한 위험성을 경고했다. 이러한 새로운 경제적 질서는 인간의 일반적 행위의 체제에서 변화를 포함한다. 시장에서 상품의 가격이 결정되고 수요공급이 형성되고 균형을 이룬다. 시장가격이 형성되는 원리이다. 또한 개개의 상품은 생산지대, 임금, 이윤이 적정선에서 균형을 찾아 가격이 형성된다.

스미스는 개인의 경제적 상호의존, 커뮤니케이션 관계를 고려했다. 여기서 그는 인간이 인간인 것을 교환하려는 본능을 가지고 있기 때문이라는 결론을 내린다(박순성, 2003: 209). 다시 말해 인간은 교환자일 때 진정한 의미의 인간이다. 사실 우리는 현재 상업사회에서 살기 때문에 자기 자신도 모르게 "우리는 교환 없이는 살 수 없다"라고 말한다. 즉, "인간은 교환하는 동물이다"라는 주장이 정당성을 얻는다. 교환행위를 할 때에만 인간은 사회적이라는 철학적 명제에 기초한 사회사상보다 훨씬 체계화된 사회사상이자 사회과학 이론이다(박순성, 2003: 212). 그는 인간을 커뮤니케이션하는 동물이라고 본 것이다. 그는 경제 이전에 존재하는 인간의 본성을 이야기한 것이다.

스미스는 인간의 본성에 대해 경제의 교환가치, 가격, 분배 등의 문제를 성공적으로 소개했다(Smith, 1776: 45). 특히 교환-계약은 지배를 위한 설득과 관련이 있다. 그러나 옳지 않은 숙련된 교환은 독점을 낳고, 독점은 자신들이 원하는 가장 높은 수준의 상품가격을 원한다. 그 상태에서는 생산의 비용과 관계없이 상품값이 매겨지고, 그 정도가 심해지면 자유시장의 원리가 작동을 멈춘다. 어떤 규제가 인간의 자연적 자유를 침해하고 산업의 자연적 균형을 깰 때, 그는 이를 맹렬히 비난했다(Smith, 1776: 58).

고삐 풀린 이기심은 사회를 곤란하게 한다. 객관적 개인의 잣대가 무너지고 사회는 소용돌이 속으로 들어간다. 이기심(*selfish*)이 사회를 지배할 때 사회적 측면이 감소된다. 《국부론》은 전자에 속하지만, 《도덕감정론》은 후자에 중심점이 있다. 그의 이론에서는 두 이론이 공존할 수 있을 뿐 아니라, 오히려 공존할 때 의미를 지닌다.

정의의 룰은 공감을 더욱 부각시키지만 효율성의 가치는 대체적으로 그만큼 정도를 일시적으로 줄여간다. 그러나 정연한 체계에 대한 동일한 애호, 질서의 아름다움, 기예와 장치의 아름다움에 대한 고려는 종종 공공복지를 촉진하는 제도들의 제정을 조장하도록 도움을 준다(Smith, 1759/1996: 352).

《국부론》에서 경제주의적 효율성의 사고가 지배적이라면 《도덕감정론》은 공공의 복지를 추구하는 도덕적 이상주의를 부추긴다. 분업으로 진리가 파편화된 상황에서 사회윤리는 그만큼 부각된다. 더욱이 스미스의 초기 저작인 《도덕감정론》은 당대 스코틀랜드 도덕철학의 영향을 받았기 때문에 도덕적 이상주의의 태도를 취하며, 후기 저작인 《국부론》은 점점 영향력을 확대하던 프랑스의 경제학자들과 스코틀랜드의 계몽사상가들의 관점을 반영함으로써 경제주의적인 태도를 보였다(박순성, 2003: 207).

인간의 행동에서 전후 작품이 완전히 분리될 수는 없다. 칸트에게 자유와 책임이 함께 하는 것도 다를 바 없다. 스미스는 공론장이나 시장에서 서로 만족하는 어떤 접점을 찾았다. 그는 인간의 교환관계를 더욱 강화시키는 방법을 모색한 것이다. 결국 그는 타인과의 커뮤니케이션을 강화시킴으로써 자기애와 이해타산(이기심)이 타인과의 동감을 불러일으키도록 했다.

'보이지 않는 손'은 이기심의 자연적 조화, 자동조정의 메커니즘이 아니라 사회이론이 도덕이론과 결합하여 만들어지는 '자기 조직화하는 체계'(*systeme d'auto-organisation*)를 만들어냈다(박순성, 2003: 228). 스미스는 아리스토텔레스의 개인윤리에서 시작하는 것이 아니라, 타인과의 커뮤니케이션 윤리에 더욱 적극적이다. 대화(*conversation*)와 모임(*society*)은 즐거운 감정을 선사한다. 음악가는 서로 다른 많은 악기들을 통해 화음을 시도한다. 악기 연주자는 서로 각자를 정리하고 박자를 지킨다. 각자의 마음들은 일정한 조화를 형성한다. 그는 사회의 분업화로 서로가 떨어지는 상황 속 타인과의 관계에서 조화의 미학을 서술한 것이다.

개인은 자신과 타인 사이의 차이를 제거함으로써 즐거움을 얻는다. 이 즐거움은 스미스가 이미 《도덕감정론》에서 말한 상호동감의 즐거운, 개인들의 간주관적 본성(*intersubjective nature*)을 찾아낸 것이다. 지배가 신뢰에 의존한다면 대화와 호혜의 소통에서 자유는 중요한 요소로 작동한다. 이런 자유는 자신의 행위의 적정성을 가질 필요가 있다. 개인은 절제와 신중한 행동을 통해 사적인 이익과 행복, 육체적 쾌락을 누리게 된다. 대화와 호혜의 자세는 자기 자신의 행복만으로 타인에게 행복을 가져다 줄 수 없다. 그때 도덕적 감정이 필요한 것이고 동감이 완성되는 것이다. 자기애적이고 편협한 감정은 공동체·공화주의 형성에 전혀 도움을 주지 못한다.

물론 이런 감정이 이성의 일반적인 도덕규칙과 도덕판단의 원천이라고 하더라도 옳고 그름에 관한 최초의 지각은 이성의 대상이 될 수 없으며 직접적인 감각과 느낌의 대상일 뿐이다(박순성, 2003: 291). 더욱이 도덕판단과 관련한 스미스의 핵심개념인 동감은 모든 종류의 열정에 대한 우리의 동포감정(*fellow feeling*)을 지칭한다.

스미스는 개인의 절제를 강조하고 이성의 원리를 부각시킨 아리스토텔레스와 밀턴에서 한 발짝 물러섰다. 그의 동포감정은 인간의 본성에 내재한 어떤 원리로부터 오는 감정으로 모든 사람들에게 발견되는 보편적인 것이다(박순성, 2003: 292). 그러나 그 감정을 갖지 못할 때 빈번히 사회문제가 일어나게 된다.

보통의 절도나 강도를 저지르는 방탕한 범죄인들은 종종 그 행동의 저열함에 대한 감정을 갖지 못하고, 따라서 어떠한 회한(悔恨)도 느끼지 않는다. 그들은 처벌이 정당한지 아닌지를 깊이 생각하지 않고 언제나 교수대(絞首臺)를 자신들에게 떨어지기 쉬운 운명이라고 보는 것에 습관화되어 있다. 이기적 인간의 단면이 잘못 형성된 인성의 결과이다. 자기 정당성에 불합치할 때, 타인에 대한 분노 또한 존재한다. 죄가 없는 사람은 그와 같은 죽음의 공포가 가지고 온 불안 이외에 그 자신에 대하여 가해진 부정에 대한 자기 자신의 의분(義憤) 때문에 더욱 괴로움을 느낀다. 또한 그는 처벌이 그의 기억에 드리울지도 모를 불명예에 대한 여러 생각으로 공포를 가진다(Smith, 1759/1996: 222).

이 2가지 문제는 혼자서는 풀 수 없는 문제이다. 스미스는 여기에서 동감으로 인간을 규정지음으로써 개인의 성격을 풀어가고자 했다. 개인은 칭찬과 비난의 표현에 민감하다. 칭찬을 받을 만하든지 비난할 만하다든지 표현하는 것은 우리의 성격과 행동에 대해 어떠한 감정을 당연히 가지게 한다(Smith, 1759/1996: 232).

칭찬받기 좋아하는 것(*love of praise*)은 우리 형제들의 호의적인 감정을 얻고자 하는 욕구이다. 칭찬받기 좋아하는 것은 우리 자신을 그들의 감정의 정당한 대상으로 만들고자 하는 욕구이다. 같은 맥락에서 이는 공포와 비난받을 만함에 대한 공포 사이에서도 성립된다. 칭찬받을 만한 가치가 있는 행위를 하기 원하는 사람 또는 실제로 그러한 행동을 하는 사람은 그것에 상응하는 칭찬을, 때로는 아마 상응하는 것 이상의 칭찬도 마찬가지로 원한다(Smith, 1759/1996: 233).

우리는 형제들이 행동을 시인해 줄 때는 크건 작건 간에 기쁨을 느끼도록, 그리고 그들이 부인할 때는 어느 정도 마음의 상처를 받도록 교육 받았다. 조물주는 인류를 즉석 재판관(*immediate judge*)으로 만든 것이다. 다른 많은 점에서와 같이 여기에서도 사람을 그 자신의 형상에 따라 창조하고 지상에서 자신의 대리인으로서 형제들의 행동을 감독하도록 임명한 것이다. 그의 형제들은 그에게 부여된 권력과 사법관을 인정하는 것, 그들이 그의 비난을 받을 때에는 크건 작건 간에 초라해지고 실망하게 되고, 그들이 그의 갈채를 받게 될 때에는 그 정도에 따라 의기양양하게 되는 것 등을 자연으로부터 배웠다(Smith, 1759/1996: 235)

이것이 바로 스미스가 말하는 도덕감정의 원천이고, 커뮤니케이션 관계의 시작이다. 그렇다면 모든 경우에 양심의 원리의 영향과 권위는 극히 크다. 오로지 이 내부의 재판관에게 의견을 물어봄으로써만 우리는 자기 자신에 관련된 것을 그 적정한 모양과 차원에서 객관적으로 볼 수 있고, 자기 자신의 이해관계와 타인들의 이해관계 사이의 정당한 비교도 행할 수 있게 된다. 여기서 우리는 여러 이해관계들을 우리 자신의 입장으로부터도 아니고, 더구나 상대방의 입장으로부터도 아닌 즉, 우리 자신의 눈으로도 아니고 더구나 상대방의 눈으로도 아닌 제 3자의 눈을 가지고 보지 않으면 안 된다는 것이다(Smith, 1759/1996: 243). 그 제 3자라는 것은 어느 한쪽에서 특별한 관계를 갖지 않고 우리들 사이를 공정하고 중립적으로 판단하는 사람이다.

개인은 이성, 원칙, 양심, 가슴 속의 거주자, 내부의 사람(*the man within*), 우리의 행위의 재판관 및 조정자가 된다. 개인은 타인들의 행복에 영향을 미치는 일을 할 때마다 우리의 가장 몰염치한 열정으로 인해 깜짝 놀라게 된다. 그 결과 개인은 자신의 작은 이해관계를 우리 이웃사람의 더욱 큰 이해보다 우선시키는 일을 감히 하지 못한다. 내부의 사람이 곧바로 우리가 우리 자신들을 너무 높게, 타인들을 너무 낮게 평가하면 그렇게 함으로써 우리 자신이 우리 형제를 경멸과 의분의 적정한 대상으로 만든다는 사실을 알려준다(Smith, 1759/1996: 247).

개인에게는 자신과 특별한 관계에 있는 대상에 의해 유발되는 모든 열정의 적정성, 즉 관찰자가 공감할 수 있는 열정의 강조가 일종의 중간수준이어야 한다는 것은 명백하다. 만약 그 열정이 너무 강하다든가 너무 약하든가 하면 관찰자는 그것에 공감할 수 없다. 미소 띤 얼굴이 표현하는 환희에 동감하여 그것을 함께 나누는 기분이 된다. 그리고 그는 그때까지 근심과 격정으로 위축되고 눌렸던 그의 마음이 곧 대담해지고 황당해짐을 느낀다(Smith, 1759/1996: 77).

이들은 배가된 동감(*redoubled sympathy*)에 의해서 거의 언제나 쾌적하고 적절한 것으로 된다(Smith, 1759/1996: 81). 우리의 표정이나 행동에 나타나는 관대, 인간다움, 친절, 동감, 상호 간의 우정과 존경 등의 사회적이고 자애적인 모든 성정(性情)이 그것이다. 윤리학이 '상황론'을 표출하는 것은 다름 아닌 동감의 원리를 찾아내야 하기 때문이다. 동감의 원리 아래서 개인은 이상적으로 존경할 인간이 되기를 바란다. 개인은 경멸할 만한 인간이 되는 것과 경멸받는 인간이 되는 것을 모두 두려워한다. 그러나 세상의 일을 보면 우리에게는 결코 지혜와 덕성만이 존경의 유일한 대상이 아니며, 악덕과 우행만이 경멸의 유일한 대상이 아니라는 것을 곧 깨닫는다.

그러나 개인은 어떤 삶의 목표를 갖게 되거나 사회윤리가 함께 할 때 그 목표가 정당성을 얻게 된다. 개인의 행복에 대하여 관심을 갖기 위해서는 우리는 신중(愼重)의 덕성을 가져야 하고, 다른 사람들의 행복에 대하여 관심을 갖기 위해서는 정의(正義)와 자혜(慈惠)의 덕성을 가져야 한다. 그 중에서 정의는 우리로 하여금 타인에게 해를 가하지 않도록 억제하며, 자혜는 우리로 하여금 타인의 행복을 적극적으로 증진시키도록 조장한다. 위의 3가지 덕성 가운데 첫 번째 것은 원래 우리의 이기적인 성향으로 인하여 권장된 것이고, 다른 2가지는 우리의 자혜적인 성향으로 인한 것이다(Smith, 1759/1996: 469).

5. 칸트의 공중, 개인성

1) 칸트의 이성과 윤리

밀턴의 사상은 개인에 대한 절대적 신뢰를 바탕으로 한다. 그가 사상의 공개시장에 관해 논했다면, 실제 행동의 지침이 되는 공중에 관한 논의는 칸트에 의해 집약적으로 이뤄졌다. 아리스토텔레스의 '시민의 덕', '탁월성의 선택', '좋은 행동' 등이 칸트에게는 더욱 가깝게 다가왔다. 칸트는 "인간의 행위가 타인의 의식에 복종해야 한다는 것보다 더 두려운 것은 없을 것이다"라고 했다(Russell, 1961/2008: 315). 칸트는 자유의 절대성을 이야기한 것이다.

같은 맥락에서 언론·출판의 자유는 신이 부여한 절대적 자연권이다(Keane, 1991/1995: 27). 물론 여기서 언론·출판은 스미스가 말한 커뮤니케이션 활성화를 도와주는 전문체계에 불과하다. 그 원용원리가 동감의 원리, 행복의 원리와 다를 이유는 없다. 그렇다면 커뮤니케이션에 도움을 주는 전문체계는 지상의 어떤 힘에 의해서도 침해될 수 없고 자기 앞을 가리기에 급급한 부패한 정부는 더욱 이를 침해할 수 없다. 자유로운 언론 · 출판의 권리는 개인들이 정부에 대항하는 최후의 정치수단이다.

칸트는 '선험성', '이성의 절대성'을 이야기했다. 그는 자연법의 전통을 이어받아, "시민은 남에게 해를 입히지 않는 범위 안에서 자유롭게 행동할 수 있는 가능성, 즉 권능을 가진다"라고 했다(Kant. 1796/ 2008: 26). 여기서 자유는 '타인 부과'(*other imposed*)가 아닌, '자기 부과'(*self imposed*)에 바탕을 둔 것이다. 칸트는 자유를 자치(*autonomy*)와 동일하게 사용했는데, 자치는 도덕성의 원리이므로, 자유의지는 도덕적 법칙 아래의 것이다(Kant, 1785/1964: 41). 물론 여기서 도덕법칙은 지적인 세계이고, 합리적 믿음의 목적에 봉사한다.

개인의 의견은 행동으로 나타날 때 반드시 타인에게 영향을 준다. 여기서 칸트는 개인이 자유를 누리지만 책임도 그 정도로 질 것을 강조한다. '시민의 덕', 혹은 '탁월성의 선택'이 필요한 시점이다. 이러한 덕은 단지 자유의 개념분석을 따르게 되는데, 그때 개인 자치의 원리는 '종합적인 선험적 명제'(*synthetic a priori proposition*)를 따르게 된다.

자유의 법칙으로서 도덕률은 천성에서 완전히 독립적이지만, 욕구의 능력과 조화를 이룬다. 칸트는 도덕률로 인간의 공적 기능을 이야기했다. 아리스토텔레스가 '시민의 덕'을 통해 사회정의를 논했다면 칸트는 개인의 자유와 그에 따른 책임을 강조했다. 그는 도덕률로 사회정의를 논한 것이다. 자유도 다름 아닌 자신에게 부여하는 목적대로 행동하는 것이다(Sandel, 2009/2010: 150). 그 전제는 인간의 존엄성에 따라 행동하는 것이 개인의 자유뿐 아니라 보편적 인권(혹은, 사회적 행동)이라고 한다.

칸트에게 공중(*public*)은 인간 존엄성, 보편 인권 등과 관련을 맺는다. 그는 '사회적'(*social*, 사적 행동의 가능성을 내포함) 행동에 관심을 둔 것이고, 이는 밀턴 사상의 영역을 뛰어넘는다. 즉, 밀턴이 사상의 공개시장 원리를 주장하였다면 칸트는 개인의 행동과 사회적 행동에 관심을 가진 것이다.

칸트는 동기 자체에서도 '의무적 동기'에 관심을 둔다. 그는 감각, 혹은 경험의 세계에서 오는 동기를 자연의 타율성에 속하는 영역이라고 보았다. 인간 오감을 통해 들어오는 감각의 세계를 수동적으로 수용하는 것이다.[18] 칸트에게 현대사회에서 감각을 지나치게 작동시키는 SNS는 수동적 인간형을 만드는 도구일 수 있다.

반면 칸트의 이성은 자연의 법칙과는 떨어져 존재하는 지적 세계이다(Kant, 1788/2004: 120). 이는 경험의 세계가 아니라 이성에 의한 단독 근거로 존재한다. 이 영역은 진정한 자유가 존재하고, 의무감·도덕감이 함께 하는 곳이다.

여기서 개인이 '종합적 선험적 명제'에 따르는 것은 타자와 같은 의무감을 느낀다. 설령 자연의 법칙에 의한 타율적(*heteronomy*) 행위라고 하더라도, 그 행위의 근거는 예지계가 제공하는 '종합적 선험적 명제'가 가능한 것이다. 그렇다면 도덕이 합리적 인간 모두에게 적용하게 된다면, 칸트는 이 명제를 통해 자치, 도덕감, 행복, 공화주의 같은 형식에 더욱 가깝게 접근할 수 있다고 봤다. 그는 '도덕적인 것', '이성' 등을 함께 논의하고, 여론을 통해 '사회적'인 것까지 확장시킨다(Habermas, 1962/2004: 197).

칸트는 타인에 대한 신뢰를 더욱 명료하게 서술했다. 칸트는 《순수이성 비판》(*Critique of Pure Reason*)[19]을 1781년에 출간했다. 이 책의 목적은

18 모든 경험의 가능성과 객체의 지식 가능성은 감각, 상상 그리고 이해를 통해 이뤄진다(Kant, 1781/1966: 109). 각각은 주어진 현상의 적응에서 선험성을 바탕으로, 경험적으로 고려된다. 감각은 현상을 경험에서 인지한다. 상상은 그 연합과 재생산으로 인지한다. 벨코는 인지과정에서 긍정적·부정적 가치로 인지하는 것(가치), 우리의 선입견(태도), 우리의 신념(믿음) 등을 제시했다. 상상은 이 모든 것을 통합하는 과정이다. 그리고 이해는 이러한 재생산의 표상으로 정체성의 경험적 의식을 갖게 되고, 이해를 통해 개인은 사물과 사건에 대한 의식을 가진다. 한편 벨코는 선택적 인지에서 수신하고(*received*), 주의하고(*attended to*) 그리고 해석한다(*interpreted*) 라고 했다. 더욱이 '주의하고'의 과정에서 개인의 문화, 환경, 가족, 교육, 경험 등은 뇌의 작용(*schemata*)을 하도록 하는 역할을 한다고 했다(Berko & Wolvin, Wolvin, 2007: 119~191).

인간의 모든 지식이 경험을 초월할 수 없지만, 여기에 부분적으로 '선험성'[20](*a priori*, 先驗的)이 존재하며, 이것은 경험에서 귀납적으로 추리되는 것은 아니라는 것을 말하는 것이다(Russell, 1961/2008: 317).

칸트는 인간 자유의 일반적 가치를 규정하려고 했다(Guyer, 2002: 731). 개인이 누릴 수 있는 자유의 가치에 관심을 두고, 인간 자유의 절대성을 이야기했다. 그는 하버마스 개인주의의 이론적 근거를 제시했을 뿐 아니라 부르주아 개인의 절대성을 이야기한 것이다.

인간은 이성을 가졌고 합리적 행위를 한다. 그리고 그 바탕에서 도덕률이 존재한다. 칸트는 도덕을 강조함으로써 '고전적 공화주의'뿐 아니라, '시민적 휴머니즘'을 함께 논의한 것이다. 즉, 그는 이성에 의한 자유, 입법, 평등에 관심을 두었고, 규범적 논의로 또 다른 공화주의를 집대성한 것이다. 그 바탕 위에서 얼마든지 시장의 자유방임이 가능하고, 정치도 탐욕을 줄일 수 있다고 보았다. 즉, 개인 차원을 넘는 집단적 경우라 할지라도 공개적으로 형식적 과정을 잘 지키거나 법이 잘 적용된다면 합리성에 의한 여론조성이 가능하다고 본 것이다. 설령 사적 사고로

19 《순수이성 비판》에서 순수이성의 실천은 화학자의 것과 동일하다(Kant, 1781/1966: xxxv). 이는 연역의 실험으로 불리며 일반적으로 종합화 과정(*synthetical process*)을 거친다. 여기서 종합화 과정은 순수이성의 선험성을 갖지만, 경험세계를 갖게 됨으로써 성찰이 이뤄진다. 물론 경험세계는 직관(*intuition*)의 선험성을 바탕으로 종합화 과정을 거친다. 즉, '순수'(*pure*)는 모든 사람이 갖는 공통의 어떤 불변의 지식이지만 각자가 다른 경험세계를 수용함으로써 변화를 겪는다. 말하자면 순수이성은 선험성의 개념을 갖지만 앞의 비판(*critique*)을 갖게 됨으로써 경험세계의 종합화 과정을 거친다.

20 선험성은 인간이 얻는 지식의 원천이 된다. 여기서 우리는 지식을 정신의 2가지 기본원천에서 얻는다. 첫째는 인상의 수용에서 오는 표상(*representations*)이고, 둘째는 개념의 자발성에서 오는 표상에 의한 객관성을 아는 힘이다. 전자는 직감(*intuition*)의 선험성을 갖고, 후자의 선험성은 개념을 만드는 '순수이성'이다. 개념 없는 직감, 직감 없는 개념 어느 것도 지식을 만들 수 없다. 칸트는 경험적 직감과 경험적 개념을 후험성(*a posteriori*)라고 했다(Kant, 1781/1966: 44).

시작한다고 할지라도 '도덕적', '자연적', '이성적' 형식을 취한다면 정당한 여론으로 간주할 수 있다(Habermas, 1962/2004: 197). 칸트는 사유체계를 행동까지 확산시킴으로써 사회적(*social*)이란 표현을 염두에 두고 이론을 편 것이다.

그때 모든 사고뿐 아니라 행위는 자유를 필연적 전제로 한다. 인간은 자유를 누릴 조건을 갖고 있는 것이다. 개개인의 추론(*reasoning*)에 따른 행위는 공통의 선(*a common good*)을 창출한다(Fraser, 2003: 98). 여기서 인간이 갖는 공통적 가치가 곧 선험론인 것이다. 이것이 공중 개인이 갖고 있는 개인성이며 그들이 갖는 집단성이다. 개인뿐 아니라 집단으로 공중이 사물을 인지하는 과정을 살펴보자.

칸트 철학에서 중심적인 것은 '물 자체'(사물 그 자체, *things in themselves*)에 대한 관심이다(Altschull, Herbert, 1990/1993: 268). 칸트는 삶의 원재료, 즉 시공에 존재하는 '객관적 현실'을 물 자체의 객관적인 특성은 아니라고 보았다. 그는 선험성(*transcendental*)의 과정을 거치지 않고서는, 말하자면 우리의 이성과 사고에 의하지 않고서는 우리 주변의 세계를 이해할 수 없다고 보았다. 물론 이성은 3가지 인지능력으로 갈등적 요소를 지닌다. 즉 이해(*understanding*), 판단(*judgement*), 이성(*reason*) 등이 갈등적 요소를 지닌다. 칸트는 물 자체를 이해할 수 없다고 보았지만, 우리 앞에 어떤 물체와 사람이 출현한 것을 인지하게 된다. 즉, 우리는 오감을 통해 외계에서 들어오는 현상을 인지한다. 이해와 결합한 행위로 상상(*imagination*)의 수단에 의해서 이해가 가능하다. 그리고 개인은 어떤 주체에 대해 객관적 표상을 갖게 되고, 쾌감과 불쾌의 느낌에 대한 판단을 갖게 된다(Kant, 1790/2004: 29).

개인은 미감의 판단과정을 보면서 관심을 갖게 되고, 객관적 표상과 연계시키고 욕구를 가진다. 물론 칸트는 감각의 모든 원리의 과학, 즉 선험적 미학을 이미 갖고 취향에 대한 비판을 한다(Kant, 1781/1966: 22). 좀 더 풀이하면 쾌감과 불쾌의 감정은 이성의 힘에 의해 그것에 대한 표상과 애정, 정서를 갖게 된다. 여기서 정서는 충동, 책임이 없는 단순한 느낌(*feeling*)이다(Kant, 1790/2004: 90). 그 다음 단계가 정념(*passions*)인데, 이는 욕구의 능력, 무드 경향(*inclinations*)을 형성시킨다. 이 경향에 머무르고, 숙의가 이뤄진다. 화나는 것은 정서이고, 적의는 열정이다.

오감 중에서도 촉감을 통해 어떤 정서의 무드가 형성되는 것이다. 이때 이해가 경험적 영역의 매력, 우아함, 맛 등 오감의 감각을 형성시키고, 개인은 그 감각에 의해 심미적 판단을 한다. 그 판단이 성찰에 의해서 얻어진다면 공통의 감각(*sensus communis*)을 갖게 되고, 이들 개인은 공중의 사상으로 이해된다(Kant, 1790/2004: 109).

전술했듯 이에 대한 이해는 크게 '경험세계'와 '예지계' 둘로 나뉜다. 예지계에서는 의식이 작동한다. 후자의 취향은 심미로 지적 환희의 결합에 의해 얻어진다. 개인은 이성을 바탕으로 취향의 연합을 형성시킬 규칙을 가진다. 한편 전자의 과정을 보면 인간의 모든 지식은 감각하고(*sensing*), 생각하는 엮음을 요구한다(Kant, 1785/1964: 41). 개인은 구체적 시간과 공간의 상황 아래서 감각의 인상을 통해 무드(*inclination*), 호감, 존경을 형성시키거나 이성의 원리를 작동시킨다. 그리고 이것은 의지를 형성시키거나 관조의 직관 형태를 갖게 된다. 이들이 결국 판단을 결정한다. 물론 이때 판단은 일반적 준거(*reference*), 혹은 표상(*representation*)의 양태를 갖고 다른 사람과 커뮤니케이션을 가능케 함으로써 공유를 확보한다.

감각적 세계는 낮은 단계에서 타율성의 세계로 시작되는데 이때 개인은 자유가 아닌 감각의 노예생활을 영위한다. 즉, 개인은 감각의 노예가 되고 그 감각, 욕구 속에 매몰된다. 이런 행동은 즐거움의 세계가 아니며 동물적 충동을 작동시킨다. 설령 그렇더라도 이성에 의해 엮어지는 경험세계는 이성의 절대성에 반기를 들고 다양성을 확보한다.

물론 칸트는 이성의 우위를 이야기하고 논리적 판단을 우선시했다. 그는 순수이성에 '자연의 형이상학'(*metaphysics of nature*)이란 제목을 붙였다. 자연의 법칙에 따라 정보원을 발견하고 가능의 상황을 논하고 종합과 분석을 시도했다. 더욱이 새로운 방향에서 철학이 모든 인지, 선험성의 가능성, 원리와 그 확장을 결정하기 위해서는 과학이 필요하다고 했다(Kant, 1781/1966: 5).

설령 그렇다 하더라도 우선 칸트의 필연성과 절대성을 지닌 선험론은 시공간과 결합한다. 고대 그리스 철학에서 중시했던 논리학, 물리학, 윤리학 중 논리학은 경험 이전의 것이다. 기하학과 같이 논리를 바탕으로 한 학문은 선험론으로 풀이할 수 있는 영역이다. 그러나 물리학은 자연의 법칙이고, 윤리학은 자유의 도덕행위 법칙이다(Kant, 1785/1964: 13). 물리학과 윤리학은 감각적 경험을 수용함으로써, 상황적 요소와 관련 맺을 가능성을 열어 놓았다. 구체적 상황의 현실과 연계를 시켜주는 부분이 감각적 직감이다. 외적 직감은 공간과 관련을 맺고, 내적 직감은 시간과 관계를 맺는다(Kant, 1781/1966: 23). 시간의 연속성을 통해 개인은 감각을 작동시키고 경험세계를 넓혀간다.

개인은 공간의 공통적 경험과 달리 시간을 통해 경험을 쌓아가고, 이런 경험은 절대적 일반성, 필연적 확실성을 가질 수 없게 된다. 물론 실천이성에도 법칙이 존재하나 엄밀히 말하면 그것은 룰, 훈계 등이다(Kant, 1790/2004: 6). 이것은 자유의 개념 아래에 두는 정도이다. 이 논리라면 실천이성은 변화를 가능하게 하고 자유를 어떻게 조성시키는지를 설명한다(Kant, 1788/2004, 127). 물론 여기서 자유는 성격상 특수성으로부터 일반성의 위치에서까지 승화된다. 그것은 다름 아닌 모든 경험원리의 통합, 즉 성찰적 판단을 위치시킨다.

직관 자체가 선험성으로 작동한다. 이를 바탕으로 판단을 할 때 분석적 판단을 하게 되는데, 주어와 술어의 연계는 동일성을 통해서 연계된다. 그러나 경험의 영역은 분석적 판단이 불가능할 때가 빈번하다. 그때 종합적 판단에 의존하게 되는데 이는 주어와 술어를 동일시하지 않는다. 술어가 행위자가 생각하는 것과는 전혀 다르게 됨으로써 예증 등을 통하여 주어에 술어를 보강하게 된다. 행위자가 직감의 종합적 관련을 시도하는 것이다. 그것을 칸트는 선험성으로 간주한다(Kant, 1781/1966: 18).

흄(Hume, 1711~1776)은 분석적 판단을 더욱 부정적으로 보았다. 그는 모든 지식이 원인과 결과를 기반으로 하는 것이지만 원인과 결과의 관계는 증명할 수 없다고 주장했다(김환영, 2011). 그는 인과관계라는 것은 없으며 원인과 결과가 역시 이성의 작용에 의한 것이 아니라 일종의 '관습'(*habit* 또는 *custom*)[21]에 의한 것이라고 했다. 심리학적 · 인과적 설명을 습관이라는 개념 위에 놓은 것이다(최희봉, 1996: 71). 즉, 인과적 설명을 인간본성 또는 본능에 기초하였다. 이런 점에서 우리의 인과적 신념의 궁극적 근원은 결국 본능적 성향이 된 것이다.

한편 칸트는 습관에 의존하기보다, 선험성에 더욱 몰두했다. 즉, 사람들은 궁극적 가치 사이에서 합리적 선택을 한다. 습관에 의존할 것인지, 선험성에 의존할 것인지가 그것이다. 하버마스는 법(*lois*)이 뿌리 깊은 관습과 일치하는 사회가 가장 잘 통치된다고 했다(Habermas, 1962/2004: 189). 관습의 소박함은 '가시 돋친 토론'을 방지하게 한다. 같은 맥락에서 루소는 몽테스키외에 반대하여, 헌법정신을 대리석이나 청동에 새겨 넣지 않고 시민의 마음에, 즉 의견에 고정시키길 원했다. 루소는 관습, 예절, 그리고 특히 인민의 의견을 이야기했다(Rousseau, 1959: 30; Habermas, 1962/2004: 188).

한편 칸트는 "공중이 선택을 그렇게 내리는 까닭은 그 삶과 사고가 근본적인 도덕적 범주와 개념에 의해 결정되었기 때문이다"라고 했다(Kant,

---

21 관습과 습관은 이성에서 오는 것이 아니라 외부에서 온다. 흄에 따르면 인간의 지각(知覺)은 인상과 관념으로 나뉜다. 인상은 사람이 보고 느끼고 사랑하고 미워하고, 뭔가를 바라거나 의지를 행사하면서 발생한다. 그에 따르면 인상은 관념보다 생생하다. 한편 관념은 경험을 회상하거나 상상력을 행사할 때 사용되는 것이다(김환영, 2011). 흄은 칸트의 이성론과는 현저히 다른, 개인이 갖는 믿음을 합리성보다 느낌 쪽에 바탕을 두었다. 대륙의 합리주의자들과는 달리 경험론자인 흄은 이성의 힘에 대해서도 회의적 입장을 가진 것이다. 그는 심지어 불변의 자아(自我) 존재에 대해서도 부정적이었다(김환영, 2011).

1964/2006: 421). 이 개념은 몽테스키외의 신관에서 쉽게 풀린다. 그는 "신은 종교의 법에 의하여 인간을 자기 곁으로 불러들였다. 인간 존재는 언제나 자기 스스로를 망각하기가 일쑤이기 때문이다. 철인들은 도덕법칙으로 그들을 경고하였다"(Montesquieu, 1748/1976: 21) 라고 했다.

같은 맥락에서 칸트는 《실천이성 비판》에서 당위(*ought*), 도덕적 의무, 선과 악, 옳고 그름 등이 선험성, '도덕 형이상학'(*a metaphysic of morals*)을 수용함으로써, 일반적 법칙을 세울 수 있게 했다. 그렇다면 칸트에게 커뮤니케이션의 자유는 그 내용이 도덕적·윤리적 내용이 될 수밖에 없다. 그에게 당위, 도덕적 의무 등에서 벗어나는 순간 그 공동체는 탐욕이 작동되고, 이성의 원리가 작동을 멈춘다.

칸트는 선과 악을 결정하는 것이 이성이라고 보았다(Kant, 1788/2004: 61). 선은 기쁨을 주고 악은 고통을 주는데 칸트는 인간에게 선악의 판단이 선험성으로 존재할 수 있는 증거를 제시한 것이다. 스미스는 사회성을 더욱 부각시켜 "자기 정당성에 불합치할 때, 타인에 대한 분노 또한 존재한다"라고 했다.

흄은 도덕을 신이 인간에게 부여한 것이 아니라 사람들이 공동체로서 살아가기 위해서 만든 것이라고 믿었다(김환영, 2011). 칸트는 흄과 다른 측면의 존재를 부각시켰다. 선험성이 아닌, 상황에 따라 달리 나타나는 격률로 판단되는 일이라고 하더라도 칸트는 이 개념으로 타인과 얼마든지 커뮤니케이션할 수 있다고 보았다. 칸트에게는 신, 율법, 이성, 실천적 행동이 같은 차원의 선험성으로 작동할 수 있게 된다.

선악의 판단은 선험적일 뿐 아니라 도덕의 영역이어서 서로 같은 점에서 출발한다. 칸트가 추구하는 바는 신학적 도덕이 아니라 도덕신학이다(김덕영, 2011). 즉, 신의 존재에서 도덕법칙을 도출하지 않고 그 역으로 도덕법칙에 근거해 신의 존재를 확신하는 논리방식을 택한다. 칸트에게 종교는 궁극적으로 윤리이다. 따라서 신앙공동체인 교회는 곧 윤리적 공동체가 된다. 윤리적 공동체는 율법을 강화하고 개인행동의 엄밀성을 요구한다. 물론 절도 · 절제 없는 인간 탐욕의 경험이 다른 사람과 공동체를 형성시키기에는 무리가 따른다. 이는 칸트의 이론을 현실에 적용시킬 수 없는 난점도 내포한다.

칸트는 선의지(*the good will*)를 간주할 수 있지만, 그 현실적 실천에서는 문제가 생기게 마련이다. 경험이 다른 사람은 결과에 원인을 찾아가는 판난에서 '분석적 명제'를 사용할 수 없게 된다. 그들의 판단은 구체적 시간과 공간의 상황에서 종합적 명제, 즉 격률 혹은 행복의 습관을 사용한다. 여기서도 원론적으로 선험성을 작동시킬 수 있다. 그것보다 인간의 좋은 감정의 인지에 의존한다면 행복감을 다른 사람과 공유할 수 있게 된다. '종교적 신앙'과 '그 공동체'는 고뇌의 성찰을 공유하게 한다. 칸트는 전술했듯 "인간 그 자체를 목적으로 여기고 존중하는 것이 모든 사람에게 행복을 가져다준다"라고 했다. 그 목적과 그에 따른 판단은 다른 사람과 쉽게 공유할 수 있게 된다. 미학은 감각에서 일어나는 즐거움이 아니라 성찰의 판단에서 일어나는 어떤 것이다(Kant, 1790/2004: 120). 그때 개인은 타인과 공유범위를 넓힐 수 있다.

물론 개인의 행복이 다른 사람의 것이 될 수 없다면 칸트의 고민이 시작된다. 그렇더라도 현실적 문제에 직면했을 때, 설령 선험성, 선의지의 개념을 적용시키지 않더라도 높은 지적 수준이나 규모면에서 개인을 압도할 때 공중은 타인과 금방 공유를 넓혀간다.

2) 메디슨의 '미 연방 수정헌법' 제1조(언론의 자유)

벌린은 평등, 정의, 행복, 안전, 공공질서 등 가치를 자유와 같이 논의했다(Berlin, 1964/2006). 이들이 보장될 때 개인의 자유는 더욱 범위를 넓혀 갈 수 있게 된다. 또한 사회의 구성원은 제도적 차원에서 공통적 경험을 조성할 수 있다. 칸트가 《실천이성 비판》을 집필한 3년 후, 1791년 미 연방 수정헌법은 '인민주권'(*sovereignty of the people*)을 입법화했다.

당시 정치가들은 '언론의 자유'를 수정헌법에 중요한 요소로 삽입했다. 이성을 근거로 만든 입법은 크게 개인의 자유를 확장시켜준다. 법은 개인의 탐욕을 절제시키는 도구로 작동한다. 그러나 현실은 탐욕을 부추기고, 이성과는 거리가 먼 파당을 조장시켰다.

당시 영국의 의회에서 왕, 귀족과 상인계급이 서로 파당을 형성했던 경험을 미국도 같은 맥락에서 공유했다. 이런 전통 아래서 미국 헌법이 정립된 것이다. 미국의 〈연방주의자의 보고서〉(*The Federalist Papers*) 85개 중 10번째 보고서는 메디슨이 작성한 것인데, 그 조항이 입법화되어 미 연방 수정헌법 제 1조[22]가 되었다. 이 조항은 "의회는 말의 자유 또는 언론의 자유를 침해하는 (…) 어떠한 법률도 만들어서는 안 된다"라고 규정했다.[23] 메디슨이 주장한 공론장은 '대의 민주주의'(*representative democracy*)에서 개념을 잡은 것이다. 여기서 민주주의는 커뮤니티 안에서 모든 주요 다른 의견을 포함하여 의사결정의 숙의적 과정을 형성시킨다. 민주주의는 권력의 분립이 가능한 체제이며, 그 가정 아래 법은 원래 물질적 격률(*material maxim*)을 확보한다.

---

22 메디슨의 초안을 놓고 토의를 거친 며칠 후 그는 여러 주에 제기하기 위한 12개의 수정안을 준비했으며, 이들 수정안은 모두 의회를 거쳐 각 주로 보내졌다. 그 결과 의회에서의 비례대표제 정족수를 규정한 수정 제 1조와 중간선거를 거치지 않고서는 의회들의 자신들의 세비를 인상할 수 없게 한 수정 제 2조가 승인받지 못했다. 이에 비해 종교의 자유와 언론, 출판의 자유 및 불만사항의 시정을 위한 평화적 결사권을 하나의 조항 속에 묶어서 인정한 수정 제 3조는 승인을 얻어 결과적으로 이 조항이 수정헌법 제 1조가 되었다(Altschull, 1984/1997: 137).

23 수정헌법 제1조는 모두 45개의 단어로 이루어졌는데 그 조문은 "의회는 국교를 정하거나 자유로운 종교활동을 금지하는 법률이나 언론, 출판의 자유를 제한하거나 혹은 국민이 평화롭게 집회하고 불만사항을 시정해 주도록 정부에 청원할 권리를 제한다는 어떠한 법률도 제공할 수 없다(*Congress shall make no law respecting an establishment of religion, or prohibiting the free exercise thereof; or abridging the freedom of speech, or of the press; or the right of the people peaceably to assemble, and to petition the government for a redress of grievances*).

언론이 환경감시의 기능으로 정부를 감시할 수 있다면, 또 다른 측면에서 법이 있기 때문에 모든 사람은 의무감(*formal maxim*)을 갖게 된다. 이때 입법은 인간의 탐욕과 임의적 권력을 제약한다.

메디슨은 여기에 단서를 붙였다. 그가 언론자유를 강조한 것은 그 제도 아래서 파당의 위험성이 상존했기 때문이었다(Altschull, 1984/1997: 138). 그는 몽테스키외의 《법의 정신》(1748)에 따른 삼권분립을 신봉했다. 공화주의 정부는 입헌주의자들의 뜻에 따라 임의적 권력의 작동을 막아주었다. 이 통제는 특수이해의 정치적 제도주의 조작을 대항할 수 있게 했다.

물론 실정법만이 파당의 특수이해를 제약할 수 있는 것은 아니었다. 모든 법이 존재하기 전에 벌써 '자연법이 존재한다'라는 사고이다. 자연법은 신의 법, 종교의 법, 그리고 도덕법 등에 질서를 형성시킨다. 이 법에 따른 이성은 최대의 선호의 만족을 생산할 수 있게 한다(Pettit, 1997: 203). 그러나 인간은 사회 안에서 생활하게 되었으면서도 타인을 망각하기가 일쑤이다. 개인은 타인에게 공포감을 조성하고 마치 동물에게서 보는 것처럼 타인을 위협한다. 힘을 가진 자는 지배와 간섭에 익숙하다. 더욱이 인간은 사회생활을 시작하자마자 열등감을 상실시키고, 그들 사이에 존재하던 평등을 중지시켜 전쟁 상태로 끌고 간다. 그래서 몽테스키외는 정법(政法) 및 시민법으로써 인간으로 하여금 스스로의 의무를 준수하도록 했다(Montesquieu, 1748/1976: 21).

몽테스키외가 자연법이 존재했다는 논리를 편다면, "사회형성 이전의 인간을 고찰하지 않으면 안 된다"라는 논리이다. 그는 자연법 아래의 상태를 퍽 비관적으로 보았다. 그의 논리에 따르면 '법이 없는 곳에는 자유도 없다'라는 논리가 설득력을 지닌다. 자연법이 개인의 자유를 제한한다 하더라도 인간은 기본적으로 자유의지를 가졌다. 또한 인간은 사회생활을 시작함으로써 자신의 힘을 느끼기 시작하고, 자유를 누릴 것을 천명했다. 메디슨은 '우리가 의지해야 할 바를 행하는 힘'을 정치적 자유라고 했다. 타인과의 전쟁을 방지하기 위해서는 실정법의 존재가 요구된다.

그렇다면 실정법 아래 자유가 어떻게 구현될 수 있을지에 관한 논의가 필요하다. 공화주의는 분명 입법부로부터 행정권을 분리한 정치적 원리를 채택한 것이다(Kant, 1796/2008: 29). 한편 공화제와 함께 논의되는 민주제는 반대하는 사람이 있다고 해도 형식상 모두가 결정하는 집행권을 마련해 준다. 이 체제는 대부분 대의제를 채택한다.

1791년 미 연방 수정헌법은 '인민주권'을 논의했다. 당시 정치가들은 '언론의 자유'를 수정헌법에 중요한 요소로 삽입시켰다. 메디슨[24]이 작성하여 입법화된 미 연방 수정헌법 제1조는 언론과 스피치의 자유에 관한 것이다. 메디슨이 언론자유를 강조한 것은 헌법제도하에서 파당의 위험성이 상존하기 때문이었다. 메디슨은 탐욕에 의한 다수파의 월권에 관심을 가진 것이다. 메디슨은 몽테스키외의 《법의 정신》에서 그 해결의 실마리를 찾기 시작했다. 메디슨의 논리에 따라 몽테스키외는 헌법과 시민에게 존재하는 자유를 이야기한 것이다. 더욱이 몽테스키외 정신은 1792년 프랑스 헌법의 전문인 '인간과 시민의 권리에 관한 선언'(*The Declaration of the Rights of Man and The Citizen*)에 투영되었다. 그는 시민의 권리와 자유를 바탕으로 헌법정신을 논의한 것이다.

몽테스키외의 정신은 헌법이 존재하고, 그 헌법은 당연히 시민의 자유를 확장시켜주는 것이었다. 공화주의자들에게 자유는 시민권(*citizenship*)

---

24 메디슨은 영국이민자의 후손으로 버지니아에 정착했다. 그의 가족은 오렌지카운티(Orange County)에서 재산을 갖고 그곳에서 농사를 지었다. 그는 뉴저지 대학(후에 프린스턴)에서 공부했다. 1771년 혁명적 사고를 갖고 메디슨은 대학문을 나섰다. 메디슨은 1774년 정치에 입문하고 버지니아 전당대회(The Virginia Convention)에 참여했고 제퍼슨(Jefferson)과 친하게 지냈다. 메디슨은 하원으로 근무한 경력을 가졌고 1801년~1809년 동안 제퍼슨 대통령 당시 국무장관직을 수행했다. 그리고 그는 1809~1817년 제퍼슨의 후임으로 대통령직을 승계했다. 메디슨이 재임할 당시 여전히 선거에 인민이 직접 참가하지는 않았다. 큰 영토에서 직접 대중지배는 여전히 불가능한 상태였다.

과 동일하게 취급되었다(Pettit, 1997: 108). 개인은 "어떤 다른 사람에 의한 임의적 간섭으로부터 보호되어야 한다"라는 논리이다.

혼합정부[25]에서 각 부는 견제와 균형을 취하면서 감시를 계속한다(Altschull, 1990/1993: 141). 법률가로서 훈련을 받은 사람답게 몽테스키외는 사회의 정의(正義)가 법을 통해서 온다고 보았다. 각 부는 기능을 분산하고 서로 견제를 하는 것이다. 그 정신에 따른다면 메디슨은 입법·사법·행정의 '견제와 균형'에 초점을 두었지만, 여전히 한 당파가 모든 3부를 통제할 위험성을 내포한다고 보았다. 메디슨은 몽테스키외의 민주정부에 회의를 갖고 헌법이 시민의 자유를 허용하지 못하는 꼴을 연상한 것이다. 민주주의에서는 도덕률이 강조되고, 교육이 더욱 중요성을 띠게 된다. 몽테스키외의 《법의 정신》에도 약점이 존재했다. 그것을 보강시키기 위해 몽테스키외는 제 4부로서 언론을 언급했다(Altschull, 1990/1993: 147). 언론이 개인의 '감정의 충돌'을 막을 수 있고, 열정이 열정을 억제할 수 있다고 본 것이다.

메디슨은 민주주의의 약점을 보강하고, 더욱 공화주의로 이끌어간 것이다. 그는 공화주의 아래서 더욱 다원성을 확보할 수 있고 그 체제에서는 공론장에서 '사적 의견'을 제약시킬 수 있다고 보았다. 그의 논리의 진수를 알기 위해 〈연방주의자 보고서〉(*The Federalist Papers*)가 작성될 당시 상황을 살펴보자.

〈연방주의자 보고서〉는 연방주의자(*The Federalist*)로 불린다(Brown, 2002: 652). 전술했듯이 이 보고서는 85개로 구성되었는데, 그 필자는 해밀턴(Hamilton), 메디슨, 그리고 제이(Jay) 등이었다. 그 보고서를 쓴 사람은 익명으로 처리되었으나, 해밀턴 51개, 메디슨 26개, 제이 5개, 그리

25 혼합정부의 기원은 아리스토텔레스와 폴리비우스에서 논의했고, 플라톤도 그의 《법》(*Laws*)에서 정부권력의 분립을 이야기했다. 이 체제를 소개하면서 몽테스키외는 자유사상과 프랑스 계몽주의를 융합시켰다(Altschull, Herbert, 1990/1993: 141)

고 해밀턴과 메디슨이 함께 쓴 것이 3개 등이라는 것이 정설이다.

이 〈연방주의자 보고서〉는 헌법의 추인 승인에 투표할 뉴욕 주의 시민을 설득하기 위해서 작성한 것이다. 이들 보고서는 1787년 10월에서 1788년 5월까지 〈뉴욕저널〉 등에 실렸고, 다른 13개 주에서 발행하는 신문에 게재되었다. 그 목적은 당시 헌법 제정에 반기를 든 공격자에 대항한 논리를 개발한 것들이다(Brown, 2002: 652).

메디슨은 미국 권리청원(*The United States Bill of Rights*)을 주장했으며, 미국 헌법의 아버지 역할을 담당한 것이다. 미국의 연방헌법은 세계 최고의 오래된 문서였고, 자유주의 관점에서 작성된 가장 중요한 도큐먼트로 세계 다른 헌법의 모델이 되었다.

메디슨의 신문 칼럼은 13개 주에서 인쇄되어 읽혀졌고, 그 이유로 그는 당시 대중에게 꽤 인기가 있었다. 그의 칼럼에서 메디슨은 제안된 헌법이 어떻게 작동하는가를 대중들에게 자세히 설명했다. 당시 미국은 영국의 속국이었고, 메디슨은 하원에 참석하여 헌법 전문을 집필하는 역할을 담당했다.

메디슨은 뉴저지 대학(지금의 프린스턴 대학)에서 익힌 고전 실력을 바탕으로 입법과정에서 많은 영향력을 끼쳤다. 그는 라틴어, 그리스, 과학, 지리, 수학, 수사학, 철학 등에 관심을 많이 가졌다. 더욱이 그는 스피치와 토론자(*on speech and debate*)에 전문적인 식견을 가졌고, 히브리어와 정치철학, 법학에 심취했고 공공정책에도 관심을 가졌다. 그의 강점은 토론이었다. 버지니아 주에서 개최된 전당대회에서 는 강한 힘의 논리와 극적 연설을 바탕으로 가장 연설을 잘한다고 소문난 헨리(Henry)와 맞붙었다. 여기서 메디슨은 정확한 사실로 토론을 주도했다.

메디슨은 상원에 대항하여 하원의 새로운 리더로 부상하였다. 또한 그는 제퍼슨과 한 조가 되어 공화당(The Republican Party)을 창립하였는데, 당시 역사가는 이를 민주공화당(the Democratic Republican Party)이라고 했다.

민주공화당은 '민주공화주의 협회'(Democratic Republican Societies) 에서 그 기원을 찾을 수 있다(Altschull, 1990/1993: 258). 민주공화주의 협회의 구성원은 낙관적인 가치체계를 선도했는데 그 핵심은 자유로운 공개토론이었다. 이들의 가치는 공개 토론회와 신문 지면상의 논쟁에서 주요 쟁점이었다. 이 논쟁에 참여했던 사람은 제퍼슨의 강력한 지지자였던 듀엔(Duane), 발로우(Barlow), 프레뉴(Freneau), 워트맨(Wortman) 등과 같은 언론인과 편집자들이었다.

메디슨이 활동한 당시 미국 언론들은 논조를 강화했다. 메디슨은 "'글을 처벌할 수 있는 권력을 위임받은 사악한 장관이 가장 파괴적이고 끔직한 무기로 무장하고 있는 것'이라는 알렉산더의 글에 공감했다"라고 한다(Alexander, 1737; Altschull, 1990/1993: 214~215). 또한 메디슨은 젱거(Zenger)[26]가 발행한 〈뉴욕 위클리 저널〉에 게재한 영국의 명 논설가 트렌차드(Trenchard), 고든(Gordon)이 쓴 "카토의 편지"의 논조를 적절하게 이용했다.

그들은 공화주의의 법령, 자유와 평등에 관심을 가졌다. 더욱이 트렌차드는 견제의 중요성에 대해 "단지 견제가 군주(주지사)들을 자유롭게 만들고, 그러한 견제를 원하는 행동은 자신을 노예로 만든다. 군주를 사람들에 의해 어떤 범위 안 그리고 규칙에 의해 행동하도록 할 때 그들은 자유로워진다. 다른 한편 군주들은 그들 자신의 규칙을 선택하고 탐욕과 유머를 따를 때 자신의 노예가 된다"라고 했다(Reid, 1988: 48).

---

26 젱거는 "카토의 편지"(*Cato's Letters*) 라는 제목으로 위 두 사람이 쓴 138편의 논설을 게재하였다(Altschull, 1984: 12~14; 1990/1993: 215). 당시 코스비(Cosby) 뉴욕지사는 정부 반대의 대변지 〈뉴욕 위클리 저널〉의 젱거를 명예훼손으로 투옥했다. 당국은 2년 이상에 걸친 젱거의 독설에 제동을 걸었다. 젱거는 옥내에서도 뜻을 굽히지 않고, 감옥의 창문을 통해 부인과 종업원에게 편집방침을 전했다(조맹기, 2004: 238). 1735년 8월 4일 당시 담당변호사 앤드류 해밀턴(Hamilton)은 젱거가 행한 대정부 비난이 사실에 충실한 기사로써 명예훼손이 될 수 없다고 변호하였다. 배심원들은 젱거에게 무죄평결을 내려 그를 석방시켰다.

"카토의 편지"는 '덕과 부패'에 민감한 반응을 보였다. 공화주의자였던 이들은 18세기 영국의 정치와 사회를 격렬하게 비판했다(임채원, 2008: 68). "카토의 편지"는 15년간 계속되었고, 영국의 민주주의 발전과 미국의 독립혁명에 지대한 영향을 주었다. 그들의 논조에 따르면 "로마가 망한 것도 농지법을 제대로 실행하지 않았기 때문에 시민적 평등과 자유를 보장하지 못해 결국 카이사르 수중에 시민이 떨어지고 말았다"라고 했다(Trenchard & Gordon, 1995: 253~54; 조승래, 2010: 30). 농지법이 바로 인민들의 국가인 공화국의 안전판이라는 논리이다.

자유·평등의 맥락에서 그들의 논조는 "자유로운 표현이란 다른 사람의 권리를 해치거나 통제하지 않는 한 모든 사람의 권리이다"라고 했다(Altschull, 1990/1993: 215). 메디슨은 모두에게 자유로운 표현이란 '그것이 다른 사람의 권리를 해치거나 통제하지 않는 한 모든 사람의 권리'라고 말한 카토의 주장을 받아들였다. 또한 "카토의 편지"는 자기주장에 따라 살아가는 것을 자유라고 했다(Trenchard & Gordon, 1971, ii: 249~250; Pettit, 1997: 33).

한편 노예는 다른 사람의 자비로 살아간다. 노예의 생활은 계속적으로 불확실성, 불쌍한 상태에 놓이고, 가끔 폭력의 걱정, 폭력의 죽음 등 공포에 머물게 된다. "카토의 편지"는 노예로부터의 해방에 관심을 가질 뿐 아니라, 자유의 절대성을 이야기한 것이다. "카토의 편지"는 언제나 위험한 권력에 대하여 경계를 늦추지 않고, 그 권력을 감시하기(*watched*)를 원하는 것이다. 그렇다면 민주공화주의자들은 당연히 자유를 확장시키기를 원하며, 공중의 견해를 정제하고, 확장시키기를 원했다. 그 정신은 제퍼슨이 1787년 1월 16일 에드워드 캐링턴(Edward Carrington)에게 보낸 편지에서 "신문 없는 정부보다는 차라리 정부 없는 신문을 택하겠다"라는 말에서 볼 수 있다(Ford, 1802~1899: 357~361; Altschull, 1990/1993: 222).

여기서 신문을 자유를 확장시킬 수 있는 기구로 보았다. 페인(Paine)은 "자유가 아니면 죽음을 달라"라고 했다. 또한 벌린은 진정한 자유는 사적 욕망을 억제하고 이성적 삶을 통해 공동체에 적극적으로 참여함으로써 공동체의 공동자아와 일치되는 자아를 이룰 때 비로소 가능하다는 주장을 했다(Galipeau, 1984: 309~332; 조승래, 2010: 98).

결국 페인은 위정자 개인의 사적 자유가 전제정치를 만들 수밖에 없다고 했다. 그는 《인간의 제 권리》(*the Rights of Man*)를 주장한 《상식》(*Common Sense*)의 작가로서 민주주의, 대의정부 그리고 자유언론을 이야기했다. 페인은 "정부가 너무나 쉽게 권력을 남용할 수 있기 때문에 이를 최소한으로 사용하도록 하는 도구가 언론이다"라고 보았다. 또한 그는 전통과 종교의 미덕에 비관적이었다. 즉, 조직화된 종교 또는 인민을 노예로 만드는 기구 등의 역할에 대해 신랄하게 비판했다. 페인은 "진정한 권리는 오로지 법 아래 평등한 권리이며, 스스로의 일에서 얻는 열매와 물려받은 과실을 즐길 권리이다"라고 주장했다(Panine, 1973: 71; Altschull, 1990/1993: 252~253).

페인에게는 자유와 평등이 중요한 덕목이다. 인간에게는 권리, 즉 양도할 수 없는 권리가 있다. 열린 정부를 위해 페인은 열정적 이성을 강조했다. 그는 "무지와 공식적인 도그마(*dogma*)를 물리치기 위하여 지식이 언론과 다른 수단들에 의해서 아무런 제한 없이 사회 전반에 유포될 수 있어야만 한다"라고 했다. 더욱이 그는 "정부와 정보는 피지배자의 이익을 위해서 존재해야 하며, 정부나 정부 지도자의 이익을 위해 존재해서는 안 된다"라고 했다(Altschull, 1990/1993: 254). 그에 의하면 '공화'(*republic*)라는 말은 공공선을 의미하며 전체의 선(*the good of the whole*)을 말한다(임채원, 2008: 73). 칸트에 의하면 공중이 이성에 의해 서로 공공선을 이룩하는 것이다. 그로 인해 자연·율법·신의 질서가 가능하게 된다. 페인의 자유는 '올바름', '탁월성' 등 '시민의 덕'을 실현할 수 있는 것이며, 또 다른 하나는 공공선을 추구할 수 있는 자유임에 틀림없다. 이런 분위기에서 1791년 미 연방 수정헌법 제1조가 발표된 것이다.

메디슨은 민주공화주의자, 의회주의자로서 권력의 남용을 막기 위한 방법으로 '견제와 균형'(*checks and balances*)을 언급했다. 그는 대중정부의 주요 불안요인으로 파당(*faction*)을 꼽았다(Cahn, 2002: 661). 그리고 탐욕을 견제하는 수단으로 언론의 자유를 신봉했다. 그는 사상의 공개시장 원리에 입각한 논리를 편 것이다. 그는 밀턴이 이야기한 "진리는 아주 강하며, 진리가 승리하도록 하기 위한 어떤 정책도 술책도 허가도 필요하지 않다"라는 원리를 따른 것이다.

메디슨은 시장에서 '자동조정의 원리'를 깊게 신뢰한 것이다. 개인은 재산의 정도나 사회의 분업에 따라 다른 이해와 정당에 가입한다. 그들을 위해 메디슨은 어떤 지배적 파당성도 허용할 수 없다는 입장이었다. 그는 "의회가 말의 자유 또는 언론의 자유를 침해하는 (…) 어떠한 법률도 만들어서는 안 된다"라고 공언하고 나섰다. 메디슨은 의회의 토론문화에 깊은 신뢰를 갖고 시작했다. 이는 밀턴이 전제(專制)와 미신(迷信)의 해악으로 벗어날 수 있었던 것을 상기시켰다. 밀턴은 "우리를 만드신 하느님의 강력한 도움이 있었고, 다음으로는 영국 상·하원의 성실한 지도자와 용기가 있는 지혜의 덕분이다"라고 했다(Milton, 1644/1998: 20). 그는 당시 의회를 지지하였고, 영국의 종교개혁에 강력히 찬동했다.

메디슨은 의회가 언론자유를 보호할 수 있을 것으로 본 것이다. 또한 언론자유가 파당성을 불식시킬 수 있다고 보았다. 그는 잘 구성된 미 연방에 의해 약속한 갖가지 장점 가운데 아무 것도 파당성의 폭력을 없애고, 통제하는 경향보다 더욱 발전적인 것은 없다고 했다. 우리 정부는 아직도 위약한데, 문제는 소수정당에 문제가 생긴 것이 아니라 기득권을 가진 다수당의 독점적 지위 때문에 일어난다고 본 것이다. 파당성이 전체의 소수이든 다수이든 얼마만의 시민들은 열정이나 이해의 어떤 공통의 충동에 의해서 결합하고 동원한다. 그들은 다른 시민의 권리를 적대시하거나 커뮤니티의 영원하고 집합된 이해를 적대시한다(Cahn, 2002: 661). 메디슨은 기본적으로 인간을 다른 능력을 가진 사람들의 집합으로 본 것이다. 그는 다원주의를 인정하고 옹호한 것이다. 그런데 그런 능력이 파당성에 의해 억압받는 것은 메디슨에게는 인간의 불행을 가져다준다는 가정이었다.

민주주의는 몇 사람에 의해서 인민의 뜻을 대변할 수 있는 체제이다. 그때 인민주권은 수동적 대중에 의해 격하될 수 있다. 이를 방지하기 위해 입법 · 사법 · 행정에 '견제와 균형의 체제'를 허용한다. 그리고 메디슨은 미 연방 수정헌법 제 1조에 "의회는 말의 자유 또는 언론의 자유를 침해하는 (…) 어떠한 법률도 만들어서는 안 된다"라는 규정을 둔 것이다. 메디슨은 여기서 공화주의와 민주주의를 비교했다(Cahn, 2002: 663). 공화주의는 더 많은 사람을 대표하고, 더 넓은 영역에서 대표자를 임명한다. 그러나 민주주의는 다른 사람을 대리해 적은 사람을 선출한다.

메디슨은 9번째 수정헌법에서 '권리청원'(*the Bill of Rights*)을 주장했다. 그는 사회계약(*a social compact*)에서 모든 인민에게 연방정부에 구체적이고 제한된 힘을 승인했다. 모든 다른 힘은 주정부가 갖거나 인민 자신이 갖도록 했다. 메디슨의 헌법정신은 주정부(*nation*)가 아닌, 연방에 근거한다. 그 힘의 작동은 주정부가 하는데 그 중에서도 공화정하에서 연방의회가 큰 힘을 발휘하는 것이다. 미국체제는 연방정부가 주정부를 견제하고, 의회가 연방정부를 견제한다. 행정부가 앞선 우리의 현실과 미국의 체제가 많은 부분을 달리한다.

우리나라 정치제도의 가장 큰 취약점 중 하나는 국회의 권한이 크고 광범위한 데 반해 정당의 정책기능이 약하고, 여당과 대통령의 제도적 협력기반이 취약한 것이다(조윤제, 2011). 그동안 입법과 행정 사이에 견제가 제대로 될 이유가 없었다. 과거에는 대통령이 당 총재가 되어 공천권을 행사하고 당 운영비를 지원해 여당이 청와대에 종속적이었고, 다수당이 되면 자연히 정책을 추진할 수 있는 정치적 세를 가질 수 있었다. 미국의 공화주의는 주정부도 연방정부도 아닌 각 기관이 서로 견제와 균형을 취하도록 한 것이다. 그들의 공화주의는 민주주의를 능가한 체제로 파당의 효과를 통제하고, 적은 수의 공화주의자를 넘어 많은 사람이 통제하는 체제이다(Cahn, 2002: 664).

공화주의는 공적 견해를 정제하고 더욱 확장시켰다. 사적 의견이 여론이 되어 공공성을 확장시킬 수 있었다. 그리고 공중의 참정권이 더욱 활발했다. 민주주의에서 대중으로 취급받던 사람이 공화주의에서 공중으로 인정받을 수 있게 되었다. 사회는 공중의 '적극적 자유'를 존중했다. 시민의 대표자는 언제든 미디어를 통해서 의견을 전달할 수 있었다. 공화주의가 공중의 더욱 생생한 목소리를 정부정책에 반영시킨 것이다. 민주주의는 국가가 인민을 '소극적 자유'만으로 만족시키는 체계이지만, 공화주의는 '적극적 자유', 즉 개인의 '자아실현', '자아지향적' 성향에 관심을 가진다. 공화주의는 자신들이 진정한 자유를 대변하길 원한다.

대한민국 헌법 제 11조 ①항은 소극적 자유를 이야기한다. 즉, "모든 국민은 법 앞에 평등하다. 누구든지 성별·종교 또는 사회적 신분에 의하여 정치적·경제적·사회적·문화적 생활의 모든 영역에 있어서 차별을 받지 아니한다"라고 한다. 또한 적극적 자유는 헌법 제 10조에서 "모든 국민은 인간으로서의 존엄과 가치를 가지며, 행복을 추구할 권리를 가진다"로 말한다. 같은 맥락에서 연방헌법은 이런 적극적 자유의 관점에서 행복한 결합을 시도한다. 연방정부 차원에서 더 크고 집합된 이해를 대변한다. 그리고 주정부 차원에서 지역적·특수 이익을 대변한다. 주정부와 연방정부는 서로 다른 차원에서 균형을 취한다. 그리고 부정의와 불명예의 의식이 팽배한 곳에서 언론이 구성원의 찬동에 필수적인 것만큼 견제를 시도한다.

제도적 노력이 필요한 영역과 개인 자신은 챙겨야 할 일이 있다. 공중은 언제나 파당 제거에 노력한다. 또한 한 종교가 전체를 지배하는 대신 다양한 종교가 공존하길 원한다. 공화주의는 사회의 다른 영역을 인정하고 다른 정당과 이익을 갖도록 분화시켜준다.

연방정부는 더 많은 사상이 공존하도록 주정부와 권력을 분산시킨다. 정부 안에서도 입법·사법·행정이 견제와 균형을 취하도록 한다. 입법과 행정의 견제와 균형이 이뤄지도록 하고 언론은 전체적으로 연방정부가 다수의 폭정을 하지 못하도록 한다.

물론 메디슨은 '연방정부 보고서 10번'에서 언론의 자유와 더불어 다양한 사상이 표출될 수 있는 '말의 자유'를 언급했다. 그는 "일반 의지를 표현하는 것은 여론이다"라고 했다(Altschull, 1990/1993: 219). 신문은 거대함에 대항하고 개인으로서의 의미 상실로부터 개개인의 시민을 보호할 수 있는 유일한 수단으로 간주되었다.

설령 그렇더라도 메디슨은 자유로운 언론이 방탕하게 굴어 그 권력을 심각하게 남용할지 모른다는 우려도 표명하였다. 그가 가장 중요하게 생각한 덕목은 자연권(*natural rights*)이다. 개인은 태어났기에 자연권을 갖는 것이지 왕이 우리에게 자연권을 부여했기 때문이 아니라고 했다. 인간이 인간을 지배하는 것이 온당치 않은 것이다. 그는 "궁극적으로 공화국에서 모든 시민은 즐거움과 자부심의 정도에 따라 자신의 공화주의자임을 느끼게 된다"라고 했다.

공화주의하에 개인은 자신의 이해를 성찰로서 정제한다. 그리고 그 바탕 아래서 개인은 판단을 시도한다. 더욱이 공적 기능을 담보하는 언론의 자유 기능은 괄목할 만하다. 브레드포드에 의하면 언론의 자유는 '다른 모든 자유의 위대한 수호신'이었다(Bradford, 1734; Altschull, 1990/1993: 212).

물론 메디슨이 글을 작성할 당시 일반적으로 생각했던 자유는 교회나 정부 또는 고위직 인사들에 대하여 비판적이고 선동적인 논평을 비롯하여 말하고 싶은 것은 무엇이든지 말하고 쓸 수 있는 절대적이고 신성한 권리를 의미했던 것은 아니었다. 실제 그렇게 광범위한 자유를 옹호했던 사람은 별로 없었으며, 특히 자유를 사회질서의 기본적 신념체계를 비방하거나 공격할 수 있는 '면허'로써 편집인에게 주는 것으로 본다면 이러한 자유를 옹호한 사람도 거의 없었다. 당시 해밀턴은 한걸음 더 나아가서 언론의 자유를 모든 사람이 만족할 수 있도록 정의하는 것은 거의 불가능하기 때문에 궁극적으로 자유로운 언론이란 여론의 무게에 의해 뒷받침되는 한에서만 보장될 수 있다고 주장했다(Altschull, 1990/1993: 217).

연방정부 보고서 제 10호에서 메디슨은 자유로운 언론을 원칙론에 입각해 말을 꺼낸 것이다. 물론 언론은 그 사회의 여론을 끌고 감으로써 그만큼 사회적 책임을 통감할 수 있게 된다. 그는 자유로운 제도에 대한 위험은 어떤 이기적인 이유로 자유를 제한하고자 하는 '파벌'의 존재에 있다고 했다. 물론 연방정부 보고서 제10호에서 구가하는 제도는 공화제이지 민주주의가 아니었다. 민주주의 제도에는 다수의 지배로 다수를 구성하는 한 파벌이 소수파들을 짓밟고 자유로운 제도를 파괴할 가능성이 상존한다. 그러나 공화주의는 다수의 위험에 대한 보호장치를 끝까지 수호하고 서로를 견제하여 균형을 맞출 것을 요구한다.

메디슨에 의하면 공화국에서 언론은 시민을 보호할 수 있는 최후의 보루였다. 개인 시민의 목소리를 들을 수 있는 것은 언론을 통해서였다. 언론은 '국민의 권리를 감시하는 파수꾼'이 된다. 이것을 통해 일종의 '성스러운 열정'을 가지고 그의 '정치적 성격'을 지지하기 위해 자신의 의견을 공공적으로 표현해야 할 임무를 지닌다. 그는 1882년 8월 4일 베리(Barry)에게 보낸 편지에서 이를 실토했다(Madison, 1882; Hunt, 1910: 103~109; Altschull, 1990/1993: 219).

메디슨은 자유로운 언론이 방탕하게 굴어 그 권력을 심각하게 남용할지 모른다는 우려도 표명하였다(Altschull, 1990/1993: 220). 그러나 메디슨은 더욱 언론에 관용을 베풀기를 원했다. 즉, 그는 "다소 지나치다는 것과 매사에 적절하다는 것은 그렇게 엄밀히 구분하는 것이 아니다. 언론의 경우는 다른 어떤 경우보다 더욱 그렇다. 다소 해로운 기자들이 있더라도 그냥 성장하게 내버려 두는 것이 그것을 완전히 잘라 버림으로써 적절한 과실을 얻으려는 이들의 열정에 손상을 입히는 것보다는 낫다는 것이 미국적 관행이다. 오류와 억압을 물리치고 얻은 세상의 모든 승리는 바로 언론이 다소 지나치다고 여겨지더라도 그대로 내버려 둠으로써 얻는 결과이다"라고 했다(Altshull, 1984/1997: 138 ~139). 더욱이 그는 "파당의 폭력을 근절하고, 통제하는 것보다 더욱 정확하게 발전시켜야 할 것은 아무 것도 없다"라고 했다(Hamilton & Madison, 1787~1788; Cahn, 2002: 661).

한정적 숫자의 사람들이 적법한 절차로 선거에 승리하게 되면 그들은 대중정부를 구성한다. 그들은 전체의 다수이든 소수이든 숫자에 관계없이 그들은 결합하여 어떤 공통 정념의 충동을 실전하려고 한다. 그들은 다른 시민의 권리에 적대하고 커뮤니티의 영속적이고 집합적인 이해에 반대한다. 그들은 덕이 있는 시민, 공중의 친구로서 생활하길 거부한다. 그 앞에 개인과 신앙의 자유는 그만큼 위약하게 마련이다.

파당은 시민 중 일부이지만 그들의 횡포는 타인에게 피해를 준다. 이를 시정하는 2가지 방법은 ① 파당의 원인을 제외하는 것이고, ② 다른 것의 효과를 통제하는 것이다(Hamilton & Madison, 1787~1788; Cahn, 2002: 661~662). 전자는 그 존재의 기본이 되는 자유를 파괴시키고, 후자는 그 통제를 강화시킴으로써 "모든 시민에게 같은 의견, 열정 그리고 이해를 부여한다"라는 논리이다. 시민이 위정자를 적절히 견제함으로써 치료의 효과를 거둘 수 있다. 그렇지 못하면 파당이 질병보다 더욱 나쁠 수 있다. 인간의 이성은 항상 통제 불가능할 때가 있다. 이성과 자기 사랑 사이에서 연계가 계속된다면 개인의 의견과 열정이 서로 상호경향을 줄 수 있다. 이성은 객관성을 유지시킬 수 있고 자기 사랑은 자신의 애착에 더욱 열중한다.

파당의 숨은 원인은 자기 사랑의 인간적 천성에 근거한다. 우리는 어디서든 행위의 다른 정도를 가진다. 시민사회의 다른 환경에 따라서 개인은 다른 의견의 열정, 종교, 다른 관점, 실천으로 사색, 다른 종류의 정당 등을 갖게 된다.

파당의 가장 일반적이고 계속적인 원천은 갖가지 재산의 불평등한 분배에서 연유한다. 개인은 지주이익, 공업이익, 중앙이익, 자본이익, 문명된 국가의 이해 등에 매몰된다. 여기서 다른 이익의 이해는 그의 판단을 왜곡시킨다. 같은 맥락에서 하버마스는 《공론장의 구조변동》으로 여론기관이 독점 형태로 형성되는 것을 염려했다. 파당은 사회의 통합을 방해하지만 평등적 사고는 많은 사람의 자유를 허용한다. 공화주의의 사고는 다름 아닌 파당을 다수보다 적게 형성하는 것이다(Hamilton & Madison, 1787~1788; Cahn, 2002: 663). 공화주의는 다수의 투표에 의해 당선된 민주주의 지도자의 파당적 견해를 이길 수 있게 한다. 대중정부는 공적 선과 다른 시민의 권리, 열정, 이해를 동등하게 제공하도록 제도화한다. 몇 사람의 지배적 열정과 이해를 희생시킬 수 있게 한 공화주의는 공적 선과 다수 개인의 권리를 보존한다.

민주주의와 공화주의는 다른 결과를 가져온다. 민주주의는 몇 사람이 정부를 대리하고, 나머지 사람은 그들에게 권력을 이양한다. 그러나 공화주의는 많은 구성원이 국가의 일에 적극 참여한다. 공중의 의견을 정제하고 극대화하는 방법을 모색한다. 그 중 언론은 공중을 대변하고 여론을 형성하는 중요한 도구가 된다. 시민은 선택된 미디어를 통하여 공적 목소리를 계속적으로 언론의 지면에 반영한다. 언론은 지면에 이성적 · 도덕적 잣대를 제공한다. 도덕적 행위는 선택의 자유와 행위의 보존과 증진을 얻을 수 있다(Guyer, 2002: 732). 이는 어떤 주관적이고 우연한 목표라기보다는 객관적 · 필연적 목표이다.

한 사람의 욕망이 다른 사람의 것과 합치될 수 없으나, 이성에 기초하게 되면 개인은 더욱 자기 관리가 가능하게 되고 자유가 더욱 확장된다. 정의 혹은 정직(*right*)은 도덕성의 기본적 원리로부터 온다(Guyer, 2002: 733). 여기서 정의는 일반적 권리에 의해 표출된 합리적 사상에 관심을 가졌다. 공화정은 권력을 어떻게 갖는가에 관심을 갖는 것이 아니라 정부의 정통성을 정의의 이념 정립에 두는가에 달렸다(Guyer, 2002: 735).

정의는 공화정의 세계적 연맹(*a worldwide federation of republican government*)으로 인식될 수 있다(Guyer, 2002: 735). 즉 공화정은 국제연맹에 관심을 가진다. 이런 정부는 외부적 공격으로부터 개인의 사유재산을 지켜주고 내외적인 힘으로부터 그들을 보존한다. 그 정부는 시민의 재산·이해를 도와주는 것을 우선시한다. 이때 정의감과 도덕심은 우리 삶 전체 영역이라기보다 엄격하게 상당히 제약적이다. 모든 사람은 개인의 자유에서 내적 권리(*innate right to personal freedom*)를 갖게 된다. 다른 사람을 다룸에 있어서는 각자의 도덕적 의무를 보강한다. 이 권리는 공통의 만족에 의해서 얻어진다(Guyer, 2002: 734).

파당에 의해서 지배되는 민주주의 사회는 이런 원리에 기대를 걸 수 없다. 다수에 의해 대표자를 선택하는 민주주의 사회에서 소수인종 문제, 지역문제는 그만큼 논외로 되기 일쑤이다. 소외된 자, 약자에게 민주정부는 별로 관심을 가지지 않을 수 있다. 크고 집합된 이해는 국가, 지역, 주정부에 더욱 관심을 가지게 된다.

그렇다면 연방정부는 민주정부보다 더욱 공화정에 뿌리를 둘 수 있다(Hamilton & Madison, 1787~1788; Cahn, 2002: 664). 이 체제는 공통의 동기에 더욱 관심을 둔 것이다.

3) 입법에 의한 공중

공화주의는 민주주의를 넘어서 파당의 효과를 통제하는데 많은 관심을 둔다. 주 정부를 넘어선 연합에 의해서 국가가 지배되도록 한다. 그렇다면 공화주의는 인간의 권리에 완전히 적합한 유일한 제도이다(Kant. 1796/2008: 53).

이 제도하에 개인은 양도할 수 없는 권리를 가졌다. 한편 메디슨의 공화제는 입법·사법·행정의 서로 '견제와 균형'에 초점을 두었지만, 여전히 한 당파가 모든 3부를 통제할 위험성을 내포한다고 보았다. 메디슨은 언론을 통해 공화주의의 일반적 법칙(*universal law*)을 찾을 생각이었다.

설령 공화주의에서 자유·평등을 구가하려고 노력하지만 사회제도가 그렇듯 경험세계로 인해 서로 다른 사람들 간에 '인민주권'의 공화정을 만들기는 여간 힘든 작업이 아니다. 칸트는 인간의 자유와 현대과학을 화해시키려고 했다(Guyer, 2002: 731). 그는 과학의 원리를 인간행위와 결합시키려 한 것이다. 즉, 그는 인간 자유의 일반적 가치(*the unconditional value*)에 눈을 돌렸다.

칸트는 계몽(*enlightenment*)에 관심을 가졌고, 새로운 과학의 세계에 답을 주려고 했다. 그는 도덕의 가능성을 인간의 자유, 정치행위, 현대과학 등과 서로 연계시킨 것이다(Guyer, 2002: 731). 여기서 칸트는 경험세계를 규정하기 시작했다. 경험세계로 우리는 아름다움을 체험할 수 있고, 즐거움을 가질 수 있고, 추한 것을 배척할 수 있다. 그런데 아름다움은 개인의 이해로부터 벗어나 모든 사람에게 즐거움을 가질 수 있게 한다(Kant, 1790/2004: 38).

물론 미(美)에 대한 취향의 판단은 사적인 것에서 시작한다. 그러나 미감을 흡수하는 개인은 성찰의 취향(*the taste of reflection*)을 가짐으로써 일반적 명증성(*general validity*), 즉, 공중의 성격을 확보할 수 있다. 아리스토텔레스가 말하는 올바름, 탁월성, 고상함 등 시민의 덕이 작동할 수 있다. 칸트는 성찰을 말했는데, 이는 개인이 '격률'[27]을 통한 선택을 하기 때문이다.

---

27 격률은 기본이 되는 룰(*rules, principles*), 행위의 주관적 원리, 기억할 만한 룰, 삶의 가이드, 어떤 일반적 가치, 도덕적 의도 등으로 해석된다. 그러므로 우리 행위의 격률은 주관적 원리로 작동하나, 특수한 행위 아래 항상 일반적 원리의 종류로 간주된다(Kant, 1785/1964: 20). 격률은 도덕적 표현을 빌리면 '선한 인간의 의지'이다. 합리적 행위자 혹은 이성이 행동을 통제할 격률은 객관적 원리로 작동하며, 우리가 특수한 행위를 의도할 때 항상 일반 원리로 작동되는 것이다. 물론 모든 격률은 물질적 격률(*material maxims*)로 간주할 수 있다(21). 그러나 의무를 위해서 행위하는 것, 즉 모든 욕구의 대상과는 거리가 있는 것은 형식적 격률(*a formal maxim*)으로 부른다. 형식적 격률은 개인 행위와 자유의 잣대가 된다(32). 이는 공중으로서 개인성을 갖게 되는 것이며, 의지의 원리(*the principle of volition*)로서 인간에게 행복감을 가져다준다(68). 같은 맥락에서 아리스토텔레스에 의하면 형식적 격률이 올바른 사회적 기후를 형성한다.

칸트는 공통의 인간이해의 격률에 관한 기본적 전제를 명료하게 했는데 ① 자신을 위해서 생각한다고 했다. 미신으로부터 해방은 계몽이라고 했다. 이것은 일반적으로 편견으로부터의 탈출을 의미한다, ② 다른 사람을 참여시켜 그들의 관점에서 생각한다고 했다. 둘째의 격률은 사고의 습관에 속하는 것이다. 개인은 자기가 갖고 있는 지식을 극대화한다. 개인은 주관적 판단의 개인적 상황으로부터 떨어져, 자신의 판단을 일반적 견지에서 생각한다, ③ 개인은 항상 일관적・계속적 사고를 지향했다. 앞의 2개의 사고는 어떤 일관성을 가지고 계속성을 유지한다(Kant, 1890/2004: 110).

칸트는 3가지 사고의 특징을 들어 첫째 것을 이해(*understanding*), 둘째 것을 판단(*judgement*), 셋째 것을 이성(*reason*)에 두었다. 말하자면 칸트는 개인의 이해(*interest*)로부터 벗어난 의식의 참여로 모든 사람에게 명증성을 확보하도록 했다. 객관성에 붙어 다니는 일반성은 멀리하면서 그는 '주관성의 일반성'(*subjective universality*)을 주장했다(Kant, 1790/2004). 칸트는 격률을 미(*beautiful*, *aesthetic*)의 판단으로 간주한 것이다. 칸트에게 공중은 포퓰리즘(*populism*)의 저속성을 넘어서 고유성과 고상함을 표출시켰다. 그는 실천이성(*practical reason*)을 위한 판단에서 주관의 미적 판단에 관심을 가졌다. 그의 격률을 통한 판단은 공중의 자유를 확보하고, 세계시민의 평화를 보장한다고 보여졌다. 더욱이 그는 집요하게 미에 관한 논의를 계속했다. 칸트에게 미가 도덕적, 자연적, 이성적 근거가 된다면 명증성을 얼마든지 확보할 수 있다.

그러나 이것보다 여기서 제기되는 것은 즐거움인데, 인생에서 즐거움에 관심을 두는 사람은 그 사상의 이해 혹은 감각에 관한 것을 묻는 것이 아니라, 그들이 얼마 동안 얼마나 어떤 정도로 기쁨을 가져주는가에 관심을 가진다(Kant, 1788/2004: 22). 물론 즐거움은 권력을 누리는 것이 될 수 있고, 지적 계발에 둘 수도 있다. 그러나 실천이성에서 같은 대상일지라도 즐거움과 고통은 결코 일반적일 수 없다. 이것은 여전히 주관적이고 경험적이다. 객관적 필연이 선험성의 근거로부터 산출된다면 이것은 그것과는 멀리 존재한다.

아리스토텔레스는 이를 '덕', 즉 적절한 행동으로 간주하였는데, 칸트는 의식을 만족, 즐거움 그리고 덕과 직접 연계시켰다(Kant, 1788/2004: 40). 그렇다면 덕이 아닌 악은 정신적 불만이고 고통이다. 이것을 전체로 즐기는 것이 개인의 행복이다.

칸트에게 격률은 '최선의 내적 세상의 가치'(*the summum bonum*) 이다. 그 가치는 신과 우주의 질서와 무관할 수 없다. 이런 측면에서 격률은 자연과 예술에서 미와 숭고함을 판단에서 묶을 수 있고 또한 과학적 지식과 우리의 도덕적 원리를 함께 묶을 수 있다(Guyer, 2002: 731). 더욱이 칸트는 현대과학이 발전함으로써 '도덕'[28]과 정치철학을 연계시키고 종교적 신앙을 도덕적 추론(*moral reasoning*) 에 대입시켰다. 그는 심지어 이성의 범위 안에서 종교를 논의한 것이다(Guyer, 2002: 731). '성령'(*holy spirit*) 은 다른 차원이지만 인간의 갖는 최고의 감정, 곧 도덕감정이 종교가 되는 것이다.

한편 칸트는 《도덕 형이상학의 기초》[29]에서 "도덕적 행위가 선택의 자유와 행위의 보존과 증진을 얻을 수 있다"라고 보았다(Guyer, 2002: 732). 그는 도덕적 행위가 어떤 주관적이고 우연한 목표라기보다 객관

28 칸트는 도덕의 기초로 갖는 실천적 물질의 결정원리인 경험세계를 외적으로는 교육(*education*), 내적으로는 육체적 느낌(*physical feeling*) 으로 간주하고, 이성의 세계는 외적으로는 신의 의지(*will of God*), 내적으로는 완성(*perfection*) 으로 간주했다(Kant, 1788/2004: 41).

29 《도덕 형이상학의 기초》(*Groundwork for the Metaphysics of Morals*, 1785) 는 《순수이성 비판》 이후 4년 뒤 출간했다. 도덕철학에 관한 그의 여러 저서 중 첫 번째 책이다. 이 책은 미국독립혁명(1776), 프랑스혁명(1789) 직전에 나왔고, 벤담의 《도덕과 입법의 원리》(1780) 가 출간된 지 5년 뒤에 나왔다. 이 책에서 칸트는 공리주의를 통렬하게 비판했다(Sandel, 2009/2010: 149). 그는 도덕이란 행복의 극대화를 비롯한 어떤 목적과도 무관하고, 인간 그 자체를 목적으로 존중한 것이다.

적 · 필연적 목표가 될 수 있다고 보았다. 도덕적 행위는 개인에게 행위의 잣대를 제공할 뿐 아니라 덕의 행위로서 개인의 만족을 가져오고 인간의 존엄을 가져온다.

칸트는 방임의 충동, 희석되지 않는 자아와 도덕적 원리 사이의 심연을 실천적으로 엮었다. 그는 갖가지 상황을 전개하면서 인간으로서의 합리성 덕택으로 모든 사람이 기질 상황을 초월한 객관적 도덕의 기준을 제공했다(Kant, 1785/1964: 8). 아리스토텔레스의 '시민의 덕'을 통한 행위는 칸트에게 더욱 구체적으로 직시되었다. 스피치의 자유는 '모든 사람의 권리'(*Free speech is the right of every man, Innate right to personal freedom*) 이듯, 모든 사람은 도덕과 윤리를 선험성의 개념으로 간주한다. 이들은 공통적 의무의 개념으로 도덕감정을 갖는 것이다. 다른 사람과의 다툼에 있어서도 각자의 도덕적 의무를 강화시킨다. 도덕과 윤리는 의무인 동시에 권리인 것이다.

칸트에게 인간의 행동규범은 보편성을 가져야 하며, 그래야만 '명령'[30]을 절대화시킬 수 있다(Russell, 1961/2008: 323). 그의 말에 따르면, "너는 네 행동규범(*maxim*)이 동시에 보편적인 법칙이 될 수 있도록 행동하라", "너는 너의 행동규범이 너의 의지를 통하여 일반적인 자연법칙이 될

30 칸트는 도덕률의 '객관적 원리'로 3가지 명령을 언급했다. 즉, ① 가언명령(*hypothetical imperatives*)은 객관적 원리가 어떤 목표를 위한 의지에 의해 상황지어진(*conditioned*) 것이다. 나는 '그렇게 해야 한다'라는 명제를 안게 된다. 어떤 목적이 주어지면 수단의 선택이 문제가 된다, ② 실용성의 명령(*pragmatic imperative*)은 기술의 명령이다. 우리가 참여하는 행동이 기술적(*skillful*) 혹은 효용적인 감각의 선(善)인가의 문제이다. 즉, 개인에게 행복을 어떻게 주는가 하는 문제이다. ③ 정언명령(*categorical imperatives*)은 객관적 원리가 완전한 합리적 행위에 의해 진행된다. 도덕률은 상황을 초월한다(*uncondiitioned*). 일반적 법칙 혹은 도덕적 원리가 가능해진다. 이것은 어떤 필연성을 갖는 것이며 일반적 형태로 이렇게 되어 '당연히 해야 한다'(*I ought*)로 귀결된다(Kant, 1785/ 1964: 27). 그러므로 일반적 법칙을 위반하는 사람은 가언적 명령을 따르고 헤게모니를 작동시키는 꼴이 된다. 자치국가는 인민이 '위엄'(*dignity*)을 가진 복지국가이다.

수 있도록 행동하라" 등이다.

그렇다면 칸트의 도덕감정은 선험성 혹은 '윤리의 순수한 부분'(*pure part of ethics*)인 것인데, 이것은 당위, 의무, 선과 악, 정의와 부정과 같은 도덕적 원리의 형성과 규정에 관련이 있다(Kant, 1785/1964: 14).

윤리의 선험성 부분은 도덕의 형이상학(*metaphysic*)이다. 이것은 실천이성의 비판, 즉 합리적 인간의 의지(*the will of rational being*)의 근거를 제공한다. 특수한 인간의 의무에 관한 세부적 지식은 인간 특성의 경험을 요구한다. 그렇더라도 개인의 자유는 자신의 법칙이지만 의지의 강압을 요구하며, 윤리는 자유와 상호교환을 가능하게 된다.

칸트는 순수이성 자체를 실천적으로 봤으며, 이것을 인간의 일반적 법칙(*a universal law*)으로 간주했다. 개인이 이성을 따르면 자신의 이익 측면에서 최대의 선호와 만족을 생산할 수 있다. 더욱이 공론장의 형성으로 여론이 공개적으로 형성된다면 개인의 만족을 극대화할 수 있을 뿐 아니라 정당한 동기를 더욱 부추길 수 있다. 물론 여기에도 단서가 있는데, 칸트는 "이성의 공적인 사용이 언제나 자유로워야 한다. 그리고 그것만이 인간들 사이의 계몽을 가져올 수 있다. 그러나 이성의 사적인 사용은 자주 그 폭이 매우 좁게 제한될 수 있다. 그렇지만 이런 이유 때문에 계몽의 진보에 특별히 장애가 되지는 않는다"라고 말했다(Kant, 1992b: 171; Habermas, 1962/2004: 201).

롤스는 《정치적 행위의 역할》(*Political rules of action*)에서 이성의 합리성을 이야기했다(Rawls, 2005: liii). 그는 그 공적 이성(*public reason*)을 시민의 의무로 간주했다. 개인의 합리성이 타인과 상호작용할 때 필요한 요소이기 때문이다. 개인은 행위를 할 때 재판관과 동일한 판단을 한다. 의사결정의 경우 의무를 가진 재판관은 선행의 법적 근거를 통해 법리해석을 한다. 그는 법 해석의 강력성을 인지한다. 같은 맥락에서 시민은 공적 이성에 의해 어떤 사건을 판단한다. 개인은 이성적으로 판단하지만, 그 판단은 다른 사람과 호혜성을 지녀야 한다(Rawls, 2005: liii). 판사는 법적 이슈에 직면할 때 원고와 피고 양편을 고려해야 한다. 그렇다면 판사는 자기 혼자의 결정으로 판결을 내릴 수 없다. 법, 판사 그리고 원고, 피고 등 사람들의 요소를 고려한다. 공적 이성이 필요한 시점이다.

개인의 사적 욕망도 어떤 과정에 정당성과 법으로 정제된다면 그 사회는 정의로운 사회가 될 수밖에 없었다. 하버마스는 칸트를 이해하면서 이성의 공적 사용에 몰두하는 모든 사람이 참여하는 공론장을 만들 수 있다고 보았다(Habermas, 1962/2004: 201). 공론장에 공적 이성이 작동된다면 그 사회는 쉽게 공화정이 된다. 칸트가 "순수이성 자체를 도덕적 법칙이라고 불렀다"라는 전제를 달기 때문이다. 그에게는 여론이 도덕의 이름으로 정치를 합리화할 수 있게 된다. 도덕감정이 존재하지 않는다면 여론은 천방지축으로 포퓰리즘에 휩쓸릴 수 있다. 그러나 칸트에게 여론은 자연의 질서, 도덕의 질서에 더욱 가까이 가도록 하는 수단이 된다. 이런 사상을 근거로 칸트는 《영구평화론》에서 공화정을 "① (인간으로서) 한 사회구성원의 자유의 원리에 의해, ② (신민으로서) 모두가 단 하나의 공통된 입법에 의존하는 의존의 원리에 의해, ③ (국민으로서) 평등의 원칙에 의해 확립된다"라고 했다(Kant. 1796/2008: 26).

여기서 말하는 칸트의 입법은 자연법과 만민법(萬民法)이다. 그 법은 개인의 감정을 철저하게 통제한다. 이는 신의 규범이고 이성을 외부로 표출한 것이다. 헌법주의자는 그 정신을 제도적으로 고정시킨다. 그 정신에 따라 생동할 때, 개인은 더욱 자유를 확장시킬 수 있다. 이런 형태라면 헌법주의자(*constitutionalists*)들은 민주공화주의와 같은 맥락에서 논의된다. 한편 몽테스키외는 만민법에 대해 "① 각 국민은 자기의 참다운 이익의 해침이 없다. 평시에는 되도록 피아의 복리를 증진하기에 노력해야 하며, 전시에는 피아의 손해를 줄이려 노력해야 한다는 것이다, ② 전쟁의 목적은 승리이며, 승리의 목적은 정복이고, 정복의 목적은 자기보전이다. 이 원리와 그보다 앞서는 원리에서 만민법을 형성하도록 모든 법을 발원(發源)해야 된다"라고 했다(Montesquieu, 1748/1976: 24). 또한 법은 권력과 다르다. 일반적인 힘은 "단 한 사람의 수중에 둘 수도 있고, 많은 사람의 수중에 둘 수도 있다"라고 했다. 그러나 법을 명문화함으로써 특수한 개인, 혹은 집단의 수중에 둘 수는 없다. 법은 일반적으로 지상의 모든 민족을 지배하는 한, 인간 이성이다(Montesquieu, 1748/1976: 25).

그렇다면 그 '법의 정신'은 법 앞에서 누구에게나 평등할 수밖에 없다. 칸트의 공화주의는 자유와 평등을 추구하는 사회이다. 그 사회는 '국가'[31]를 형성하고, 입법 활동을 통해 영속성을 유지할 수 있다. 그 입법은 모든 사람에게 평등하게 자유를 보장하는 것이다. 그 감각적 격률(*material maxim*)의 수단으로 법을 사용한 것이다. 법이 일단 정해지면 누구나 일반적 의무의 법칙으로, 그 법을 지킬 형식적 격률(*formal maxim*)을 지닌다. 이런 차원에서 칸트는 사회정의만 실현된다면 공화정뿐 아니라 세계적 연맹이 가능하다고 본 것이다. 칸트는 기본적으로 인간의 본성 속에 이미 도덕적인 진보의 가능성이 배태되었음을 가정했다.

1789년 7월 14일, 파리 시민들이 바스티유 감옥을 점령하면서 프랑스 혁명의 서막이 올랐다. 당시 칸트가 살던 동유럽 사회는 프랑스보다 훨씬 더 심각한 사회모순을 안고 있었다(주경철, 2011). 귀족과 농민 사이에는 신분과 재산상으로 엄청난 격차가 엄존했고, 대도시 쾨니 히스베르크에는 동유럽 각국 출신의 이방인들과 유대인 등이 힘겨운 삶을 살았다. 사회적 불의에 분노하던 철학자 칸트는 프랑스혁명에서 인간 해방의 가능성을 타진했다.

칸트는 새로운 사회로 구체제를 무너뜨리고 공화정을 실현시킬 수 있다고 보았다. 공화정에서 서로에게 영향을 끼치는 사람들 모두는 어떤 공민적 정치체제에 속해야만 한다. 그런 체제에 귀속될 사람들에 관계되는 모

---

31 칸트의 국가는 국가 자신을 제외하고는 어느 누구에 의해서도 명령이나 지배를 받지 않는 인간의 사회이다. 국가는 그 자체 뿌리를 지닌 줄기와 같다. 나무의 접붙이기처럼 한 국가를 다른 국가에 병합시킨다면 그것은 도덕적 인격체로서의 국가의 지위를 파괴하는 것이며 국가를 물건으로 간주하는 것이다(Kant, 1796/2008: 16).

든 법률상의 체제는 다음 중 하나이다(Kant. 1796/2008: 26). 즉, ① 한 국가 안에서는 시민법에 따르는 체제, ② 국가 간의 상호관계에서는 국제법에 따르는 체제, ③ 사람이나 국가가 외적으로 서로 영향을 줄 수 있는 관계에 있으면서 보편 상태의 시민으로 고려되는 한 세계 시민법에 따르는 체제 등이다. 그렇다면 칸트는 '공화정의 세계적 연맹'을 시도한 것이다.

칸트는 공화정하에서 개인주의를 극대화했다. 개인은 그렇게 이성적이 되지 못할 때가 빈번히 있다. 이것은 칸트가 여전히 사변론, 주관주의에 머물고 있었다는 증거가 된다. 말하자면 하버마스의 부르주아 '공론장'은 사적 의견이 공론장으로 유입됨을 의미한다. 그러나 칸트는 개인적 상상력에 머물렀으며, 사회 내에서 화학적 작용을 담아내지 못한 것이다.

6. 칸트에게 공중의 의미

1) 전자매체시대에서의 공중

공중은 언론학에서 많이 쓰이는 용어이다. 주로 수용자론에서 언급되는 용어인데 그 짝으로 사용되는 대중은 공중과는 다른 의미를 지닌다. 즉, 대중은 "'다수의 서민' 또는 '보통의 사람들'이라는 의미로 쓰이면서, 주로 교육을 제대로 받지 못하고, 무지하고 비이성적이며, 제멋대로이고 폭력적이기까지 한 집단의 사람들을 가리키는 데 이용되었다"라고 한다(McQuail, 2005/2008: 78).

맥퀘일에게서 보았듯이 대중의 정의는 좀더 부정적 표현에 익숙했다. 그들이 모인 집단을 '군중'[32]이라고 한다. 군중은 대중보다 더욱 비이성

32 군중(*crowds*)은 육체적으로 사람들이 함께 모인 것으로 규정된다. 그들은 같은 행

적, 충동적 개념으로 다뤄진다. 한편 공중은 이들과 달리 긍정적 측면에서 많이 사용된다. 공중은 개인이든 집합체이든 커뮤니케이션 연구에서 많이 사용하는 개념이다. 그 사용의 정도에 비해 공중에 관해서는 그렇게 깊게 연구가 이루어지지 않았다. 수용자의 공중은 그렇게 오랜 역사를 가지지 않지만, 시민으로서의 공중은 긴 역사를 가진다. 이들은 정치학 영역에서 오랫동안 연구되었다. 인민, 공민, 시민, 시민권 등은 그리스 민주주의 역사와 더불어 사용된 용어이다.

듀이(Dewey)는 1927년 《공중과 그 문제》에서 공중을 논의하기 시작했다. 이때 공중은 '공중의 사상'(*the ideas of publics*), '여론', '공적 영역'(*public sphere*) 그리고 국가와 연계되어 논의되었다(Dewey, 1954: 54). 설령 그렇더라도 듀이는 공중을 커뮤니케이션보다 공동체 성립에 더욱 관심을 가졌다.

공중은 사적 사람들이 자발적으로 모여 공동체를 형성하는 것이다(Dewey, 1954: 13). 듀이는 이슈에 의해서 직면한 공동체에 대해 논의했다. 공중은 행위보다 토론에 더욱 관심을 가지고, 그들은 빈번히 집단적 결정을 한다. 또한 공중은 특별히 이성적·합리적 의사결정을 하지만, "국가라는 의미와 공유를 전제로 한다"라고 했다(Dewey, 1954: 221). 같은 맥락에서 칸트의 윤리학은 "개인주의에 입각했으나, 윤리적 주체로서

위를 나눈다(Butsch, 2008: 9). 군중은 산재한 인구의 대중과는 대조되고 설립된 조직에 의해 후원받거나 상호협력한다. 군중은 권위에 도전하게 되고, 사회질서에 위협적 존재가 된다. 그들은 동질성, 통일체, 비합리성, 폭력, 낮은 사회적 신분과 교육수준 등의 속성을 가진다. 또한 군중은 공론장에서 불특정 다수의 도처의 집합(*ubiquitous aggregations*)이 존재함으로 인해 시민의 의무, 권리도 없는 주체이다. 개인성, 이성, 의지 등을 상실한 사람들이어서 그들은 독립적 시민이 아니다.

사회학자들은 군중의 범주적 대척점에서 공중을 규정했다. 공중은 어떤 모여든 사람들이 아니라 산재한 사람들이다. 공중은 '행위 중심'(*action oriented*)이라기보다 토론, 충동이라기보다 숙의, 정서라기보다 합리성으로 본 결과 그들은 토론으로 공통성을 유지한다(Calhoun & Karaganis, 1991: 446~447).

의 개인은 보편적 · 이상적인 인격성이 있고 안정성이 있다"라고 했다(최재희, 1967: 165). 칸트 또한 공중을 논하지만 여기에 국가, 정치의 영역을 포함시켰다.

칸트는 인간의 존엄성 측면에서 이성, 자율성, 도덕성을 중심으로 인간의 존엄성 사상이 압축적으로 표현된 정언명령의 '인간성의 정식'을 분석했다(김헌정, 2007. 12: 1). 또한 그는 개인의 존엄성을 세노화한 공화주의론에서 자유 · 입법 · 평등의 요소를 열거했다. 칸트는 공중의 인식과정에서 누구나 공통적으로 갖는 '선험성'에 몰두했다. 그는 역사와 도덕 그리고 사회적 관습을 보편적인 것으로 생각했다. 설령 사회적, 사적 요소로 시작하더라도 공개성의 형태(*form der publizitaet*)를 취한다면 공적으로 인정받을 수 있다고 했다. 칸트는 정의를 공적으로 알려질 수 있는 것으로만 생각한 것이다(Kant, 1796/2008: 81). 이런 논리라면 개인의 자유, 생명, 재산은 《영구평화론》에서 제시했듯, 국가, 인류, 역사 등으로 확산된다. 그 시발점은 개인의 '공적 이성'(*public reason*)의 사용과 도덕적 사명을 규정하는데서 시작된다. 자유를 부여하되 책임을 철저히 따지는 칸트는 언론학에서 규명해야 하는 당위성을 갖게 된다. 즉, 칸트에게서 개인은 이런 이성적 · 합리적 인간을 요구하게 되고, 이는 '경험적 통각'을 가지거나 사적 감성을 갖게 되더라도 공론장을 활성화시킨다면 더욱 의미 있는 결론을 낼 수 있다는 것이다.

한편 블루머(Blumer)는 공중에 대해 "사회에 널리 펴져 있으며, 이들의 구성은 오래 지속된다. 이들은 공적인 면에서의 이슈나 대의목적을 중심으로 형성되며 이들의 1차적 목적은 특정한 이익을 대변하고 의견을 제기하며 정치적 변화를 이루는 데 있다"라고 했다(Blumer, 1939; McQuail, 2005/2008: 81).

또한 하버마스는 공중이 갖는 3가지의 특징을 이야기했다(Noelle-Neumann, 1984/1990: 95). 즉, ① 공중은 개방성이다. 이는 개인적 영역과는 구별되는 것으로서, 예컨대 공공장소, 공공도로, 공공적 시도 등과 같이 모든 사람에게 개방됨을 의미한다. ② 공중은 국가와 관련이 있다. 공중은 '저널리스트의 공공적 책임'이라는 구절에서 표현되듯이 공공적 관심사와 관계가 있어야 한다. 이는 우리 모두에게 관련된 문제나 보편적 복지와 관련된 문제를 다루는 것을 의미한다, ③ 공중은 여론과 관련을 맺는다. 여론을 '지배적 의견'(*ruling opinion*)과 동일시하는 것은 여론에 대한 수많은 개념 정의들과 일관하게 공통된 요체이다. 말하자면 여론에 의거하여 행동한다는 것은 결국 개인으로 하여금 심지어 자기 자신의 의지와 반대되는 행동조차도 하게끔 하는 조건이 된다는 것이다. 공중은 개인의 생각과 느낌의 영역인 내면세계에만 버려지지 않는다. 더욱이 공중은 여론과 관련을 맺으면서 미디어의 사용과 일정한 부분을 공유하는 접점을 찾을 수 있다.

최근 콜만(Coleman)과 로스(Ross)는 전화, 이메일 심지어 현장 TV 투표까지 중재된 채널을 통하여 공중이 메시지를 주고받는 것이 늘어남으로써 이 현상은 현저하게 능동적 수용자 같이 보인다. 마닌(Manin)의 '수용자 민주주의'(*audience democracy*)가 적절하게 부각된다고 했다(Bernard Manin, 1997; Stephen Coleman & Karen Ross, 2010: 42).

공중이 분산된 지역성을 바탕으로 두거나 신문의 독자와 같이 정형화된 것이 아니라, 다양한 미디어의 출현에 따라 그 미디어에 맞는 수용자가 등장하고 있다. 미디어를 수용하는 공중은 정보를 수용함으로써, 앤더슨(Anderson)이 이야기한 '상상적 공동체'(*imagined communities*)가 만들어질 수 있게 된다.

사실의 객관성을 확보함으로써 사회에서는 사실의 질서가 형성된다. 이는 흡사 칸트가 구상한 '세계시민주의'과 공유범위를 넓혀간다. 칸트에 따르면 사상이 '공적 이성'에 노출된다면 효과적으로 검증된다는 말과 일맥상통한다(Kant, 1781/2007; Coleman & Ross, 2010: 25). 공적 이성이 작동만 한다면 '세계시민주의'가 불가능할 것은 없다. 그러나 현재 존재하는 다양한 미디어는 진리와 현실을 상대주의로 끌고 가는 경향까지 있다. 더욱이 최근 미디어의 상업화는 정보와 오락이 함께 존재함으로써 수동적 수용자를 양산시키는 것인지, 정보로 능동적 사용자를 만들어내는지 필자는 의심을 하게 된다. 이런 현실이라면 공중에 대한 원론적 초기 연구를 검토할 필요성을 느끼게 된다.

우리는 공중을 전제로 공영방송이란 말을 사용한다. 공영방송은 '공적 이성'을 만들 적절한 도구가 된다. 더욱이 능동적 수용자를 만들어내는 공영방송에 대한 논의가 계속되었다. 공영방송을 통해 국가는 '상상적 공동체'를 언제든 만들 수 있다. 1920년대 시작한 영국의 BBC는 공중에 정보를 제공하고 교육함으로써 공중을 계몽할 수 있도록 했다. 공영방송은 그들이 필요하다고 믿는 것을 제공하고 원하는 것을 수용자에게 알려 준다(Coleman & Ross, 2010: 32). 그 방점은 물론 건전한 공중의 육성일 것이다. 같은 맥락에서 한국의 KBS, MBC 등은 '공영방송'(*public service broadcasting*)이라는 말을 사용한다. 강형철은 《공영방송론》에서 맥퀘일(McQuail, 1995)의 2가지 키워드를 언급했다. 공영방송은 공공서비스를 하는 기구이며, 또 다른 하나는 공적 책임에 관한 것이다. 즉, 방송의 공적 책임은 "궁극적으로 수신료 등 공영방송의 재원을 결정하는 규제기관과 국회를 통해 확보된다. 일반적 수단은 개별가구가 부담하는 수신료(*license fee*)이다"라고 했다(강형철, 2005: 36).

공영방송의 역할로 장관 후버(Herbert Hoover)는 1924년 '공적 재산'으로 전파를 언급했다(*Wireless Age*, Oct., 1924: 24; Richard Butsch, 2008: 86). 그는 공공재산으로 전파를 규정하는 목표를 이야기했다. 즉, 그는 공공재산으로 방송을 통하여 소유의 길을 보존하고자 했다. 공공재산은 경쟁을 위한 자유영역을 유지하는 것으로 보았으며, 자유 스피치를 가능하게 하고, 검열을 피하게 하고, 잼(*jam*) 현상을 방지할 수 있을 것으로 보았다. 1939년 미국 연방통신위원회(FCC)의 요구는 수용자를 생각하고, 그들이 들었던 것을 토론하게 하고, 그 중의 주요 이슈, 즉 스피치와 토론을 방송하도록 하는 것이었다. 방송을 위해 팸플릿 제작도 시도했는데 그 내용은 읽고, 생각하고, 토론을 계속하게 하는 것이다(Butsch, 2008: 90).

수용자는 시민으로 간주되고, 방송은 그들을 소비자로 대하기보다 그들에게 정보의 제공을 시도한다. 또한 듀이는 시민교육(*civic education*)으로 '자기 개선', 정보로 무장한 시민을 만들 수 있다고 보았다(Dewey, 1954: 94).

한편 강형철은 공영방송 서비스에 초점을 맞추고 공영방송을 '좋은 방송', '가치 있는 방송', '공중의 관여가 없으면 존립할 수 없는 방송'으로 구분했다(강형철, 2005: 33). 공중을 '계몽'시키는 도구로서 공영방송이 요구된다. '전파는 국민의 재산'이라는 가정 아래서 방송의 공적 서비스와 책임을 강조한 것이다. 방송이 충동·충격의 매체임을 가정하고 안전장치를 해 놓는 것이다. 그러나 케이블 TV가 활성화되면서 방송의 사유화는 공중파의 공적 기능 상실을 가져왔다. 방송에 구조적 문제를 양산하게 된 것이다.

방송과는 달리 신문은 처음부터 사적 기능에서 시작하여, 공적 기능으로 접근하게 되었다. 칸트는 책과 신문의 기능에 대해 자세히 설명했다. 즉, 그는 "공적인 고찰이나 토론을 위해 생각을 공적으로 표현하는 것－그의 경우에서는 이것은 학자가 대중의 판단을 위해 자신의 생각을 글로 쓰는 권리－이 계몽의 발전을 위해서는 절대적으로 필수불가결하고 주장했다"고 했다(Arendt, 1982/2011: 212).

신문의 공적 기능에 대해 타르드(Tarde)[33]는 근대사회에서 저널리즘과 공적 여론이 수행하게 된 중추적 역할을 간파했으며, 저널리즘과 여

33 타르드(1843~1904)는 사회학의 성립기인 19세기말 사회학자 에밀 뒤르켐(Emile Durkheim)과 대적했던 입장 덕분에 아직까지도 사회과학사에 그 이름만은 남아있는 학자이다(이상길, 2003: 6). 그는 뒤르켐의 사회학주의, 방법론적 전체주의에 맞서 심리학주의, 방법론적 개인주의를 옹호한 저자로 알려져 있다. 그는 1898년과 1899년에 "공중과 군중", "여론과 대화"라는 논문을 발표했다.

론의 생산자인 신문과 공중에 주목했다. 1890년대 후반 타르드의 관심이 군중에서부터 공중으로 이동하게 된 이유이다. 그는 "우리 시대가 '대중의 시대'라고 한 르 봉(Le Bon)의 말에 찬성하지 않았다. 우리 시대는 '공중 혹은 공중들의 시대'이다"라고 했다.

타르드는 프랑스의 '드레퓌스 사건'(*l'affaire Dreyfus*)[34]을 프랑스 사회에서 군중심리가 발동된 것으로 보았다. 당시 '집단 따돌림' 현상은 프랑스 사회를 엄습했다. 그는 근대사회에서 저널리즘과 여론이 수행하게 된 중추적 역할을 간파했으며, 저널리즘과 여론의 생산자인 신문과 공중에 주목하게 되었던 것이다(이상길, 2003: 13). 1890년대 후반 타르드의 관심이 군중에서부터 공중으로 이동하게 된 이유이다. 타르드가 읽어낸 것은 1789년 프랑스혁명 이후 군중에 의해 지배되던 시대를 개선시켜 신문 등 여론기관을 통해 이들을 공중으로 무장시킬 수 있다고 본 것이다. 19세기말 신문의 기능에 대한 긍정적 평가를 내린 것이다.

'인간은 정치적 동물'이라 말함으로써 국가의 기원을 설명하는 것은 언어적 유통으로 소통을 할 수 있게 했다. 그러나 산업화·도시화로 인해서 면대면 스피치의 유통만으로 국가를 정치 공동체로 유지할 수 없었던 것이다. 엄격한 사실(*facts*)에 근거하면서 인간 행위에 의해서 상황 지우는 사실 사이에 차별의 중요성은 더욱 부각되었다(Dewey, 1954: 9). 하나는 언어의 사용이고, 다른 하나는 그 사용의 의미의 확장이었다.

최근 우리 사회는 유럽사회와 같이 신문이 공중을 형성시켜주도록 기능을 해왔다. 하버마스는 1962년 공중이 공론장에서 '사적 의견'을 교환

34 1894년 10월 프랑스 참모본부에 근무하던 포병대위 A. 드레퓌스는 독일대사관에 군 정보를 팔았다는 혐의로 체포되어 비공개 군법회의에 의해 종신유형의 판결을 받았다. 그러나 증거 불충분으로 판결이 났다. 그는 유대인이라는 점 때문에 혐의를 짙게 받았다. 그가 1894년 12월 22일 '종신유형 판결'을 받고 그 후 12년간까지 재판은 계속되었다. 이 사건은 프랑스에서 유대인 사관 드레퓌스의 간첩혐의를 둘러싸고 정치적으로 큰 물의를 빚었다.

하는 현실을 직시했다. 18세기 서유럽에서 공론(*opinion publique*)은 지적 능력과 정보, 도덕성을 갖춘 시민들이 합리적 토론을 통해 만들어내는 의견으로서 보편적 공동선을 지향했다. 이때 공중은 정신적 응집력에 의해 존립되는 공동체이다. 그들은 사실에 근거를 두고 가상의 지적 공동체를 형성했다. 그렇다면 공중은 책, 신문, 잡지 등을 구매하는 일종의 상업적 고객이다(이상길, 2003: 16).

인쇄매체는 그들에게 이성적 판단을 할 수 있도록 작용했다. 그들은 '상상된 공동체'이었지만, 공론장에서 토론함으로써 일정 부분 여론을 형성할 수 있었고, 공동체를 이끌기에 충분했다. 신문은 여론의 주도력을 형성할 수 있었다. 우리 사회는 1961년 이후 산업화에 박차를 가하면서, 도시에 유입된 인구에게 신문은 이들을 공중으로 이끌 어떤 기능을 담당하게 되었다. 그들은 대화만으로 여론을 형성시킨 것이 아니었다. 타르드가 말했듯이 우리 사회에서도 여론을 이끌고 틀을 짓는 것은 궁극적으로 신문이었다.

그러나 1980년 12월 KBS는 컬러 TV 방송을 수용했고, 1995년 3월 케이블 TV가 본격화되었다. 1993년 1월에는 인터넷 미디어가 등장했다. 전자 미디어 시대가 본격적으로 도래한 것이다. 라디오 방송, TV 방송, 케이블 TV 등이 여론을 부추기면서 여론의 쏠림이 심화되었다. 집단지성이 활성화되는 것은 좋은 현상이지만 여론의 쏠림현상에서 우려의 측면이 노정된다. 더욱이 2010년 이후 SNS가 등장하면서 그 현상의 충격·충동이 극심하게 되었다. 전자 미디어가 사회여론을 주도하게 되었다. 그러나 전자 미디어가 '사실의 질서'에서 객관성, 공정성, 형평성, 균형성을 갖추지 못하면, 그 사실 자체는 왜곡되기 일쑤이다. 더욱이 최근 신문의 과도한 정파성은 사실 자체를 왜곡하고 사실의 질서 자체를 위태롭게 한다. 정치의 '공적 이성'이 담보되지 못한 것이다. 이혼율이 급증하고, 출산율이 떨어지고, 청소년 자살·집단 왕따 등의 문제는 날로 심각해지고, 충동·충격의 전자 미디어에 그 의존도는 높아졌다. 더불어 전통적으로 공중에게 정보를 주는 신문은 그 기능을 멈추고 있다.

2) 칸트 연구의 필요성

여기서 독일의 현실이 우리에게 다가왔다. 민주주의의 꽃은 아무래도 선거에서 잘 설명할 수 있다. 노이만은 '고립에 대한 공포'라는 표현을 사용했다. 그는 "여론의 영향 때문에 수십만의, 아니 실제로 수백만의 유권자들이 결과적으로 '막판 뒤집기'(*last minute swing*)를 일으켰던 것이다"라고 했다. 1965년 9월 19일 선거 막판에 유권자들은 다수 군중과 행동을 같이 함으로써 다른 주요 정당과 동등한 위치에 있던 기민당(The Christian Democratic Party)이 공식적 선거결과에서 8% 이상의 우세를 보이도록 부풀려 놓았던 것이다(Neumann, 1984/1990: 22).

그러나 선거의 전반적 분위기는 '막판 뒤집기'와는 전혀 달랐다. 1965년이건 1972년이건 투표 의도(*voting intention*)는 이 같은 동향에 휩쓸리지 않았다. 처음부터 끝까지 투표 의도는 선거일 직전의 변화를 초래했던 요인, 즉 여론의 동향에 거의 영향을 받지 않고 지속되었다. 말하자면 투표 의도는 폭풍우 속의 바람개비처럼 빙빙 돌아가는 것이 아니라 상당한 안정성을 지니고 있었다. 그런데 결과는 과거와 전혀 다른 현실을 경험하게 했다. '막판 뒤집기'가 일어난 것이다. 선거에서 수용자의 막판 쏠림이 일어났고, 대중·군중의 힘이 고착화되었다. 선거의 당락은 막판에 일어났다. 노이만은 "고립에 대한 공포가 침묵의 확산을 작동시키는 힘인 것 같다"라고 결론을 내렸다(Neumann, 1984/1990: 29). '무리에 휩쓸리는 것'이 상대적으로 흐뭇한 상태였다.

TV가 기승을 부리는 시대에 공중은 그 의미를 상실하게 된다. 군중과 대중이 확실하게 자리 잡은 것이다. 더욱이 공중의 역사를 오랜 동안 경험하지 못한 우리의 입장에서 대중사회로의 급속한 진입은 문제가 아닐 수 없었다. 라디오뿐 아니라 TV와 케이블 TV 등 전자 미디어는 마음껏 늘어났다. 이제는 TV 채널 숫자만도 100개를 상회한다. 더욱이 SNS등 전자 미디어 천국을 만들어 놓은 우리의 입장에서는 그 현실이 우려스러울 따름이다.

물론 이러한 쏠림에 대해 노이만은 "고립에 대한 공포 때문일 수도 있지만, 특히 수적 다수의 견해를 더 나은 견해로 보는 민주주의적 문명에서는 자신의 지식을 증대시키려는 욕구가 반영된 것일 수도 있다"라고 긍정적 표현을 하기도 했다(Neumann, 1984/1990: 68). 그렇더라도 동조자(*conformist*) 혹은 '맹목적 추종자'라는 오명의 꼬리표를 달고 다녀야 하는 현재의 유권자들이다. 그들은 개인적 자율성이라는 이상을 거스르는 모방주의자에 불과하게 된 것이다.

공중은 칸트의 공적 이성을 사용하고 커뮤니티를 형성한다. 여기서 커뮤니티는 매개 없이 면대면으로 서로 알고 상호작용하는 사람들 가운데 네트워크 관계를 규정했다(Butsch, 2008: 17). 그러나 현실 속에서 공적 이성, 공중, 그리고 커뮤니티의 관계가 작동하지 못하게 되었다. 이제 공중에게는 바(*bar*), 이발소, 일반적 상점 등 이런 모임의 장소가 과거 기능을 담보할 수 없게 된 것이다. 홈 미디어와 쇼핑몰 등 전자상거래가 공적 장소의 기능을 대리한 것이다. 전자 미디어의 시장, 매스미디어가 그 기능을 대리하게 된 것이다.

공중의 대화와 담론은 사라지고, 매스미디어의 수동적 형태가 진행된 것이다. 대중사회에서 매스미디어 지역 의견지도자가 상실되고, 개인이 고립되고, 대중은 수동적으로 변화하고 미디어 등에 심한 노출로 인해 자극과 반응에 몰두하게 되었다. 그들은 고립되어 시민의 참여로부터 소외되었다. 물론 참여가 보장되더라도 관료, 지역, 노조, 자본가 등의 이기주의가 공중을 오히려 왜곡시킬 수 있다. 사회학자들은 이를 치유할 여러 이론을 내지만 여전히 통합적 이론을 구사할 수 없었다.

물론 미디어를 과도하게 이용하는 사람은 일반적으로 시민으로서의 책임을 도외시한다(Putnam, 2000: 178). 과도한 미디어의 사용은 시민

참여를 위한 충분한 시간을 갖지 못하게 했다. 사상을 행동으로 옮길 때 책임감을 갖는 사고를 망각하게 한다. 이성적 생각도 비이성적 행동으로 옮기게 된다. 이런 생활은 비합리성, 비이성의 삶을 부추겼다. 개인은 유혹을 거절하는 불능의 약한 의지를 제약할 수 없었다. 시민의 덕을 위해서 기대된 도덕적 덕에 대항하여, 이것은 시민이 공적 이해를 사적 이해 위에 두어야 하는 것이다. 그러나 현대 대중은 미움이 본성의 존재를 찾는 일에는 관심도 없고, 오로지 소유론적 일상의 이해관계만 따진다. 현재화는 속물적 목적을 채우기 위한 기대의 시간이다. 오늘도 내일도 모레도 똑같다. 이런 인생의 시간을 꼭 도덕적으로 타락한 것이라 보기는 어렵다. 개인은 '단지 존재를 망각하고 오직 소유에만 탐닉할 뿐이다'라고 한다.

물신화된 사회에서 개인은 자신의 존재를 망각했다. 즉, 대중은 다른 의미를 가진다. 대중은 자신에 대한 내공을 가지지 않고 어떤 커뮤니티에 소속되지 않는 고립된 개인이다. TV 미디어는 고립된 개인에게는 효과적 매체이다. 개인은 TV의 보급효과에 영향을 받는다(Butsch, 2008: 2). 1950년대 TV의 급속한 보급은 고립의 효과를 더욱 가속화시켰다. 대중은 책임 있게 프로그램을 고르고 수용하는 개념에서 벗어난다. 자신을 매스미디어에 맡겨버린다.

이것은 당장 문명과 민주주의에서 위기를 가져온다. 대중은 언제든 상처받기 쉽고 수동적인 구성원이 된다. 대중으로서 고독한 개인은 이와 같은 시민으로 둔갑한 것이다. 공중의 참여와 주관성을 갖는 시민문화가 확산되지 않은 사회에서 그 심각성은 강도를 더해간다. 공중은 부르주아와 상위 중산층 문화를 표출시키는 좋은 시민이다(Butsch, 2008: 2). 그들은 미디어의 수용자로서 공론장에서 정치적 행위자로서 자신을 규정한다. 또한 공중의 이미지는 뉴스미디어와 관련이 있다. 그들은 오락의 수용자로부터 분리된다. 그들은 나쁜 시민, 정보를 얻는데 시간을 쓰지 않는 사람으로 간주된다(Butsch, 2008: 2). 오락을 즐기는 수용자들은 자신을 계발하지 않는 수용자, 준비되지 않는 시민으로 간주된다. 그들은 시민으로서 '시민의 덕'(*civic virtue*)을 가지지 않으며, 적절한 판단을 할 수 없고 시민의 참여에 둔감하다.

수용자의 측면에서 공중이라는 말을 사용하지만, 전통적으로는 공중 대신 시민이란 용어가 사용되었다. '계몽시기'는 '시민의 덕'이 의무가 아닌 시민권(*civil rights*)에 관심을 둔다. 여기서 시민의 덕은 강한 도덕적 성격을 지녔다. 그들은 선택된 사람으로서 능력이 있고 커뮤니티의 이해에서 헌신하는 데 언급된다. 시민은 자기 이해를 제치고 전체의 이해을 위해 행위를 한다.

과거의 '시민'[35]이 그렇듯 현재 선택된 얼마간의 시민은 재산을 가진 계급으로 독립적이고, 지식을 추구하는 의지를 가졌고 공통의 선을 위해 좁은 개인적 이해를 능가하는 성격을 가졌다(Butsch, 2008: 4).

칸트는 공화국에서의 시민을 언급했다. 그 조건은 《영구평화론》을 통해 그 시민을 세계시민주의로 확산시켰다. 그는 "함께 생활하는 사람들 사이에서의 평화 상태는 자연 상태가 아니다. 자연 상태란 전쟁 상태이다. 이것은 적대행위가 계속 자행되는 것을 뜻하는 것이 아니라, 적어도 중단 없는 전쟁의 위협을 의미하는 것이다"라고 했다(Kant, 1796/2008: 26). 좀더 풀이하면 평화 상태를 "한 사람이 다른 사람에 의해 실제로 해를 입는 경우를 제외하고는, 아무도 타인에게 적대적으로 행동하지 않는다고 통상 전제한다. 양측이 시민법의 적용 아래에 있다면 이것은 전적으로 옳다"라고 했다.

---

35 시민은 국가를 운영하는 실체가 된다. 물론 그렇더라도 18세기 이후 공중은 전통적 시민과는 거리를 둔다. 이들 시민들은 전통적 인민과는 구별되는 몇 가지 요건을 충족해야 한다(송호근, 2011: 38). ① 신분질서에서 벗어나 계약의 질서로 어진 독자적 개인들, ② 전통적 이해관계(혈연·지연·학연)에서 벗어난 개인들, ③ 공익의 중요성에 눈뜬 개인들이 그것이다. 이 3가지는 이른바 시민사회의 전제조건이며 동서양을 막론한 근대의 공통적 표상이다.

시민은 시민법의 규정 아래에 둔다. 칸트는 시민적 정치체계를 ① (인간으로서) 한 사회구성원의 자유의 원리에 의해, ② (신민으로서) 모두가 단 하나의 공통된 입법에 의존하는 의존의 원리에 의해, ③ (국민으로서) 평등이 원칙에 의해 확립된다"라고 했다.

칸트가 염원하는 공화제는 자유·평등이 가능하며, 그 사회는 법으로 사람들의 권리를 보장한다. 이 사회는 누구나 시민권을 갖는 다원주의 사회이다. 누구나 시민의 참여가 가능한 정치공동체이다. 공화제는 '만민이 함께 지배한다'라고 한다.

듀이는 《공중과 문제점》이 출간된 지 20년 후 개정판을 내면서 "사건을 첨가시키면서 공중과 인간관계의 정치적 조직으로서 국가의 연계에 대한 입장이 확실해졌고 믿게 되었다"라고 했다(Dewey, 1954: 221). 공중에게 만일 '공공적'(*oeffentlich*) 개념과 '공화적'(*republikanisch*) 개념을 동일시하는 것이 허락된다면, 우리는 공화정의 국가를 '공공적 국가'로 표현하고, 이해할 수 있을 것이다(이충진, 2008. 12: 17).

칸트의 공화주의는 '세계시민의 사회'까지 연장했다. 그때 그는 '공개성의 권리'를 언급했는데, "세계시민의 사회' 앞에서 자신의 판단을 공적으로 검증하기 위해 자유롭게 내어놓을 수 있는 권리는 자유와 진보와 계몽을 위해 없어도 되는 것이 아니라 전적으로 필수적인 것이다"라고 했다(Arendt, 1982/2011: 213).

물론 자유주의는 시민을 위한 조건으로서 자기 성장에 의한 지식과 문화의 성취를 강조한다. 밀에게 모든 개인이 충분히 교육되고, 계몽될 수는 없었다. 그는 참정권을 위해 교육적 재산의 범주를 선호했다(Heater, 2004: 33; Butsch, 2008: 5).

밀에 비해서 칸트는 공화주의를 논의하면서 자유·평등에 대한 확고한 믿음을 가졌다. 더욱이 칸트는 '계몽'된 시민의 자유에 대해 말했다. 즉, 그는 "'남에서 해를 입히지 않는 범위' 안에서 '한 자신이 원하는 어떠한 것도 행할 수 있다'"라고 했다(Kant, 1796/2008: 26). 시민이 그냥 자유를 획득할 수 있는 것은 아니다. 칸트의 '계몽'[36]이 시작된다. 모든 현실적 목적은 현상의 문제일 뿐이다. 그래서 우리는 일련의 상황에서 질적 완성을 결코 얻을 수 없다(Kant, 1781/1966: 497). 공중이 신문을 읽는 독자라면, 칸트에게도 계몽이 필수적 요소이다. 자신의 적절한 토양, 즉 경험이 계몽적 역할을 하게 된다.

3) 순수 · 실천이성 비판

칸트는 자유롭게 얻은 의견을 '객관적으로나 주관적으로나 불충분한 판단'이라고 규정지었다(Kant, 1781/1966: 496~497). 불충분한 계몽 안에는 칸트의 '자연' 및 '이성'에 대한 확실한 믿음이 있었고, 뿐만 아니라 그는 여기에 '도덕적인 것'과 '사회적인 것'을 첨가시켰다(Habermas, 1962/2004: 197). 양자의 풀이로 공중을 규명하기 위해 이 책은 그의 3개 비판서 점검을 시도한다.

칸트는 시종일관 이성의 공적 사용에 관심을 가졌다. 그는 세계시민적 평화를 보장하기 위해서 '이성의 강제력'을 강조했다(Habermas, 1962/2004: 198). 이성의 중요성은 《순수이성 비판》에서 시작되었다. 그는 《순수이성 비판》을 1781년에 출간(1787년 재판) 했다. 이 책의 목적은 인간의 모든 지식은 경험을 초월할 수 없지만, 부분적으로는 선험성의 성격을 가지며, 이것이 경험에서 귀납적으로 추리되는 것은 아니라는 것이다(Russell, 1961/2008: 317). 선험성은 누구나 갖는 공통적 요소이다. 칸

36 계몽의 중요성은 《논어》에서도 나온다. 공자(孔子)는 제자인 자로에게 배우지 않으면 폐단이 되는 6가지를 말한다. ① 인(仁)을 좋아하면서 배우지 않으면 어리석음(愚)이고, ② 알기(知)를 좋아하면서 배우지 않으면 그 폐단은 잘난 척하기(蕩)고, ③ 믿음(信)을 좋아하면서 배우지 않으면 그 폐단은 남을 해침(賊)이고, ④ 곧음(直)을 좋아하면서 배우지 않으면 그 폐단은 남을 숨 막히게 함(絞)이고, ⑤ 용기(勇)를 좋아하면서 배우지 않으면 그 폐단은 난폭함(亂)이고, ⑥ 굳세기(剛)를 좋아하면서 배우지 않으면 그 폐단은 광기(狂)라고 했다(김형효, 2007: 35).

트가 인간의 존엄성을 이야기할 때, 선험성은 제외시킬 수 없는 것이다. 이는 누구나 공통적으로 갖는 지성이다. 누구나 가진 '선험적'[37]인 요소를 이용한다면 개인의 평등의식이 가능하고, '이성의 공적 사용'이 가능하게 된다. 누구나 같은 사고의 틀을 가지는 것이다.

칸트 철학에서 중심적인 것은 '물 자체'에 대한 관심이다(Altschull, 1990/1993: 268). 그는 삶의 원재료, 즉 시공에 존재하는 '객관적 현실'의 사물 그 자체가 객관적으로 알 수 있는 것은 아니라고 보았다. 물 자체의 불가지론이 존재한다는 이야기이다. 그렇다면 개인의 이해가 요구된다. 칸트는 그 이해를 위해 개인의 선험성이 존재한다고 보았다. 그는 선험성의 과정을 거치지 않고서는, 말하자면 "우리의 이성이나 사고에 의하지 않고서는 우리 주변의 세계를 이해할 수 없다"라고 논의했다.

칸트는 선험적인 것과 동일한 수준에서 선험성이라는 말을 사용했다. 선험성은 천부적이라는 것이 아니라, 대상적 경험보다 앞서는 형식적 조건이라는 의미로 이해된다(김형효, 2007: 400).

칸트는 그 인식의 과정을 시간과 공간으로 설명했다. 그에게 시간과 공간은 다양한 시간과 공간들을 모아서 공통된 의미의 개념을 형성하는 것이 아니다. 오히려 감각적으로 모든 시간과 공간은 하나의 공간적 연속이고, 하나의 시간적 연장이라는 것을 단번에 깨닫게 된다는 것이다.

더욱이 칸트는 시간과 공간을 인생의 경험을 가능케 하는 선천적 조건으로서 '직관'의 형식이라고 생각했다. 즉, 시간과 공간은 인간의 모든 감각적 경험을 가능하게 하는 선천적 조건이라는 것이다. 따라서 시간의 역

37 칸트의 경험적 인식에는 경험을 가능하게 하는 선험적, 즉 경험에 앞서 그것을 논리적으로 정립시키는 인식의 형식적 조건이 존재한다(김형효, 2007: 401). 말하자면 선험적이라는 말은 인식주체가 인식대상을 인식함에 있어서 분석이나 정의의 토대가 되는 어떠한 인식을 말한다. 어떠한 것에 대해서 경험해서 내릴 수 있는 '판단' 이전의 토대가 되는 것이다. 선험성이라는 것은 이미 경험 이전에 인식대상이 인식주체에게 인식되어진 의식이라고 볼 수 있다.

사적 조건과 공간의 지리적 조건은 경험적으로 형성된 관념이 아니다. 모든 경험적 관념은 선험성의 조건 위에서 자란다. 여기서 시간의 조건은 내적 현상을 보는 형식으로, 공간의 조건은 외적 현상을 보는 형식으로 구분했다. 선험성이 존재한다고 하더라도 칸트 철학이 경험을 도외시하는 것은 아니다. 그의 인식철학의 기본정신은 경험에서 출발한다(김형효, 2007: 401). 그 경험적 인식은 경험을 가능하게 하는 선험적 인식의 형식적 조건과 분리되어 존재하는 것이 아니다. 시간과 공간은 경험적으로 실재한다. 실재는 과학적 지식을 가능케 하는 의식의 선험적 형식으로 가능한 선천적 관념성과 다른 것이 아니다.

칸트의 선험적 직관으로 철학적 인식은 보편성과 필연성을 갖추는 판단이 된다(최재희, 1967: 167). 물론 직관은 통각으로 '순수통각'과 '경험적 통각'의 도움을 받게 된다. 이러한 통각은 "지성이 할 수 있는 모든 것을 비로소 가능케 하는 우리 인식의 근본능력이고, 따라서 다름 아닌 순수 지성 그 자체라는 것이다(배정호, 2011.6: 54).

이것은 '나는 생각한다'(*Ich denke*) 라는 자발적 사고를 가능하게 한다. 물론 이는 감각성(*sensibility*)의 세계와는 구별된다. 칸트는 감각성의 경험적 통각은 "내적 자각에서 우리의 내적 상태의 규정들에 따른 자기에 대한 의식으로, 한낱 경험적이고 항상 전변적이다"라고 했다(배정호, 2011: 54). 경험에서 독립인 것은 선험성이라고 하고, 경험에서 오는 것은 후험성(*a posteriori*)이라고 한다. 물론 경험은 선험성과 그 '경험적 통각'을 서로 공유함으로써 가능하다. 여기서 선험성은 생각에서 시작된다. 우리가 무엇인가를 사고할 때, 우리는 우리가 사고한다는 것을 의식할 수 있다. 사고주관 속 자기의식의 반성적 의식을 칸트는 데카르트처럼 1인칭 관점에서 '나는 생각한다'는 명제로 표현하고, 또한 라이프니츠의 용어를 빌어 여러 관점에서 '순수 통각' 또는 '근원적 통각' 또는 '초월적 통각' 또는 간단히 '통각'이라고 했다.

통각은 나의 '모든 의식에서' 동일하다(배정호, 2011: 63). 그렇지 않다면 이 모든 의식들을 가능하게 하는 공통된 근거일 수 없기 때문이다. 따라서 초월적 조건을 충족시킴으로써 나의 표상들의 전부가 '하나의 보편적인 자기의식'이라는 것을 가능케 한다. 즉, 의식들 모두는 관계하는 하나의 자기의식 안에서 공존하게 된다(배정호, 2011: 65).

여기서 칸트가 말한 인간의 일반적 법칙이 가능하게 된다. 더욱이 순수이성 자체는 도덕적 법직(*moral law*)이라고 불렸다(Kant, 1788/ 2004: 32). 이 법칙에는 정의란 문제가 대두된다. 아담이 에덴동산으로부터 추방될 때 인간이 원죄로 갖고 온 선악의 문제이다. 커뮤니티의 생존에서는 선악의 개념이 분명하게 나타난다. 개인의 의지를 갖고 행동할 때, 선악의 판단은 분명히 대두된다.

칸트에게 《실천이성 비판》은 "실천적 의미에서의 자유를 '자의가 감성의 충동으로 인한 강요에 의존하지 않는 것'으로 규정하고, 동물적이지는(*brutum*) 않으며 자유롭다(*liberum*)고 한다"라고 했다(김수배, 2008. 6: 10). 말하자면 실천이성은 '감성계의 제약으로부터 자유롭게 우리의 의욕을 규정하는 능력'으로 간주된 것이다. 그가 말한 실천이성은 도덕적이란 말이 된다. 여기서 도덕적 법칙이 요구되고, 개인의 덕(德)에서 행복은 중요한 잣대가 된다. 그런데 이것은 오직 신의 섭리만이 보증해 줄 수 있다. 그리고 분명히 이 세상에서는 이것을 보증 받을 수 없는 것이다. 그러므로 신이 존재하며 내세가 있는 것이다. 신에게 가까이 가고, 덕을 얻을 수 있는 길은 자유의지에 달려있다. 그렇다면 자유의지가 존재하지 않는다면 덕이란 있을 수 없기 때문이다. 칸트의 윤리체계는 그의 《도덕 형이상학 원론》(*Metaphysics of Morals*)에서 볼 수 있는 것처럼, 상당히 역사적인 중요성을 차지한다.

이 책에서 정언명령이라는 말이 나온다. 이것은 적어도 한 술어로서 철학전문가들의 눈에는 낯익은 말이다. 칸트는 고립된, 즉 어떤 신학이나 물리학, 초물리학(*hyper physics*) 등과는 혼돈되지 않는 도덕의 형이상학을 원했다. 그는 계속해서 "모든 도덕 개념은 완전히 선험적인 이성

속에 그 위치와 근원을 가진다"고 했다(Russell, 1961/2008: 322). 개인은 의지에 의해 행동할 능력을 가진다는 것이다. 객관적 원리의 이념은 이것이 의지를 강요할 경우에만 이성의 지배라고 할 수 있고 이 지배의 형식을 '명령'이라고 명했다.

한편 가언명령은 '네가 어떤 목적을 이루고자 하면, 이러저러하게 행동해야 한다'이고, 정언명령은 목적에 관계없이 어떤 행동이 객관적으로 필요하다는 것이다. 이 명령은 종합적이며 선험적이다. 칸트는 이와 같은 성질을 법치의 개념에 연역했던 것이다. 정언명령에는 도덕법칙이 포함되어 있고, 행동규범에는 이 법칙에 따라야 한다는 필연성이 포함되어 있을 뿐 그 밖에는 어떤 조건에 의해서서도 제약을 받지 않으므로 도덕법칙의 보편성 이외에는 아무것도 남지 않는다. 그렇다면 《실천이성 비판》에서는 선악에 대한 보편원리를 생각한 것이다. 칸트는 선험성을 여기에서 찾았던 것이다. 전자는 이성의 원리에 따라 얻을 수 있는 보편적 법칙이 되고, 후자는 이성의 보편원리를 피하게 된다.

《실천이성 비판》은 《판단력 비판》[38]과 차별성을 둔다(Arendt, 1982/2011: 45). 《실천이성 비판》에서 도덕규칙은 모든 지성적 존재에게 타당한 것이다. 그러나 《판단력 비판》에서 규칙들은 지상의 인간에게만 그 타당성이 엄격히 제한된다는 것이다. 즉, 후자의 경우는 보편자에 견주

38 관조적 쾌락은 '취미(*taste*)로 불린다'라고 한다. 그래서 《판단력 비판》은 원래 취미 비판으로 불렸다(Arendt, 1982/2011: 48). 만일 실천철학이 관조적 쾌락에 대하여 말한다면 그것은 단지 지나가는 말일 뿐 그에 고유한 것으로 개념을 언급한 것은 아니다(Kant, 1898: 267; Arendt, 1982/2011: 48). 판단은 칸트가 취미의 작용 가운데 발견한 정신기능일 뿐이다. 취미는 18세기에 많이 다루어진 철학적 또는 미학적 주제였고, 취미 또는 판단력은 미와 추의 문제와 관련해서만 논의되었다(김선욱, 2002: 89). 《판단력 비판》에서 다루는 인간의 모습이 《순수이성 비판》이나 《실천이성 비판》에서와 같은 지적 존재나 인식적 존재가 아니라는 말이다. 판단은 상상력과 성찰이라는 2가지 정신작용을 통해 산출된다(김선욱, 2002: 91). 여기서 반성의 작용은 내적 감각인 취미의 작용이다.

어 볼 때 우연적인 것을 내포하는 것이다.

한편 《판단력 비판》의 경우 인간의 행동규범은 이 보편성을 가져야 하며, 또 그래야만 명령을 절대화시킬 수 있다. 그러므로 정언명령은 다음과 같이 단순한 것이다. 즉 '너는 너의 행동 격률이 동시에 보편적 법칙이 될 수 있도록 행동하라', 또는 '너는 너의 행동 규범이 너의 의지를 통하여 일반적인 자연법칙이 될 수 있도록 행동하라'이다. 칸트는 인간을 그 사람 자신에게 목적이 있는 것으로 대해야 한다고 주장한다. 이와 같은 주장은 인권주의의 추상적인 형태라고 하겠다(Russell, 1961/2008: 324). 정언명령은 이성의 3가지 사상(*ideas*), 신 · 자유 · 영혼불멸을 절대 명령으로 간주한다. 그러나 순수이성은 우리로 하여금 이 사상들을 형성하게 유도하더라도 이 사상들의 실재를 입증하지는 못한다.

그렇다면 이 사상들의 중요성은 실천적인 데 있다(Russell, 1961/2008: 322). 다시 말해서 그것은 도덕과 관련된 것이다. 이성을 오직 이지적으로만 사용하면 과오를 범하게 되며, 올바로 사용하면 도덕적 목적을 달성하기 위한 힘이 된다. 인간이 도덕적 판단을 내리는 한 인간은 스스로를 선한 의지를 갖춘 존재로 간주하는 셈이다(김수배, 2008.6: 7). 그러나 인간은 완전한 방식으로 선한 의지를 갖는 이른바 '순수한' 이성적 존재자는 아니다.

4) 판단력 비판과 계몽

그 이유는 인간의 의욕이 자연본성적인 경향이나 충동 같은 감성적인 규정 근거에도 의존하기 때문이다. 뿐만 아니라 아무리 행위자의 행위가 도덕 의무에 합당한 것처럼 보인다 할지라도 만일 그 행위가 의지 자신이 스스로에게 부여한 원칙들에 따른 것이 아닌 외부로부터 주어진 준거에 의한 것이라면, 그 행위는 합법성의 기준을 만족시킬 뿐 아직 도덕성의 기준을 통과한 것이 아니다.

그렇다면 '도덕성이 어디에 또는 무엇으로부터 성립하는가'라는 것 못지 않게 중요한 물음은 기실 그러한 '도덕성이 한갓 환상의 산물이 아니라, 현실적으로 작동하고 있는가'란 물음이다. 여기서는 이성의 실천적 의미가 부각된다. 그때 개인은 판단을 하게 된다. 건전한 이해가 가능하다면 선험적 판단이 가능하다. 칸트 자신도 탐미적 판단(*aesthetic judgement*)의 능력이 취향문화의 형태가 아니라, 선험적 측면임을 강조했다(Kant, 1790/2004: 4). 그는 미적 판단의 보편 가능성을 이야기한 것이다.

시민의 참여로 일어나는 자유의 개념 아래서 작동하는 이성의 원리에서는 선험성에 의한 인식의 원리가 작동할 수 있다. 그러나 감각에 의한 선험성은 욕구의 현실적 문제에 직면한다. 이는 칸트가 개인의 경험세계를 중시하게 됨으로써 인간 존엄성 사상과 직결된다. 그리고 선험성은 인권이 갖는 보편적 가치를 선포한다. 특수성 · 보편성의 측면, 즉 인간 개개인의 존엄성이 부각된다. 칸트는 "지식과 욕구의 능력 사이 즐거움의 느낌을 나타낸다"라고 했다(Kant, 1790/2004: 11).

판단은 양자를 바탕으로 어떤 감정을 갖기 위해 필요한 존재이다. 이때 자신의 선험성과 욕구의 능력은 반드시 엮여 있다. 그 이해의 과정을 보면 선험성, 즉 모든 감각원리의 과학은 선험적 미학(*transcendental aesthetic*)으로 불린다(Kant, 1781/1966: 22). 선험적 미학은 전술했듯 감각성(감성적, 감각적, *sensibility*)과는 분리되어 있다.

선험성은 라이프니츠가 말하는 '순수 통각'(자기 의식)의 영역이다. 순수 통각은 경험적 통각과는 거리가 있다. 여기서 '경험적 통각'은 지각되는 내적 표상들의 변화와 더불어 그 자신의 내용도 변하는 자기의식이다(배정호, 2011: 61). 이들 통각은 분석적 통일을 이루기도, 종합적 통일을 이루기도 한다. 그 인지과정을 보면 대상은 감각성에 의해 경험세계를 가능하게 한다. 그때 직관의 도움이 필요하다. 즉, 모든 경험세계는 직간접적으로 직관으로 인해 가능하다. 경험적 직관 같은 것이 규정짓지 못하는 대상을 현상(*phenomenon*)이라고 한다.

감각성은 퍽 수동적인 속성을 지녔다. 감각에 지나치게 의존한 인식 체계를 선정주의(*sensationalism*)라고 한다. 듀이는 커뮤니케이션과 통신의 발달이 선정주의를 부추긴다고 보았다(Butsch, 2008: 54). 이들 기술은 대중사회를 가능하게 했고 인간에게 적절하기보다는 빠르게 전달된다. 신문의 경우 개념을 많이 사용하나, 방송의 경우는 이미지를 통해 직접 인지하거나 상을 통해 현실을 인시하세 한다. 경험직 통각을 지니치게 많이 사용하면 통각의 마비현상이 일어날 수 있다.

더욱이 방송은 기술을 바탕으로 이윤추구의 선정주의를 득세하게 한다. 개인들은 정치적 관심으로부터 즐기는 사적·상업적 증진에 관심을 갖게 된다. 대중매체를 통한 환상과 감정은 개인의 욕구를 충족시키기에 충분하다. 선험성은 뒤로 가고, 욕구의 능력에 과도하게 의존하게 된다. 대중 소비사회가 출현하고 공적 사상, 여론, 공론장 그리고 국가와의 관계를 다루는 정치는 남의 일로 간주된다.

자연의 종착점은 특수한 선험성의 개념이지만, 경험의 세계를 도외시할 수는 없다. 개인이 경험세계에 매몰되면 방향감각을 잃게 된다. 이런 측면에서 칸트의 판단은 성찰의 개념을 도입했다. 선험성은 상황의 개념과 선험성의 종합, 경험적 통각을 시도한다. 특수한 선험성의 개념은 자연에서 현상관계의 관점으로 성찰된다(Kant, 1790/2004: 14).

경험적 상황에서 성찰적 판단은 쾌락과 비쾌락이 함께한다. 쾌락은 존경하거나 선호하는 어떤 사고의 최상 습관이다. 그때 낮은 것은 욕구(*desire*)이고, 높은 것은 도덕법이다. 도덕법은 시민이 참여하여 누구와도 공유할 수 있는 어떤 것이다.

이 판단에는 선악이 등장하는데, 이는 순수한 실천적 원리 의지의 선천적 결정을 하게 된다. 이 순수한 실천원리는 의식에서 주어진 직관의 명료한 종합 단위의 특수한 형태이다(Kant, 1788/2004: 68). 더욱이 그 완성의 상태는 신의 경지이다(Kant, 1788/2004: 42). 선(善)이라고 부르는 것은 모든 합리적 인간의 판단에 욕구의 객체가 되어야 한다. 악(惡)은 모든 사람의 눈에서 혐오의 객체이다. 정보가 파편화되면 혼란스러워지는 것이 현실적 문제이다. 또한 자유와 책임에 대한 명료한 판단을 하지 못하게 됨으로써 윤리문제가 부각된다. 오늘날 언론인의 윤리에 관한 논의에서 이것이 중요한 역할을 차지하게 된 것이다(Lambeth, 1986; Altschull, 1990/1993: 266).

윤리의 판단은 분석적 법칙(*analytical, logical connexion*)으로 불가능하다. 종합적 격률(*synthetical connexion, maxim*)이 필요한 것이다. 종합적 격률은 분석적 성격이 아닌 명제이다. 우리가 경험을 통해서만 알 수 있는 명제는 전부 종합적이다. 우리가 단지 개념을 분석하는 데 그친다면 개인의 기쁨 판단을 얻을 수 없다.

칸트에 의하면 외계는 감각의 재료만을 제공하며 우리의 정신기관이 이 재료를 시간과 공간 속에 배열하여 개념을 공급하며 이 개념에 의해 우리는 경험을 이해한다는 것이다(Russell, 1961/2008: 318). 자기의식을 결한 공중은 대중으로 급속히 빠져들어 간다. 그게 현대사회의 문제로 등장한다. 그들은 아주 빈번히 폭동, 군중으로 변해 개인의 이성을 마비시킨다. 현대사회 전자시대의 정보수용은 끊임없는 계몽을 요구한다. 감각의 세계는 더욱 확장되고 이성의 원리는 도전을 받는다. 더욱이 칸트에게 함께 생활하는 사람들 사이에서의 평화 상태는 자연 상태가 아니다. 이것은 적대행위가 계속 자행된다는 것을 뜻하는 것이 아니라, 적어도 중단이 없는 전쟁의 위협을 의미하는 것이다(Kant, 1796/2008: 25). 그는 자신이 살아가는 사회를 규정했다. 칸트는 자신이 속했던 시대를 '계몽된 시대'(*in einem aufeklaerten Zeitalter*)가 아니라 '계몽의 시대'(*in einem Zeitalter der Aufklaerung*)로 규정한다(Kant, 1992a: 9).

그에게 계몽이란 사유의 자율성과 비판적 사유의 독자성에 대한 철저한 긍정이다(나종석, 2010: 84). 계몽이란 기존의 편견과 독단은 물론이고 절대주의적 정치의 억압 및 종교적 권위로부터의 해방이다. 즉, 계몽은 이성적 존재자인 인간이 비판적 사유를 통해 전통과 권위에 대한 순종적 태도를 극복하고 스스로 사유하는 주체로 성장하는 것을 말한다. 말하자면 《실천이성 비판》에서 사색적 이성(나는 생각한다)에 관계되는 한 단지 주관적 원리이나, 그것은 실천성, 혹은 자유를 통하여 명증성, 즉 신과 불멸성의 사상에서 객관적 현실과 권위를 확인한다(Kant, 1788/2004: 3).

더욱이 칸트는 《영구평화론》에서 '계몽의 최종목표'[39]를 이야기했다. 공법(국제법, *public law*)에 따르면 칸트는 "정치와 도덕의 조화는 분명해진다. 공법의 선험적 형식이란 시민법이나 국제법의 개념 속에 있는 모든 경험적 내용을 배제해 버린 후 남는 공법의 골격을 의미하는데, 다른 사람들의 권리와 관련되면서 그 준칙이 공개성과 일치하지 않는 모든 행위는 정의롭지 않다"라고 했다(Kant, 1796/2008: 109).

칸트는 '공개성'의 원칙을 준수한다. 그 개념은 하버마스와 아렌트가 더욱 발전시켰다. 칸트에게는 여론(공통의견)이 중요하게 부각된다. 여론이 논의되기 전에 '의견'이 먼저 논의된다. 영국, 프랑스에서는 '의견'을 보다 복잡한 것으로 간주했다. 즉 그들은 여론이 가치인 것인지 혹은 무가치한 것인지는 논외로 하고 다만 일반사람들 혹은 특정집단의 일치된 합의라고 간주했다. 영국의 흄은 1739년에 출판된 저술에서 의견을 공동의견(*common opinion*)이라고 했다(Hume, 1896: 411) 영국과 프랑스 의견의 저변에 깔린 것은 공동의식이다(Neumann, 1984/1990: 94).

영국인과 달리 칸트는 끊임없는 계몽을 요구한다. 계몽에서 균형을 찾고 진보의 논의를 계속했다. 그는 "세계시민적 관점에서 본 보편사의 이념"에서 역사 진보의 원천을 자연의 계획에서가 아니라 인간의 자유로운 행위에서 구한다. 그는 "자연의 역사는 신의 작품이므로 신으로부터 시작

---

39 계몽은 정치와도 관련을 맺는다. 칸트는 정치에 대해 "도덕과 대립하지 않는다. 참다운 정치는 단순한 처세술로서의 정치가 아니라 도덕적 정치이기 때문이다"라고 했다(Kant, 1796/2008: 108). 그 체제를 완성시키기 위한 공화정은 '법의 지배, 삼권분립, 대의제도'를 언급했다.

하고, 자유의 역사는 인간의 작품이므로 악으로부터 시작한다"라고 했다(나종석, 2010: 83~84). '자연 상태'의 악에서 계속적 계몽이 시도된다. 동물적 감각성의 내용을 뒤로 하고, 선천적 통각·경험적 통각을 작동시킨다. "계몽이란 무엇인가에 대한 답변"에서 칸트는 계몽을 "스스로에게 책임 있는 미성숙으로부터 인간의 해방이다"라고 정의했다.

칸트에 의하면 미성숙의 상태에서 성숙의 상태에 이르기 위해 필요한 것은 오로지 '자유'뿐이다. 그는 '스스로 노력하지 않고서는 이성을 사용할 만큼 성숙해지지 않는다. 이러한 노력은 우리가 자유로울 때만 할 수 있다'고 본 것이다. 즉, 그는 "자유만이 인간들 사이의 계몽을 가져올 수 있다"라고 했다(Kant, 1922; Habermas, 1962/2004: 201).

자유는 생각, 사유로부터 시작한다. 그것은 TV, SNS 등 전자 미디어의 다양한 기구를 통해 실현된다. 신문의 '상상적 공동체'만으로 자유를 모두 담아내기 불가능한 시대에 이르렀다. 칸트는 "우리가 말하고 쓰는 자유는 상위권력에 의해 박탈될 수 있지만, 생각하는 자유는 박탈될 수 없다"라고 말했다(Kant, 1922; Habermas, 1962/2004: 199). 자유는 사유하는 자유에서 시작한다.

칸트를 통해 선험성에 대한 분석적 판단을 하거나, 직감의 종합판단을 할 수 있다. 이성의 공적 사용은 우선 학자들의 일, 특히 순수이성의 원칙들과 관계하는 사람들 즉, 철학자들의 일에서 나타난다. 물론 칸트의 사유는 사적으로 작용할 때도 공적으로 할 때만큼 잘 작용한다는 사유의 본질에 대한 널리 알려진 생각과는 정반대로 나아간다. 그는 공적 이성에 합치될 때 사적 사유도 의미를 지닌다고 한다. 물론 철학자의 경우 생각 자체를 공적 생각으로 한다. 철학자들은 공적인 고찰이나 토론을 위해 생각을 공적으로 표현하는 것-그의 경우에서는 이것은 학자가 대중의 판단을 위해 자신의 생각을 글로 쓰는 권리-이 계몽의 발전을 위해서는 절대적이고 필수불가결하다고 주장한다(Arendt, 1982/ 2011: 212).

5) 칸트에서 공중의 의미

칸트의 맥락에서 이성의 공적 사용 개념은 특히 계몽시대에서 언론의 자유 문제에 해당된다(Arendt, 1982/2011: 212). 이성의 사적 사용은 자주 그 폭이 매우 좁게 제한될 수 있다. 그렇다고 해서 이런 이유 때문에 계몽의 진보에 특별히 상해가 되지는 않는다(Kant, 1922; Habermas, 1962/2004: 201). 이성이 공적 사용이 가능하면 되는 것이다.

칸트가 사용하는 핵심개념 중 하나는 공공성이다(Arendt, 1982/2011: 54). 칸트의 말을 빌리면 개인은 특정한 거짓말을 할 수 있지만 그래도 '거짓말하는 것이 보편적 법칙이 되는 것은 결코 원할 수 없다'라고 했다. 왜냐하면 거짓말이 보편적으로 되면 약속이 존재할 수 없게 되기 때문이다. 누구에게나 거짓말을 방지하는 장치가 필요한 것이다. 개인 자신의 비판·대화가 자신을 공적으로 만들 수 있다.

인간의 존엄성은 인간 상호 간의 평등을 기초로 시작한다. 즉, 칸트의 인간 존엄성은 인간의 배타적인 우월성이 아니라 인간 상호 간의 권리와 의무의 대칭적 평등에 기초를 둔 것이다(강현정, 2007: 18). 평등으로 인간의 존엄성을 추구한 것이다. 더욱이 칸트는 '사교성'에 대해 주의 깊게 논의했다. 그는 기본적으로 '악한 것이 비밀스럽다'라는 사고를 가졌다(Arendt, 1982/2011: 54). 비밀성을 공개하는 것도 공공성을 확보할 수 있는 방법이다. 칸트가 말한 '실천적'도 따지고 보면 도덕적임을 의미한다. 그에게 공공성은 도덕적으로 흠이 없음을 의미한다. 또한 인간이 소통해야 할 필요성을 의미하는 소통 가능성과, 단지 생각할 뿐만 아니라 출판할 수 있는 공적 자유—'펜의 자유'—를 의미하는 공공성을 열거하였다(Arendt, 1982/2011: 55).

칸트는 계몽의 시대를 '이성의 공적 사용의 시대'라고 말했다(Arendt, 1982/2011: 87). 물론 그가 이야기하는 정치적 자유는 '철학적 자유'가 아니라 언론·출판의 자유였다(Arendt, 1982/2011: 87). 그 자유는 다름 아닌 자신의 이성을 공적으로 만드는 것이다. 그는 생각하는 자유가 '자유롭고 공개적인 검토'가 아니면, 어떤 사유나 그 의견 형성도 불가능하다고 가정한 것이다.

물론 자유는 개인의 차원에서 머물 수 있다. 모든 사람이 자기의 주관성, 즉 만족이나 아픔 측면에 만족하면 다른 사람에게 동의를 얻을 필요가 없다. 에피쿠로스의 만족은 육체적 감각을 취하기를 원한다. 그 감각 상태는 외부의 자극에서 온다(Kant, 1790/2004: 137). 감각은 수동적일 수밖에 없다.

반면 칸트는 '공통감각'(*sensus communis*)에 관심을 가졌다(Arendt, 1982/2011: 18). 그에게 즐거움의 일반적 커뮤니케이션 가능성은 감각에서 오는 즐거움이라기보다 성찰의 개념이다. 말하자면 아름다움으로서의 예술, 즉 탐미적 예술은 유기체적 감각이 아니라 성찰 판단의 표준을 가진다(Kant, 1790/2004: 120). 이는 누구에게나 공유할 수 있는 어떤 자연적 룰이다. 그 결과 칸트는 공통감각을 공적 감각(*public sense*)으로 간주했다(Kant, 1790/2004, p, 109). 이것은 일반적 인간 이해가 가능한 영역이다. 칸트는 탐미적 예술을 공동체 감각(*community sense*)으로 간주한 것이다.

그는 복수로서의 인간이 소통의 가능성을 보여준다고 한다. 즉, 소통은 말하는 사람과 듣는 사람으로 이루어진 공동체를 전제한다. 대화는 서로 다른 사람들이 자신이 생각하는 것에 대해 설명함으로써 이루어진다(김선욱, 2002: 93). 공통감각은 자신과 끊임없이 대화하듯 다른 사람과의 소통 가능성(*general communicability*)을 통해서 완성을 이룰 수 있는 것이다. 이는 누구와도 커뮤니케이션이 가능한 상태이다. '인간이 정치적 동물'이라면 공통감각을 갖고자 하는 것은 인간의 소명이라고도 할 수 있다.

소통 가능성, 상호주관성은 칸트에게 중요한 과제였다. 그는 '상호주관성'이란 말 대신 '다원성'(*pluralism*)을 사용한다(Arendt, 1982/2011:

209). 이는 수동적 독자·수용자와는 구별된다. 현대사회의 대중은 '순수지성의 자발적인 사고작용'을 멈춘다. 동시에 자기의식의 순수통각을 망각한다. 전자기술의 발달로 속도감을 요구하는 SNS는 더욱 자발적 사고작용을 멈추게 한다.

아렌트를 해석한 김선욱은 "정치적 공동체를 적극적으로 형성하지 않고 정치적 자율성을 확보하지 못한다면 결국 사회의 변화에 수동적으로 끌려가 그 결과에 수반되는 고통을 당할 수밖에 없다"라고 했다(김선욱, 2002: 27). 개인이 독창적, 성찰적 감각을 갖고 스스로를 공개할 때에만 자신의 존재가치를 획득하게 된다. 칸트는 판단이란 말을 사용했다. 이것은 '타인과 소통하고 타인의 동의를 획득하게 된다'라는 것이다. 그 결과 판단은 개별성이 가진 우연 속에서 긍정적인 '기쁨'[40]의 요소를 발견하게 해주는 정신기능이다(김선욱, 2002: 104). 판단에서 칸트의 공중(*the public*) 개념이 도출된다.

하버마스는 공중이 '공동체'(*das gemeine wesen*)의 관심사항들에 대해 의사소통할 때, '인간'이 논의하는 공중은 '시민'이 논의하는 공중으로 확립된다. 정치적으로 논의하는 이 공론장은 '공화적 헌법' 아래서 자유 법치국가의 조직원리가 된다고 했다. 공론장에서의 판단의 잣대는 자신에게 기쁨을 주고, 타인에게 동의를 얻게 한다. 그때 개인은 '격률'의 이해, 탐미적 판단, 이성을 가진다. 여기서 공통적 인간의 이해의 '격률'은 ① 자신을 위해서 비판적이며 편견 없이 생각하고, ② 다른 사람의 관점에서 생각하고, ③ 항상 일관적으로 생각한다(Kant, 1790/2004: 109).

---

40 탐미적 판단으로서 취향의 현재 규명은 취향의 문화가 아닌 단지 선천적 관점에 머문다(Kant, 1790/2004: 4). 다른 말로 표현하면 아리스토텔레스가 쾌락을 추구하는 삶, 정치적 삶, 관조적 삶이라는 3가지 삶의 형태 중에서 관조적 삶을 최고로 간주한 이유는, 관조(*theoria*)를 통해서만 인간의 가장 고유한 기능인 이성이 작용하여 인간을 행복(또는 번영, *eudaimonia*)으로 인도할 것이기 때문이다(김선욱, 2002: 127).

모든 것을 비판적 검토대상으로 삼을 수 있는 자유는 흔히 의사표현의 자유나 언론·출판의 자유라고 알려져 있지만, 그것은 비판적 사고의 본성을 종합적으로 드러내는 않는다(나종석, 2010: 84~85). 그 대신 언론의 자유는 모든 것을 공개적으로 비판적 검토의 대상으로 삼기 위해 요구되는 계몽을 촉진하는 매체에 불과하다.

신문은 진리를 규명하고 사람들을 계몽할 수 있다. 공영방송은 더욱 공론의 장을 넓혀준다. 또한 신문은 순수통각을 작동하도록 개념을 사용할 수 있다. 다른 한편으로 경험적 통각을 작동시킬 수 있다. 전자는 사건의 개념적 이해이고, 후자는 직접 이해이다. 영상을 사용하는 방송, 선정적인 신문은 직접 이해의 사유체계를 적게 사용하고 감각성의 요소를 많이 방영하거나 게재한다.

신문은 공화주의 시민의 덕을 달성할 수 있도록 시민을 계몽할 수 있다. 그러나 그것 못지않게 칸트는 자신에게 더욱 철저할 것을 요구했다. 즉, 계몽을 실현하는 유일한 방법은 바로 비판적 사고의 성숙에 달렸다. 이성적 존재자인 인간은 비판적 사유를 통하여 전통과 권위에 대한 순종적 태도를 극복하고서야 스스로 사유하는 주체로 성장할 수 있게 된다. 그때 잣대는 개인의 커뮤니티에 대한 의무 같은 것을 가진다. 이를 통해 개별자를 보편자에 귀속시키지 않고 다룰 수 있는 판단작용을 통하여 개체적 생의 즐거움을 주는 요소를 발견하게 된다. 그것은 자신의 행위를 평가하는 방법을 발견하는 것이 된다. 판단이 주관성의 변덕에 휘둘리지 않으면서 동시에 객관적 필연성에 의해 구속받지 않는 나름대로의 타당성을 제시해주기 때문이다.

공중과 더불어 공적이라는 개념은 사적과 모순의 관계에 있는 개념으로 국가의 정치적 문제나 국제적 분쟁과 같은 것이 그 예가 된다. 고대 그리스의 아고라(*agora*)와 같은 열린 공간에서 참정권을 가진 시민들에 의해 문제에 대해 토론하고 논의한다. 칸트는 공통감각을 공적 감각이라는 개념으로 풀이했다(Arendt, 1982/2011: 212). 이것은 개인의 자유를 바탕으로 한 '내향적 진리'(*innate right*)이며, 일반적으로 용인함으로써 얻는 감각이다. 공통감각은 여론이란 말로 바꿀 수 있다. 여론이란 "스스로를 고립시키지 않고 공공연히 표현할 수 있는 여러 가지 쟁점들에 대한 의견"이라고 했다(Neumann, 1984/1990: 97). 여론의 상황에서 개인은 비판을 통해 성찰정신을 가진다. 이는 개인의 감각적 경험이 다른 사람과 공통적임을 확인하게 해준다. 개인은 미각과 같은 감각을 통해 이를 확인한다.

현대 위기의 본질은 이처럼 진정으로 공적인 것, 즉 '정치적'인 것이 공적인 관심사로부터 멀어져 가는데 있다. '사회적', '정치적' 개념을 칸트의 개념과 연관하여 설명하자면 사회적인 것이란 다양성을 부정하고, 하나의 관점이나 절대적인 척도를 인정하는 태도를 의미한다(김선욱, 2002: 53). '사회적'(경제적) 영역이 공적인 영역으로 침투하면서 문제를 발생시킨다. 정치는 공적인 관심사를 대표할 필요가 있는 것이다.

하버마스는 공론장(公論場)의 개념을 도입했다. 공론장은 도덕과 법, 그리고 제도를 일치시켜준다. 그는 "공론장이 학자들의 공화국에서만 실현되는 것이 아니라, 이성의 공적 사용에 몰두하는 모든 사람의 공론장에서도 실현된다"고 했다(Habermas, 1962/2004: 201).

하버마스에게 이성의 공적 사용은 언제나 자유로워야 한다. 그리고 이것만이 인간들 사이의 계몽을 가져올 수 있다고 했다. 또한 아렌트는 "공개성의 원리, 즉 '세계시민의 사회' 앞에서 자신의 판단을 공적으로 검증하기 위해 자유롭게 내놓을 수 있는 권리는, 자유와 진보와 계몽을 위해 없어도 되는 것이 아니라, 전적으로 필수적이다"라고 했다(Arendt, 1982/2011: 213). 계몽을 방해하는 장애물을 없애고 그것을 촉진시켜주는 이성의 공적 사용 목적은 역사철학으로 보면 '세계시민주의'의 실현을 지향한다. 모든 사람에게 명증성을 갖는 사고를 갖게 한다. 여기에서 이성의 공적 사용에 대한 희망에 기초를 두는 계몽과 세계시민주의는 서로 만난다. 계몽이 요구하는 미성숙의 상태로부터의 해방은 개인적으로는 자율적 주체, 공중의 거듭남을 의미한다.

칸트는 "세계시민적 관점에서 본 보편사의 이념"에서 역사의 전체적 파악을 위해 '자연의 계획'라는 개념을 사용한다(나종석, 2010: 82). 칸트는 그의 역사철학에서의 진보를 인간의 도덕성의 실현이라는 관점에서 고찰하였을 뿐 아니라, 인간의 법적 자유와 외적인 제도수립에 관심을 가졌다.

칸트는 역사 진보의 원천을 "세계시민적 관점에서 본 보편사의 이념"에서와는 달리 섭리로서의 자연 계획이 아닌 인간의 자유로운 행위에서 구한다. 그는 "자연의 역사는 신의 작품이므로 신으로부터 시작하나, 자유의 역사는 인간의 작품이므로 악으로부터 시작한다"라고 했다(Kant, 1902: 84, 나종석, 2010: 83~84). 인간에게 자연 상태는 '만인에 대한 만인의 투쟁'이었다. 아무리 좋은 신의 계획도 인간의 자유의지가 작동하지 않으면, 악을 양산한다. 칸트는 인간의 선험성을 굳게 믿었던 것이다.

7. 밀의 사회적 행복

1) 벤담의 공리주의

그렇다면 미 연방 수정헌법 제 1조와 같이 법과 사회제도로서 칸트의 의견을 담아낼 수 있다. 그런데 언론이 '선전적 성격'을 지님으로써 언론기능의 보강이 필요하게 된다. 벌린은 이런 제도의 보완에 관심을 가졌는데, 그는 '소극적 자유'에서 '적극적 자유'로 이전할 것을 이야기했다. 그는 여기서 적극적 자유를 "자신의 주인이 되기를 원하는 각 개인의 소원에 뿌리를 둔다"라고 했다(Berlin, 1964/2006: 360). 즉, 벌린은 '나는 나 자신의 주인이다', '나는 어느 누구에게도 예속되어 있지 않다'에서 출발했다. 더욱이 사회책임론은 "어떤 바람직한 목적을 달성하는 데 필요한 도구의 존재를 요구하는 '(…) 을 위한 자유' (*freedom for*) 라는 적극적인 자유의 개념에 기초를 두고 있다"라고 했다(Siebert et al., 1956/1991: 128)

적극적 자유를 논한 것은 스미스의 《국부론》에서 '보이지 않는 손'이 작동하지 않았기 때문이었다. 언론자유 개념에서 사상이 물신화로 변화한 것이고, 공화주의 이론에 착취 유물론의 이론이 깊게 개입된 것이다. 한편 적극적 자유의 개념과 같은 맥락에서 '신민주주의', 혹은 '열린 민족주의'를 주장한 안재홍(安在鴻, 1891~1965) 은 해방 후 ① 국민이 모두 일하는 국민개로(國民皆勞), ② 대중이 더불어 살아가는 대중공생(大衆共生), ③ 만민이 다스리는 만민공화(萬民共和) 를 기치로 내세웠다(안재홍, 1983b: 117~121).

안재홍은 모든 사람이 직업을 갖게 됨으로써 최소한의 경쟁에 참여할 수 있고, 수정된 자유방임주의로 공정한 사회가 이뤄질 수 있다고 보았다. 그렇다면 그는 '만민공화'로 인한 또 다른 '적극적 자유주의자'인 셈이다. '적극적 자유'는 인간의 행복, 즉 쾌락에 초점을 모은다. 쾌락은 지적 만족이 있으나, 경험으로 오는 쾌락도 중요한 요소로 작동한다. 경험세계에서 오는 감각의 질서를 절제와 신중함으로 안정화시킨다.

칸트는 정서, 애정과 정념을 분리시켜 설명했다. 전자는 느낌과 관련이 있어 충동적이다. 이것은 화냄, 절망, 상처, 자포자기 등 감각적 질서에 순응한다. 감정은 감각에서 큰 영감을 얻을 수 있으나 퍽 수동적 속성을 지닌다. 그러나 정념은 수동적으로 얻는 정서를 숙성시키고, 숙의하고, 성찰한다(Kant, 179/2004: 90). 물론 합리성의 성찰을 지닐 때 개인은 완성을 추구한다. 이성과 지적 세계는 경험세계가 가져다준 행복을 배가시키는 것이다. 여기에는 형식적 격률의 원리가 작동하고, 결국 영혼에 접근할 수 있게 된다. 격률이 객관적 원리로 작동됨으로써 어떤 '지시' (*command*) 로 역할을 하고, 합리적 행위자는 그것을 '권고', '당위'로 수용한다(Kant, 1785/1964: 26).

개인은 바람직하게, 합리적으로 어떤 일을 성취하게 되면 쾌락의 느낌을 가진다. 이런 쾌락은 정념에 가까울수록 더욱 인간에게 값진 것이다. 이 쾌감을 커뮤니티 생활에 적용시킨다면 벤담(Bentham)의 '최대 다수의 최대 행복'이 가능하게 된다. 벤담은 영국의 관습법을 비판했다(Waldron, 2002: 708). 그 대신 그는 실제 인간의 겪는 '쾌락과 고통'에 관심을 가졌는데, 그의 후학이자 언론인이었던 제임스 밀(Mill)과 그의 아들 존 스튜어트 밀에게 공리주의 사고가 전수되었다(Altschull, 1990/ 1993: 279).

벤담은 공리주의의 창시자이다. 그는 《도덕 및 입법의 원리 서설》(*Introduction to the Principles of Morals and Legislation*)에서 정신에 관한 학문을 자연과학과 같은 정밀과학적 원리 위에 수립하려고 했다(송건호, 1978: 18). 그는 전체를 구체적인 개체로 분해해서 관찰하고, 그것에 공통하는 현상을 추론으로 법칙화하는 일을 했다. 그는 추상적 · 도덕적 의무, 인권 같은 기본가치에 대해 별로 개념을 가지지 않았다. 그는 자연이 우리에게 가져다주는 쾌락과 불쾌에 관심을 갖고, '최대 다수의 최대 행복'의 법칙을 찾고자 했다. 그는 입법뿐 아니라 도덕도 쾌락의 개념으로 단순화시켰다(송건호, 1978: 19).

벤담은 전통적 사회의 규범을 도외시했고, 그에게는 자유로운 선택이 중요한 요소일 뿐이었다. 이런 측면에서 그는 현대의 진보적 사고를 가졌는데, 자유의 개념을 '강압이 없는 상태' 바로 그것으로 보았다(Pettit, 1997: 45). 참견하는 임의적 권력이 있을 때 그는 이 상태를 자유롭지 못하다고 보았다. 더욱이 군주가 통제하려고 만든 규칙은 절대로 시민의 자유를 보장할 수 없다고 보았다. 벤담은 군주의 시혜를 오히려 자유를 파괴하는 것으로 간주함으로써 법 자체에 대한 회의를 가졌다. 물론 어떤 법은 일정 부분 자유, 공중의 행복을 보장하고, 어떤 법은 의지를 제약한다고 본 것이다.

벤담은 '모든 사람은 동등하다'라고 했다. 개인은 '자기에게 유용한 것을 따라 행동한다'라는 명제를 세움으로써 벤담은 '공리'(*utility*)[41]의 개념에 근거하여 주장을 편 사람이다. '기쁨-고통의 원칙'[42]에 대해 확고하게 주장한 《도덕과 입법의 원리 서설》 서두에서, 벤담은 "자연이 인간을 2개의 축, 즉 고통과 기쁨의 지배 아래 두었다"라고 했다(Altschull, 1990/1993: 279).

그것(기쁨과 고통)은 우리가 하는 모든 것, 우리가 말하는 모든 것, 우리가 생각하는 모든 것을 지배한다. 오늘날 이런 원리는 정책 입안자, 경제학자, 경영자, 일반 시민들에게 막강한 영향력을 행사한다. 공리주의 철학이 우리의 '도덕적·정치적 삶의 기초'가 됨으로써, 정부는 법과 정책을 만들 때 공동체 전체의 행복을 극대화하는 일은 무엇이든 해야 한다(Sandel, 2009/2010: 54).

공리의 원리는 개인과 공동체의 복종을 인식한다. 여기에 의문을 갖고자 하는 체제는 감각 대신에 소리를, 이성 대신에 변덕을, 빛 대신에 어둠을 다루는 것이다(Bentham, 1787; H. Altschull, 1990/1993: 280). 벤담은 이성과 법률의 행복 구조를 낳는다고 믿었다. 그는 "악을 행할 자유, 이것은 자유가 아닌가? 자유가 아니라면 도대체 무엇이란 말인가? (…) 바보나 잔인한 자는 자유를 악용하기 때문에 자유를 주지 말아야 한다고 우리 스스로 말하지 않았는가?"라고 했다(Bentham, 1843; Berlin, 1964/2006: 386).

---

41 공리(*utility*)는 어떤 대상의 성질이며, 이에 의하여 그 대상이 그의 이익이 고려되는 당사자에게 이익, 편의, 쾌락, 선 또는 행복(이들은 현재의 경우 모두 동일한 것이 된다)을 낳으며, 또는(이도 역시 동일한 것인데) 위해, 고통, 해악 또는 불행이 일어나는 것을 방지하는 경향을 갖는 것을 의미한다(Bentham, 1948/1978: 48). 여기에서 행복이란 당사자가 사회전체인 경우에는 사회의 행복인 것이며, 특정한 개인인 경우에는 그 개개의 행복이다. 여기서 사회적 이익은 사회를 구성하는 개개의 성원의 이익의 총계인 것이다.

42 벤담은 도덕의 최고 원칙은 행복을 극대화하는 것, 쾌락이 고통을 넘어서도록 하여 전반적으로 조화를 이루는 것이라고 주장했다(Sandel, 2009/2010: 55). 그에 따르면, 옳은 행위는 '공리'(功利, 유용성)를 극대화하는 모든 행위이다. 그가 말하는 '공리'란 쾌락이나 행복을 가져오고, 고통을 막는 것 일체를 가리킨다. 그렇다면 우리는 모두 고통과 쾌락이라는 감정에 지배된다. 이 감정은 우리의 '통치권자'다.

말하자면 벤담은 "자유란 불합리하고 어리석고 잘못된 일을 하라는 것이 아니다. 경험적 자아를 올바른 패턴에 맞도록 하는 강제는 전횡이 아니라 해방이다"라고 했다. 그 가정 아래 그는 근본적으로 모든 인간이 기쁨을 향한 욕망에 의해 움직인다고 보았다. 그는 스페인 독자들에게 보낸 편지들인 《언론출판과 공공토론의 자유에 대하여》(*On the Liberty of the Press and Public Discussion*, 1820~1821) 에서 "가장 훌륭한 정부와 법이란 최대 다수의 국민들에게 최대 행복을 만들어 주는 것이라고 주장했다"라고 한다(Bentham, 1820~1821; Keane, 1991/1995: 39). 가장 핵심적인 정치적 과제에 대해서는 "'전제적이지 않은' 정부를 선택하고 그것에 권한을 위임할 수 있는 체제, 즉 국민의 행복을 극대화하는 법률들을 안전하게 지키는 입법자와 법집행자의 장치를 발전시키는 것이다"라고 했다.

벤담에게 좋은 정치체제는 법과 자유시장적 교환활동으로 구성되는 시민사회를 통해 시민들에게 행복을 제공하는 정부를 만들어내는 것, 다른 하나는 시민을 탐욕스런 정부로부터 보호하는 것이었다(Keane, 1991/1995: 39).

공적 선(善)은 입법자의 목표가 되어야 한다(Bentham, 1789/2002: 711). 또한 오늘날 '사회적으로 책임 있는' 미국 언론인들에게 구체적으로 표현되지는 않지만 가장 근본적인 이데올로기는 다름 아니라 '최대 다수의 사람에게 최대의 기쁨'의 강화이고, 최소의 고통을 제공하는 것이 윤리적 · 도덕적 원리라고 말한다(Halivy, 1972; Altschull, 1990/1993: 281).

벤담은 지나치게 이기적인 사람이었다. 물론 언론 · 출판의 자유는 피통치자들의 행복을 극대화시킨다. 정치생활에서 행복이란 제로섬게임의 상품과 같다(Keane, 1991/1995: 41). 벤담에게는 소수의 통치자가 더 많은 몫을 가질수록 다수의 피통치자가 향유할 수 있는 몫은 그만큼 적어진다. 설령 그렇다고 하지만 벤담은 개인의 행복만 추구했지, 타인의 인권에 관해 논의하지 않았다. 그 인권이 잉태한 도덕률이 칸트에게는 중요했고, 언론자유의 기초가 된다. 칸트에게 중요하게 요구되는 언론

자유의 내용이 문제가 되는데, 그에 의하면 전통사회의 여론은 다름 아닌 도덕률이었으나 벤담은 그런 문제에 별 언급이 없었다.

벤담은 '오직 개인의 이익만이 진정한 이익이다'라고 할 만큼 개인성에 무게를 두었다. 벤담은 세계를 전적으로 지적이고 이성적인 측면에서만 보았다. 인간은 고통을 피하는데 관심이 많다고 본 벤담의 해결책은 '도덕적 산수'(*moral arithmetic*) 같은 것이었다. 벤담의 효용성 논리는 고통과 쾌락의 계산과 비교로 판단의 모든 잣대가 작동하도록 했다(Waldron, 1789/2002: 712). 그는 양적 고통과 쾌락에 관심을 가졌다.

2) 밀의 질적 행복

밀은 벤담주의의 그 적나라한 이기주의를 비난하였다. 그는 동물의 만족과 인간의 만족은 다르다고 했다. 인간은 동물의 욕구보다 더욱 정교하고 만족을 포함한 행복을 원한다. 물론 지적 만족과 육체적 만족은 같을 수 없다. 또한 질적 만족과 양적 만족이 같을 수 없다. 느낌과 판단은 그런 종류의 선의 높은 능력으로부터 창출된다(Mill, 1957: 15). 또한 행복이 반드시 효용성이 될 수 없다. 즉 밀은 "기쁨, 행복, 효용성이 모두에게 똑같은 선(善)이 될 수 있다는 생각을 부정했다. 이는 양적 만족이 아니라 질적 만족이 필요한 이유가 된다. 더욱이 밀은 벤담에 대해 "인간 본성에 관해 너무나 편협하기 때문에 전혀 가당치 못하다는 판정을 받는다"라고 했다.

밀은 '사업적 측면'만 강조한 벤담을 비판했다. 그는 벤담에 대해 "역사와 사회와 개인의 심리를 충분히 파악하기에는 상상력이 결핍되어, 사회를 한데 묶어 줄 기능을 수행하는 공통된 이상, 여러 종류의 충성심, 민족성 같은 것들을 이해하지 못하고, 명예, 존엄, 존양(存養, *self-culture*)이라든지 아름다움과 질서와 권력과 능동성에 대한 사랑과 같은 차원을 인식하지 못했다"라고 한다(Berlin, 1964/2006: 434~435). 더욱이 그에 의하면 "선이란 기쁨보다 좀더 복잡한 것이며, 벤담은 많은 점에서 옳았지만 이 점에서는 지나치게 일방적이고 또 너무 완고하고, 법률적이었다"라고 했다(Altschull, 1990/1993: 313). 물론 벤담의 《정치에 관한 단상》(*A Fragment of Government*) 머리말에서는 "옳고 그름을 구분하는 척도는 최대 다수의 최대 행복이다"라고 했다. 그러나 나중에 벤담은 '최대 다수'라는 항목을 삭제했다(Berlin, 1964/2006: 434).

그렇다고 밀의 마음속에서 '최대 행복' 원칙이 전혀 작용하지 않았다는 뜻은 아니다. 그는 자유를 옹호하기 위해 "종종 자유가 없다면 가치의 유일하고 궁극적인 원칙인 쾌락을 최대화하고 고통을 최소화할 종전에 생각 못했던 새로운 길을 밝혀 줄 사고 실험 또는 '삶을 통한' 실험이 행해지지 못할 것이다"라고 했다. 이 원칙이 진리를 발견하게 해주기 때문이다(Berlin, 1964/2006: 434).

벤담과 밀이 공유하는 부분 또한 존재했다. 정부는 최대 다수 시민의 '최대 선'(행복)을 목적으로 해야 한다(Waldron, 2002: 708~709). 벤담은 내버려 두면 사람들 모두에게 닥쳐올지 모르는 더 큰 악으로부터 사람들을 보호하는 것이 개인생활에 대해 정부나 입법기관이 간섭할 수 있는 유일한 정당성이라고 보았다.

벤담의 공리 원리는 정치나 도덕에서 공론장(*commonplace*)의 형태를 고려했다(Waldron, 2002: 711). '코드' 정치는 제한된 사람에게만 만족을 가져오지만, 공론장의 토론은 모든 사람에게 행복을 가져다 줄 수 있다. 이 점에서 제임스 밀과 스튜어트 밀 부자는 공론장을 더욱 활성화시키고, 질적 효용성을 추구하는 것에 관심을 가졌다. 그는 인권(*human rights*)에 대한 생각을 별로 하지 않았지만, 언론인 제임스 밀은 "모든 인간이 그가 가진 개인의 성격에 따라 '권리'[43]를 가지는 것으로 정립되어야 한다"라고

---

43 제임스 밀은 노동자의 권리에 관심을 가졌다. 그는 혼란스런 시대에 성장했다. 새로운 산업의 자극으로 급속히 사회가 변화하고 있었다. 특히 잉글랜드 북부와 제임스 밀이 태어난 스코틀랜드에서 그랬다. 역사상 처음으로 대규모의 도시 노동자

했다(Mill, 1825: 3). 벤담은 인간의 존엄성과 개인의 권리에 별로 관심을 두지 않았던 것이다.

그러나 인권은 개인의 행동에 따라 말을 할 수 있게 한다. 제임스 밀은 뉴스가 정치적 선을 전하는 무기가 될 수 있다는 이론을 개발한 사람이다. 그는 "의견이나 논평이 아닌 뉴스, 즉 실제사건의 보도나 사실의 유포가 바로 정치적 무기다"라고 했다(Altschull, 1990/1993: 297).

언론이든 언론이 아니든 살인자나 도둑에 대항해서 정보를 주는 사람은 공적 서비스를 제공하는 사람이다. 제임스 밀은 "그들에게 벌을 주는 것이 아니라, 보상을 줘야 한다"라고 했다(Mill, 1825: 9). 사건 당사자에게는 고통이 따를 수 있지만, 정확한 사실을 공포함으로써 많은 사람에게 그 사건에 대한 경각심을 불러일으킬 수 있다. 그는 언론이 질적 '최대 다수의 최대 행복'을 추구할 수 있다고 본 것이다. 제임스 밀은 언론인의 취재행위가 그 '선동자' 역할을 할 수 있다고 했다.

제임스 밀은 공공연히 내세운 목표인 명예훼손법의 개정에 관심을 가졌다. 그는 자유의 확대라는 측면에서 벤담과 다른 견해를 가졌다. 벤담은 입법의 목적으로서 안전보장, 평등, 생존, 풍요를 내세웠으며 자유라는 말은 쓰지 않았다(송건호, 1978: 20). 한편 제임스 밀은 언론보도 가운데 정부가 금지시키는 것에 대해 적절한 것은 오직 한 가지뿐이라고 결론지었다. 그것은 구체적인 정부조처에 대하여 무력이나 폭력을 사용할 것을 촉구하는 것으로써, 예컨대 특정 재판이나 경찰의 임무수행을 방해할 목적으로 '군중을 흥분'시킬 수도 있는 전단지를 인쇄하는 것이다(Mill, 1825; Altschull, 1990/1993: 298). 제임스 밀은 그 대신 언론을 통해 '나쁜 정부의 결함을 제거'할 방법을 모색한 것이다.

언론은 명증성을 확보하고 수용자의 교육을 위해 효과적 측정을 해야

들, 즉 '노동계급'인 프롤레타리아가 등장했다(Altschull, 1990/1993: 298). 이들이 비록 아무런 힘도 없었지만, 많은 사람들에게 이 새로운 계급은 두려운 존재였다. 제임스 밀은 그들의 권리에 관심을 가진 것이다.

한다(Mill, 1825: 6). 예외 없이 자유는 진리를 발견케 하고 신의 섭리를 내재시킬 수 있게 한다. 물론 자유가 진리를 왜곡하고 신의 섭리를 절대로 손상하는 일이 없어야 한다. 그렇다고 제임스 밀이 절대적 종교를 신봉한 것은 아니다. 밀은 그의 《자서전》에서 아버지에 대해 "내 아버지가 종교적 신앙을 거부한 근거는 지적인 것이라기보다는 도덕적인 것이었다. 이처럼 죄악으로 가득 찬 세계가 무한한 능력과 완전한 선 및 정의를 한 몸에 지닌 창조자가 만든 것이라고는 도저히 믿을 수 없다고 생각하였다"라고 했다. 또한 제임스 밀은 종교를 허구의 여러 가지 미덕이라고 보았다. 이에 더해 "인류의 복지와는 아무 관계도 없는 교리에 대한 믿음, 신앙의 감정, 여러 가지 의식을 만들어 놓고서, 사람들의 이런 것들을 진정한 미덕으로 받아들이도록 하기 때문이다"라고 폄하했다(Mill, 1873/1984: 49).

제임스 밀은 현실적 사람임에 틀림없었다. 종교 대신 세상의 일로 불행을 줄이고 행복을 극대화하길 원했다. 그래서 그는 "모든 사람은 자기가 생각할 수 있는 것, 자기가 좋아하는 것을 명확한 근거로 말할 자유를 가져야 한다"라고 했다(Mill, 1825: 26). 그렇다면 제임스 밀이 그렇게 집착한 행복은 무엇일까? 그는 '지적인 향락'을 다른 모든 쾌락보다 높이 평가했다(Mill, 1873/1984: 57). 심지어 그것이 뒤에 가져올 이익과는 관계없이 오직 쾌락만으로서의 가치에서도 지적인 향락을 다른 모든 쾌락보다 높이 평가했다. 제임스 밀은 아들에게 지적 추구를 실제 경험하고 즐기게 한 것이다. 여기서 중요한 덕목은 실천이다. 같은 실천적 맥락에서 이 부자는 사회적 행위를 영위하는데 있어 "도덕적 미덕의 일반적 실천이 가장 높은 인간의 행복 측정을 보증하는 것이다"이라고 했다(Mill, 1825: 9). 그렇게 하기 위해 언론인 아버지에 이어 아들 밀은 자유의 절대성을 이야기했다.

밀은 경험주의에서 자유론을 폈다. 그는 심리적 경험론을 이야기하는 것은 아니라고 했다. 그는 《자서전》에서 아리스토텔레스의 《수사학》

을 읽었다고 했다. 이 책에 대해서 “내가 읽은 책 중에서 도덕이나 심리학의 문제를 극히 과학적으로 다룬 첫 번째 책이었고, 또 인간의 본성과 생활에 관한 고대인들의 가장 훌륭한 관찰을 한 책이다”라고 했다(Mill, 1873/1984: 21).

그는 심리적 문제를 행동과 연계시키고 과학적으로 풀어갔다. 그렇다면 각 개인의 경험이 행동으로 나타날 때 행복의 ‘단일통화’만으로 만족할 수 없게 된다. 밀은 과학적 엄밀성을 강조하고 다양성의 철학을 인정했다. 그는 관찰된 증거에 근거하지 않고는 어떤 진리도 합리적으로 확립될 수 없다고 믿었던 경험주의자였다(Berlin, 1964/2006: 447). 말하자면 밀은 새로운 관찰이 종전의 증거를 바탕으로 내려진 결론을 원칙적으로 언제든 뒤집을 수 있다고 보았다. 그는 이 규칙이 물리학의 법칙뿐만 아니라 논리학이나 수학의 법칙에도 적용된다고 믿었다.

밀은 자유롭지만 합리적이며 자아지향적인 인간형을 추구했다. 그는 차이와 불일치 그 자체에서 관용과 다양성과 인간성에 초점을 두었다(Berlin, 1964/2006: 466). 그러나 그의 이상은 현실권력 앞에서 갈등을 일으켰다. 말하자면 개인의 경험적 자유가 정치권력과 사회제도와 부딪치게 되었다. 물론 그는 당시 종교문제에서는 말할 것도 없고, 정치문제에서도 이론적으로나마 전혀 인정되지 않았다(Mill, 1873/1984: 95).

전통적으로 자유와 정치권력 사이에 갈등은 특히 그리스, 로마, 영국에서 특히 현저한 양상이었다(Mill, 1859/1956: 3). 정치적 지배자에게는 자신의 통치영역에 도전을 허용하지 않으려는 의도이자 자기 보존을 위한 것이었다.

밀은 수공업 인구 층, 미국의 여자와 유색인들이 어떻게 보통 선거권을 보장받는가를 관찰했다(Habermas, 1962/2004: 232). 그는 여성해방운동에 관해 논의하면서 “모든 면의 전제는 평등을 위한 것이어야 한다. 왜 어떤 사람에게는 허용되고, 다른 사람에게는 금지되는가에 대한 이유가 제시되어야 한다”라고 했다. 그의 이론과 현실은 달랐다. 절대자는 개인의 자유를 제한하고 폭력을 정당화시켰다. 그 당시 영국 사회는 '공인된 표준'을 준봉하고 '어떤 것도 강하게 원하지 말라'고 강요하는 것이 시대의 관행처럼 되었기 때문이었다(Berlin, 1964/2006: 458). 영국 사회는 당시 임의적 정치권력이 언제든 인민의 권리를 제약하였다. 밀은 여기에 반기를 들고, 사회적 강압보다 법, 단체의 힘에 의한 지배를 더욱 강화하길 바랐다. 첫째로 임의적 권력에 반기를 들 뿐 아니라, 헌법으로 절대권력을 견제하도록 했다. 즉, 지배자가 법에 의해서 통치하도록 강압한 것이다. 절대자에게 반기를 드는 것은 개인의 희생이 크나, 둘째 것은 단체의 이름으로 할 수 있었다. 선출된 일시적 지도자가 존재할 수 있었고, 그들은 대중의 의견을 집약시킬 수 있었다. 더욱이 헌법에 규정한 정당의 활동에 의해 대중의 의사가 반영되고, 통치자의 권력을 제한할 수 있었다.

물론 어떤 경우든 권력에 취하면 자유를 망각해 버리기 일쑤이다. 밀은 "남에게 해를 끼치지 않는 한, 권력자든 누구든 행위를 자유롭게 할 수 있다"라고 했다(Sandel, 2009/2010: 74). 그러나 정부는 개인의 자유를 간섭하면서 개인을 보호하려 들거나 다수가 믿는 최선의 삶을 개인에게 강요하려 한다. 권력자는 타인에게 영향을 미치는 일에 신중할 책임이 있다.

밀은 벤담과 달리 인간의 존엄성이나 인권에 관심을 가졌다. 전체적으로 볼 때 직접이든 간접이든 서로 권력을 견제하고, 입법활동을 통해 양자를 함께 가져가고, 정부의 힘이 인민의 불리함을 발생시키는 일에 결코 남용되지 못하도록 했다. 밀[44]은 "좀더 정교한 사회적 행복에 관심을 가졌다. 각기 잘 길러진 인간에게 공공의 선에 관해서 진정한 개인의

44 밀은 아버지의 지도로 3세부터 그리스어, 8세에 라틴어를 배워 그리스와 로마의 고전, 역사학, 문학, 철학, 논리학 등을 대부분 독파하였으며, 14세에 1년간 프랑스에 체재 중 접한 이성주의 사상을 통해서 영국의 문제를 세계적 관점에서 보는 기회를 가졌다(장오현, 1992: 31).

사랑과 진실한 이해는 불평등 정도를 통해서 가능하다"라고 했다(Mill, 1957: 19). 그는 장기적 전략으로 모든 사람에게 '높은 쾌락'을 가져다 줄 수 있는 일에 관심을 가진 것이다. 또한 그는 '인간의 내면적인 '의사의 자유'에 관한 《자유론》이 아니라, '시민적 또는 사회적 자유'를 말했다. 즉, 사회가 개인에 대하여 정당하게 약속할 수 있는 권력의 한계에 관한 논의를 전개시켰다는 논리이다(조순, 1992: 12). 권력, 행복보다 개인에겐 '시민의 덕'이 더욱 값진 것이다. 그렇다면 밀에게 '희생을 할 각오'는 인간에게 발견할 수 있는 가장 높은 덕성이다(Mill, 1957: 21).

실천적 방법에 대해 제임스 밀은 '선동자'로서의 언론 기능에 퍽 기대를 걸었다. 그러나 밀은 언론이란 말에 좀더 신경질적이었다. 출판된 저술에서나 행동을 통해서나 밀은 무언가 다른 것을 위해서, 개인적 자유 특히 발언의 자유 이외의 것을 추구한 경우는 거의 없다라고 했다(Berlin, 1964/2006: 432). 더욱이 영어의 'freedom of speech'에 해당하는 한국어로는 '언론의 자유'[45]가 이미 확실하게 정착된 번역어지만 밀은 그와 같은 고유명사화의 경향을 가장 혐오했다(Berlin, 1964/2006: 432).

대한민국 헌법 제 21조 ①항은 "모든 국민은 언론·출판의 자유와 집회·결사의 자유를 가진다." 그리고 ②항은 "언론·출판에 대한 허가나 검열과 집회·결사에 대한 허가는 인정되지 아니한다"라고 했다. 우리 헌법은 '언론'에 방점이 간다.

이런 측면에서 밀은 좀더 적극적으로 커뮤니케이션 형태를 설명했다. 그는 "우리가 주로 생각한 것은 세상 사람들로 하여금 그들의 의견을 바꾸게 하는 일었다. 즉, 그들로 하여금 확실한 증거가 있는 것만을 믿도록 하고, 또 그들의 진정한 이익이 무엇인가를 깨닫게 하는 일이었다.

45 언론의 자유는 부패나 폭정의 정부에 대항한 안전보장의 하나로서 신문의 자유(*liberty of the press*)를 이야기했다(Mill, 1859/1956: 19). 그가 사용한 언론의 자유는 '소극적 자유'의 개념을 지녔다. '표현의 자유'(*freedom of speech*)는 좀더 '적극적 자유'의 개념을 지닌다.

그리고 그들이 일단 그들의 이익을 깨닫게 되면, 서로가 그것을 존중하도록 여론의 힘으로 서로 강요하리라고 우리는 생각했던 것이다"라고 했다(Mill, 1873/1984: 117).

밀은 직접 커뮤니케이션을 더욱 선호했다. 그에게 정치적으로 기능하는 공론장은 이제 권력해체라는 이념에 있는 것이 아니었다. 여론이 단순한 권력 제한의 수준에 머물게 됨으로써, 여론권력이 다른 모든 권력 일체를 집어삼키지 않도록 주의해야 한다는 것이었다. 또한 그는 이성적으로 따지는 공중은 이제 어떤 합리적 의견에 도달할 수 없다고 보았다. 벌써 칸트의 '이성의 절대성'에서 벗어나 경험세계를 중요한 변수로 인정한 것이다. 특수한 경험의 이익은 일반적인 것으로 결코 측정될 수 없다고 생각한 것이다. 밀은 이성의 공통분모로 환원될 수는 없기 때문에 오히려 관용을 요구했다(Habermas, 1962/2004: 236~237).

밀은 벤담과 아버지(제임스 밀)로부터 받은 편협성과 이성적 사고의 오류를 지각하게 되었다(권오현, 1992: 32). 그는 어릴 때부터 받은 혹독한 교육과정으로 인한 몰(沒) 감정적이며 획일적 합리주의로 매몰된 내면적 자아의 질식 등과 같은 한계성을 극복할 필요가 있었다. 그는 영국의 낭만파 시인 워즈워드(Wordsworth), 콜리지(Coleridge), 그리고 프랑스 공상주의 사상가 생시몽(St. Simon) 등에게서 많은 영감을 얻었다. 그리고 그는 새로운 자유의 세계에 도전을 시작했다.

밀은 틀에 박힌 언론의 자유의 범위를 더욱 넓혀갔다. 그에게는 'Freedom of speech'를 '표현의 자유'로 해석하는 것이 더욱 설득력이 있다. 더욱이 '언론의 자유'는 주로 제도, 전문직의 자유를 이야기함으로써 그 범위가 좁아진다. 그는 전문직의 관행에 퍽 비관적이었다. 그는 "진보가 항상 관습의 지배에 반대하는 것이며, 적어도 관습의 쇠사슬로부터의 해방을 함축한다"라고 했다(Mill, 1859: 142~143; 조순, 1992: 13). 그 대안으로 '표현의 자유'는 그만큼 고전에 대한 탄탄한 지식과 사물을 여러 각도에서 볼 수 있는 상상력이 필요한 것이었다.

밀은 진보적 입장에서 갖가지 내용의 자유를 이야기했다. 그에게 자유는 양심의 지배, 모든 주체에 관한 의견과 감정의 절대적 자유, 사고와 느낌의 자유, 실천적 혹은 사색적 자유, 표출의 자유 등이었다.

그러나 의견을 표출하거나 출판하는 자유는 다른 원리에 두었다(Mill, 1859/1956: 16). 이것은 개인의 행위에 속한 것이지만 다른 사람과 관련된다. 말하사면 자신의 성격에 맞게 우리의 생활을 계획하는 것은 다른 동료들을 방해하지 않아야 한다. 다른 사람도 자신과 똑같은 원리의 자유를 가지기 때문이다. 인간은 개인적·집단적으로 다른 구성원의 행위자유를 간섭하는 것을 확실히 해야 한다. 이것은 다름 아닌 전적인 목적이 자기 방어(*self protection*)에 속하며, 그도 또한 주권(*sovereign*)을 가지기 때문이다.

각기 다른 권리의 주장은 서로의 갈등을 피할 수가 없다. 스미스는 동감, 동포감정(*fellow feeling*) 등으로 타인과의 관계를 풀이하였다. 그러나 밀은 더욱 적극적으로 "서로 다른 이론의 진실한 부분을 조화시키겠다"는 의도를 천명했다(Mill, 1973: 5; Altschull, 1990/1993: 308). 그는 서로 간의 상호관계로 화학적 반응을 일으킬 수 있는 방법을 모색했다. 그는 서로의 관계를 통해 '최대 다수의 최대 행복'이 질적으로 이뤄질 수 있다고 생각함으로써, 커뮤니케이션 동물의 진수를 보여주었다. 그는 스미스가 말한 막연한 동감의 원리로 끝나지 않고 서로 간의 의견이 함께 화학적 작용을 일으키도록 했다. 수백 년 동안 서구의 사상을 지배했던 논리학 이론을 뒤집어엎기 위해 이 작업을 시작했을 때 그의 나이는 불과 22세에 불과했다. 그 후 13년 동안 그는 《자유론》 집필에 매달렸다.

밀은 천재성을 갖고 있었다. 3살의 이 꼬마는 희랍어를 배우고, 문학, 언어, 수학, 논리학, 정치학, 경제학, 지리, 역사, 심리학, 그리고 수사학과 씨름을 하였다(Altschull, 1990/1993: 302). 또한 홉스와 로크와 흄과 벤담의 저작을 광범위하게 읽었다. 그러나 그에게는 깊은 우울증에 헤어나는 데는 시간이 오래 동안 걸렸다. 나이 스물이 되었을 때 그를 완전한 파멸의 길로 위협했던 치명적인 좌절감에서 벗어나게 한 것은 바로 낭만주의 문학과 프랑스 여행이었다.

사람들 사이에 화학적 변화는 그의 3가지 측면과 관련된다. 그는 모든 인간행동에는 3가지 측면이 있다고 봤다(Mill, 1838: 172). '옳으냐 나쁘냐'라는 도덕적 측면과 '아름다움'과 관련된 미학적 측면, 그리고 '사랑스러움'과 관련된 동정적 측면이다. 첫 번째는 우리의 이성과 양심에 관한 것이고, 두 번째는 우리의 상상력에 관한 것이며, 세 번째는 우리 동포애에 관한 것이다(Altschull, 1990/1993: 313).

더욱이 밀은 전 생애 동안 사회적 윤리에 관심을 가졌다(Mill, 1859/1956, xiv). 그는 공리주의(*utilitarianism*)와 공리주의 윤리(*the utilitarian ethics*)에 관심을 가진 것이다. 효용성을 지닌 윤리가 그에게 관심거리를 제공했다. 그는 봉사하는 윤리, 이타적 윤리에 관심을 가진 것이다. "20세 이후 사회구성원 중 최대 다수인 노동자 계급의 최대 행복을 실현하기 위해 헌신하는 것이 곧 진정한 자신의 행복임을 확인하게 되는 것이다"라고 했다(장오현, 1992: 28).

이런 체제에서 당연히 국가의 기능 또한 부각된다. 밀은 "정부가 맡아야 할 가장 중요한 기능은 시민의 인명과 재산을 외적·내적 위협으로부터 보호하는 것이다"라고 했다(이지순, 1992: 69). 국가의 도움으로 개인은 자신의 능력과 자질을 마음껏 발휘할 것이고, 자유가 행복으로 이어질 수 있다. 또한 그는 개인의 자유를 최대화하기 위해 사법제도를 확고하게 정립할 필요가 있다고 보았다(이지순, 1992: 73). 법률체계, 법 집행체계, 법 집행방식 등에 관한 사법체계가 불완전하면 내부로부터의 위협에 의해 개인의 자유가 침해되는 것을 막을 수 없다고 본 것이다.

설령 그럴지라도 그는 개인의 권리 확장에 더욱 관심을 가졌다. 그는 참정권을 넓히고 보통교육을 실시하도록 했다. 또한 노동자와 자본가 간의 소득불균형을 개선함으로써 최대 다수를 사회진보의 동반자로 수용했다. 즉, 그는 노동계급의 품성이 영구불변하는 것이 아니라 그들도 이성을 통해 자기 운명을 스스로 선택할 능력이 잠재되었다고 보았다(권오현, 1992: 61).

노동자 계급을 위해 밀은 자신의 기여를 언급했다. 영국의 사회적 상황에서 개인의 행복추구가 인생의 목표이지만 그것을 직접적 대상으로서가 아니라 간접적으로 추구하는 것, 말하자면 그는 노동자의 행복 증진에 기여함으로써 진정한 의미의 행복이 실현될 수 있다고 본 것이다. 수단으로서가 아닌, 이상적 목적 자체로서 밀은 다른 사람의 행복, 인류의 성장에 관심을 가졌다. 또한 그는 정교하게 양적·질적 즐거움의 차이를 논했다. 개인적 행동에서의 행복뿐 아니라 사회적 행동과 연계시켰다. 그리고 그 행복을 또 다른 차원에서 '표현의 자유'와 연계시켰다. 그는 '발언의 자유'에 대해 좀더 정교하게 말한 것이다. 그는 실제 '표현의 자유'를 옹호하고 나섰고, 하이드 파크(Hyde Park), 런던, 웨스트민스터 지역에 있는 공원, 그 북동쪽 구석 '연사들의 무대'(*Speakers' Corner*)에서 벌어지는 시민들의 모임과 자유로운 연설을 금지하려는 정부에 맞서서 자유를 확장하는 데 공헌하기도 했다(Berlin, 1964/2006: 433). 소수자들의 의견에 (반드시 덕스럽거나 합리적이지는 않지만) 사회가 귀를 기울이게 만들 유일한 방법으로 여겼다.

밀은 '표현의 자유'를 지지하는 행동을 했을 뿐 아니라, 이론정립에 적극적이었다. 그는 "벤담에 관해 쓴 글에서 공리 또는 행복은 너무나 막연하고 복잡한 목적이라서 여러 가지 2차적인 목적들을 매개통로로 삼지 않으면 추구할 수 없다"라고 했다(Mill, 1963: 99~100). 또한 그는 "궁극적 인간의 행복은 의견을 달리하는 사람들이라도 2차적인 목적에 관해서는 일치할 수도 있다고 생각한다"고 했다(Berlin, 1964/2006: 435).

그때 '표현의 자유'가 사회적 행복을 가져올 수 있었다. 밀은 《자유론》의 목표인 완전하고 충분한 개인의 개성으로부터 얻게 되는 사회적 가치를 높이고자 했다. 이 목표의 견지에서 그는 정신적·도덕적 성격을 발전시킬 것을 원했다. 말하자면 그의 목표는 사회구성원의 행위를 만족할 정도로 인도하는 도덕적 원리의 수용을 증진시켰다(Mill, 1859/1956, xxi). 개인을 자유롭게 행동하도록 한다. 다른 사람을 적대적으로 형성시키지 않는다면 그에게 자유를 허용한다. 그는 자기 존중(*self-regarding*)에 철저하면서, 동시에 타인 존중(*other regarding*)을 요구했다(Mill, 1859/1956, xxii).

그는 인간의 사회적 감정, 다른 사람과 하나가 되고자 하는 욕망에 대해 말한 것이다. 그는 자서전에서 "《자유론》은 내가 쓴 다른 어느 저서보다도 그 생명이 더 길 것 같다. 왜냐하면, 그녀의 정신과 내 정신이 결합하여, 그 책을 단 하나의 진리에 관한 일종의 철학적 교과서로 만들었기 때문이다"라고 했다(Mill, 1873/1984: 252). 즉, 그는 사회적 감정의 탁월성을 주장한 것이다.

더욱이 밀은 "이러한 사회적 감정은 사람으로 하여금 그의 감정을 더욱 다른 사람의 선과 동일시하고, 거의 본능적으로 그 자신을 당연히 다른 사람을 존경하는 존재로 의식하게 한다"라고 했다(Mill, 1838; H. Altschull, 1990/1993: 314). 또한 그는 계몽의 방법을 제시했다. 그는 "감정에 직접 호소함으로써 인간의 개조가 이루어지리라고는 기대하지 않았고, 오히려 이기적 감정을 계몽하는 교육받은 지성의 힘에 의하여 인간의 개조가 이루어질 것이다"라고 생각했다(Mill, 1873/1984: 117).

표현의 자유를 통해 개인은 서로 계몽의 길을 갈 수도 있었다. 밀은 4가지 표현의 자유명제를 서술했다. 그는 "① 모든 사람이 한 가지 의견을 가지고 오직 한 사람만이 반대되는 의견을 가질 때, 그 한 사람이 힘이 있다고 해서 나머지 모든 사람을 침묵시키는 것이 정당화될 수 없는 것처럼 모든 사람이 그 한 사람을 침묵시키는 것도 정당화될 수 없다(Altschull, 1990/1993: 275), ② 어떤 잘못된 의견에도 참된 진리를 밝히기 위하여 필요한 약간의 진리가 포함되었을지도 모른다는 것, ③ 비록 일반적으로 승인된 의견이 참된 진리라 하더라도 그것을 지키려는 노력이 없다면 공중은 진리를 이성적 입장에서가 아니라 하나의 편견으로 보게 된다는 것,

④ 일반적으로 승인된 의견도 때때로 논쟁을 하지 않으면 활력이 없어지고 인간의 행위나 인격에 대한 영향력을 상실해 버린다" 등을 이야기했다(Siebert et al., 1956/1991: 69).

물론 밀의 '표현의 자유'가 어떤 근거를 갖지 않은 것은 아니었다. 그는 사회윤리를 이야기하면서 사고(*thought*)와 의견에서 사회 윤리의 원리를 적용하려고 했다. 같은 논리로 개인성(*individuality*)은 개인의 복지(*well being*)에 중요하게 작동한다(Mill, 1859/1956, xvii). 그렇다고 개인에게 모든 자유가 부여되는 것은 아니다. 그는 의견과 행위(*action*)를 분리시켜 논의했다. 행위의 자유가 바람직하긴 하지만 개인의 행위는 사회의 다른 구성원에 영향을 준다. 같은 원리로 사회 내에서 의견이 자유가 절대적 권리는 아니지만 자유의 범위는 확장될 필요가 있다. 그러나 행위는 의견보다 더욱 제한될 수밖에 없다. 다른 사람에 대한 영향을 준다는 측면에서 행위는 의견보다 더욱 제약을 받게 되는 것이다.

그 문제의 풀이는 개인의 권리와 의무에 둔다(Mill, 1859/1956, xvii). 개인은 권리뿐 아니라 의무를 가진다. 그는 자신뿐 아니라 타인에 대한 의무를 지닌다. 그는 사회의 짐을 공정한 분배를 통해 질 의무를 갖고 있고, 그의 행위에 의해 다른 사람이 상처를 받지 말아야 할 의무를 지닌다. 다른 사람의 이해에 영향을 주는 개인의 행위를 넘어설 때 사회는 이를 법으로 규제한다. 다른 사람에게 결정적 손해와 손해의 위험이 있을 때, 이 경우 자유의 영역으로부터 떼어내고, 법의 영역에 둔다. 그 이유는 사회가 사회적 악으로부터 구성원을 보호할 권리를 가지기 때문이다. 더욱이 그는 대중지배의 약점과 위험에 관심을 가졌다. 그는 심정적으로 중산층 자유주의자와 의견을 공유한 것이다. 그는 그 정부가 선출된 제한된 정부이고, 책임 있는 정부임을 상기시켰다.

사회의 악은 여러 가지가 존재할 수 있다. 다수의 폭정은 사회가 경계해야 하는데 필요한 것에 대항한 악 가운데 포함된다(Mill, 1859/1956: 7), 더욱이 다수를 가장한 폭정은 공적 권위를 통해 진행되는데 이는 어떤 정치적 억압보다 더욱 괄목할 만하다. 의견과 느낌의 증가는 오히려 다수의 폭정을 심화시킬 전망이다. 밀은 다수의 폭정으로 대중을 보존할 필요를 느낀 것이다. 다수의 폭정은 개인의 독립, 집합적 의견의 합법적 간섭을 제약시킨다. 그는 개인의 독립과 사회적 통제 사이를 조정하는 적절한 방법을 모색한 것이다. 그는 개인 자유의 사회적 유용성과 의견에 대한 간섭의 사회적 손실에 관심을 가졌다.

밀은 사적 문제에 대해 집단적으로 간섭하는 것에 적잖은 불만을 표시했다. 설령 국가의 개입이나 간섭은 자기 방어에 필요한 부분이 있으나, 그는 다른 사람에게 상처를 주는 것을 거부했다. 그가 바라는 것은 공리주의 원리에 충실하고, 그것을 증명하려는 것이다. 더욱이 그가 크게 관심을 가진 것은 사회적 효용성이었다. 그에게 일관되게 적용되는 정치이론은 항상 하나가 논리(*logical*)라면, 다른 하나는 '공리적'(*useful*)이었다. 그는 정교한 이론을 펴면서 사고를 하나씩 분리하였다. 즉, 정확하게 일관성을 가진 것은 아니지만 그의 결정적 차별성은 ① 사고와 행위의 차별, ② 사회적 관습과 정부의 통제, ③ 자기 존경(*self regarding*)과 타인존경 행위(*other regarding conduct*) 등에서 정밀성이 떨어질 때 문제를 일으킨다(Mill, 1859/1956, xix).

그렇다면 그가 가정한 공중으로서 개인은 어떤 것일까? 개인의 절대성은 전술했듯 칸트에서 그 편린을 찾을 수 있다. 개인은 '최선의 내적 세상의 가치'(*the summum bonum*)를 지닌다. 여기서 'The summum'은 최고선(*the supreme*)인데 이것은 상황에 관계가 없고, 어떤 것에 종속되지 않는 완전성(*the perfect*)을 형성시킨다(Kant, 1781/1966: 118).

최고선은 덕이고, 도덕적 선택이고, 행복해질 가치이고, 바람직한 어떤 것이다. 이것은 합리적으로 제한된 인간의 욕구의 객체, 객관성으로서 다뤄지지 않는다. 물론 칸트가 이성에서 찾는 것은 공통적 원리를 찾기 위함이다(Kant, 1781/1966: xxviii). 이것의 절대적 완성은 가능하지 않지만, 이 지식 종류의 완전한 통합을 위해 경험의 영향력 안에 있는 직관 자체는 선험성으로 간주된다. 직감의 영역은 분석적 판단이 불가능한 것이다. 분석적 판단에서 주어와 술어의 연계는 동일성을 통해서 연계되지만, 종합적 판단에서는 주어와 술어가 동일시되지 않는다. 이때 예증을 많이 사용하고 주어에 술어를 보강시킨다. 여기서 술어는 내가 생각하는 것과 완전히 다른 어떤 것이기 때문이다. 그렇다면 경험적 판난은 분식직이라기보다 종합적이라고 하겠다.

덕과 행복은 사람에게 '최선의 내적 세상의 가치'의 소유를 형성하도록 한다. 물론 이것은 분석적 법칙으로 정체성의 법칙을 갖고, 인과관계의 법칙을 발견하게 한다. 그러나 종합적 법칙은 실제적 관련을 시도한다. 덕과 행복은 공존한다(Kant, 1781/1966: 119). 전자에서는 후자보다 격률의 원리가 작동하지 않는다.

에피쿠로스학파(the Epicurean)는 개인의 격률이 행복을 추구하는 것, 즉 덕이라는 의식을 가졌다. 그들은 격률을 가정하고, 감각적(*sensible*) 인식에 관심을 갖고, 즐거움을 동기로 얻는다. 한편 에피쿠로스학파의 경험적 인상에 관심을 갖는 것과는 달리, 스토아학파(The Stoic)는 사람의 덕을 마음속에서 의식하는 것을 행복한 것으로 간주했다. 즉, 이런 행복은 이성에 관한 것이다. 스토아학파는 금욕으로 자신을 자연의 질서에 맡긴다. 이들은 이성적인 세계질서에 합치하기 위해 인간의 부동심이 필요하다고 한다.

이성에 직접 인도된 의지의 결정은 즐거운 느낌의 원천이 된다(Kant, 1781/1966: 125). 그들에게 도덕감은 그런 행복감을 가져다주는 것이다. 행위가 모든 도덕적 계몽의 진정한 목적이어야만 의무로 된다. 즐거움의 느낌은 자신의 행복을 증진시키는 것이다. 이성은 행동원리의 능력으로서 인간 마음의 모든 관심을 결정한다(Kant, 1781/1966: 128). 그들은 상황에 관련되지 않는 선험성의 실천적 법칙에 관심을 가진 것이다. 당연히 스토아학파의 행복은 세상에서 합리적(*a rational being*) 상황에 의존하게 된다. 인간 행동은 이성에 따른 의지에 모든 것이 결정된다. 개인의 의지는 물리적 자연과 조화를 이루고 인간의 모든 전체 목표는 자연과 떨어져 존재할 수 없다. 그렇다면 행복은 의지의 원리를 결정하는 기초가 된다.

자유의 법칙으로 도덕률은 원리를 결정하는 명령이다. 물론 자연과 독립해서 개인은 욕구의 능력과 조화를 가진다. 그렇더라도 밀은 에피쿠로스학파·스토아학파와 공존을 취한다. 그는 벤담의 경험주의뿐 아니라 스토아학파의 금욕주의까지 흡수한다. 더욱이 그는 밀턴의 '사상의 공개시장' 원리를 화학적 반응으로 승화시키길 원했다. 그는 '서로 다른 이론의 진실한 부분을 조화시키겠다'라는 의도를 천명하였다.

밀이 꿈꾸는 세상은 개인의 자유, 다양성, 그리고 정의가 싹트는 곳이다(Berlin, 1964/2006: 436). 그곳에서 개인은 성취의 만족이나 높은 수준의 대우를 받는다. 그렇다면 그의 이론은 다양성을 충분한 정도로 허용하지 않는 사회에서는 시도될 수도 실현될 수도 알려질 수도 없는 자유주의가 활성화된 곳이다. 그곳은 교육수준이 높아진 사회, 그리고 서로 간의 커뮤니케이션이 극대화된 사회이다. 그는 이런 측면에서 분석적 방법에 회의를 가졌다. 그는 분석의 습관은 원인과 결과, 수단과 목적 사이의 관념연합을 더욱 강화시킬 수는 있지만, 반면에 쉽게 말해서 단순한 감정의 관념연합은 분석적 방법을 약화시키는 경향이 있다(Mill, 1873/1984: 143). 그 결과 분석의 습관은 신중한 사색과 총명한 지혜를 증가시키는 데는 좋지만, 열정과 미덕에 대해서는 그 근본을 끊임없이 파괴시킨다. 이런 방법은 욕망과 모든 쾌락을 근본적으로 손상시키는 것이 된다.

이런 원리라면 의견이 진리일 것이라고 가정하는 것, 경쟁하기 위한 기회를 가진 것, 그리고 서로 겨루지 않는 것, 그리고 논쟁을 허용하지 않는 것 등에는 진리를 추구하는 데 엄청난 차이가 난다. 인간은 합리적 정의를 확실히 할 것이 필요한 것이다. 밀은 인간정신의 질에 관해 관심을 가짐으로써 지적·도덕적으로 오류가 없도록 강압했다. 토론과 경험에 의해서 그의 오류를 교정할 수 있다. 개인의 경험 자체만이 아니라 토론은 경험이 해석될 수 있다고 본 것이다(Mill, 1859/1956, 25).

밀의 사고방식은 토론에 관한 제약과 유용성을 합당화시켰다. 그는 스털링(Sterling)이 제안한 "자기가 택한 사상을 열렬히 옹호하고 그에 반대되는 학설이나 사람들과는 당당히 싸우면서도 그 입장을 애써 공평하게 다루는 관대하고 열성 있는 성품을 가지며, 또 '자유'와 '의무'라는 2가지 중요한 점에 대해서는 한결 헌신한다"라는 명제에 찬성했다(Mill, 1873/1984: 159). 또한 그는 "역학에서 '힘의 합성'을 내가 연구하던 논리적 과정의 가장 완전한 예로 생각했다. 우리의 정신은 한 힘의 단독적 결과에 다른 힘의 단독적 결과를 보태어, 이 단독적 결과들의 합계를 그 공동의 결과로 한다는 것이다"라고 했다(164).

그렇다면 자유로운 토론 없이 임의적이고 악의적으로 국가를 운영한다면, 수용한 진리가 부분적으로 되고 문제가 발생한다. 밀은 지배와 간섭을 거부하는 공화주의 이론을 편 것이다. 그는 확실한 개념(*vivid conception*), 살아있는 믿음(*a living belief*)을 갖는 것을 강조했다. 토론을 통해 윤리적 원리, 종교적 신조 등이 강하게 부각되면 될수록 해가 될 이유가 없다고 본 것이다. 그에 의하면 그리스도 교인은 격률을 추구한다. 그들은 토론을 통해 기독교 교리와 일상생활의 타협을 시도한다. 은총을 가난하고, 궁핍한 삶에 두지만 그에 의하면 부자도 하느님의 나라에 입성할 수 있다고 보았다. 그는 과거 개인의 논리를 사회적 논리로 풀어갔다. 그는 수백 년 동안 서구의 사상을 지배했던 '논리학'의 기존이론을 뒤집어엎기 위해 이런 작업을 시도했다(Mill, 1959: 5).

물론 다른 사람은 그의 정신적 발전을 위해 다른 상황을 요구했을 것이다. 그러나 개인성은 다른 사람을 향하는데, 이때 일반적 룰이 대부분 관찰되어야 한다. 이 룰은 개인이 다른 사람에 대해 기대하는 것을 알아야 하기 때문이다. 밀은 자신의 논리를 펼 전제를 이야기했다. 즉, 그리스도 체계의 룰에서 예외 없이 인간 정신의 불완전한 상태에 있기 때문에 진리의 관심은 의견의 다양성을 요구한다(Mill, 1859/1956: 62). 물론 개인은 인지, 판단, 차별적 느낌, 정신적 행동, 도덕적 준거, 선택 등을 작동시킨다. 각 사람은 자신의 관심에서 개인적 자발성을 자유롭게 실천해 나간다(93). 그렇더라도 개인은 개인적 존엄(*self respect*)의 결핍과 오류의 어떤 정도를 증명해야 한다.

같은 맥락에서 지적 발전, 지적 성장, 대중여론은 언제나 진리일 수 없다. 정책분야는 더욱 그렇다. 과장되고, 왜곡되고, 잘못 배열될 수가 있다. 밀턴의 이시스 신화가 그 현실을 설명한다. 이런 상황에서 개인은 의견을 달리하는 사람의 생각도 경청할 필요가 있게 된다. 아무리 틀린 의견도 그 안에 진리가 일부분 내포되기 때문이다. 밀은 불완전한 인간이 서로 다른 의견을 갖는 장점을 지녔다. 그들은 다른 삶의 경험을 가지고 자유의 가치로 다양한 성격을 형성시킨다(Mill, 1859/1956: 68). 습관화된 환경과 성격이 다원주의 사회를 가능하게 한다. 이런 사회적 상황을 염두에 두고 그는 근검절약, 절제, 자기사랑, 자기발전, 인간에 대한 선 등에 관심을 두었다(96). 즉, 절제와 자기 존엄은 타인에 피해를 주지 않기 위해서 중요하게 되고, 우리에게 불쾌를 주는 것으로부터 떨어져야 한다.

단지 우연적이든 구성된 상처든 개인은 공중의 구체적 의무를 침해하지 않으며, 공중에게 어떤 구체적 의무를 어기거나, 자신을 제외하고 어떤 과제가 된 개인이 인지할 수 있게 상처를 주지 말아야 한다. 그것은 인간 자유를 더욱 확장시키기 위해서이다(100).

자신에게 정당성을 확보할 때, 다른 사람에게도 논리적·윤리적으로 정당성을 쉽게 확보할 수 있다. 일반적 행복이 윤리적 표준으로 인지되었을 때, 공리주의의 도덕성은 강화된다(40). 이것의 확실한 근거로 인간은 동등한 정도로 사회적 느낌을 강화한다. 개인의 이해와 다른 사람의 것들이 서로 공유된다. 그 공유가 내면적 가치를 강화시킬 때 '최대 다수의 최대 행복'이 더욱 잘 성취될 수 있다. 말하자면 외면적 가치에 우위를 두는 가치풍토 안에서는 사회적 협동이 어렵다는 사실이다(김태길 외, 1986: 29). 즉, 우리들의 추구 대상이 되는 목표들 가운데는 경쟁성이 강한 것과 그렇지 않는 것이 있거니와, 대체로 말해 외면적 가치를 보유하는 대상들은 경쟁성이 강한데 비해 내면적 가치를 보유한 대상들은 경쟁성이 약하다.

경쟁성이 강한 대상을 삶의 가장 높은 목표로 추구하는 경향이 강한 사회일수록 사회적 협동이 어렵다. 경쟁력은 인간의 내면적 가치를 박탈하는 것이다. 물론 커뮤니케이션의 활성화는 내면적 가치를 강조하고 그때 개개인은 공감의 정도를 넓혀간다.

밀은 사회적 권리(*social rights*)를 이야기하는데, 이것은 자신이 가질 당위성을 다른 사람도 하게 한다. 개인이 '정의'(正義)에 대한 감정을 갖게 되고, 그것이 궁극적 행위의 범주로서 정의를 인지케 한다. 그렇다면 어떤 객관적 현실을 출현시키는 것이다. 법의 집행도 다르지 않는데, 정의에 바탕을 두지 않는 행위는 내면적 가치를 도외시함으로써 결국 어떤 권리를 빼앗는 것으로 간주된다.

반면 정당한 법 집행이 이뤄진다면 사회적 연계는 강화되고 사회관계는 건전하게 발전된다. 칸트의 표현을 빌리면 모든 합리적 인간은 그들의 집단적 이해에 이익이 되는 룰에 의해 자신의 행위를 형성해야 한다. 정의의 사상은 행위의 룰이고, 다른 하나는 룰의 규정한다는 감정이다(Mill, 1957: 65). 처음의 것은 모든 인간에게 일반적인 것이고, 그들의 선행을 위한 의도다. 둘째의 것으로 벌은 그 룰을 어기는 사람에 의해서 고통을 당한다는 당위다. 정의의 개념이 정확하지 못할 때, 개인의 행복이 줄어들고 다른 사람과 갈등이 심해진다. 한 예를 들면 술에 취했을 때 하는 행위가 계속되면 사회는 질서를 잃는다. 사회는 황폐화되고 비도덕 사회로 이행하게 된다(Mill, 1859/1956: 109). 그래서 밀은 상호조력과 상호교섭이 주장할 수 있는 의무로 정착되기를 원했다. 개인은 그가 해야 하는 것만큼 행위를 할 필요가 있게 된다.

벤담의 격률에서 개인은 사회적 책임을 결할 수가 있었다. 격률보다 인간의 존중에 도덕률이 더욱 값진 것이 된다. 격률은 개인이 그 자신의 이익만을 위하는 행위가 될 수 있다. 즉, 개인 격률의 판단은 다른 사람의 충고, 교육, 설득, 회피 등을 이 개인에게 도외시하게 한다. 이때 개인은 사회적 책임과 법적 형벌의 대상이 된다.

칸트가 항상 강조하였듯이, 도덕은 명령, 의무(*obligatory*), 질 등을 그 성격으로 한다(Giddens, 1972: 3). 밀이 이상적으로 보는 국가는 모든 사람이 뉴잉글랜드 초기 정착함으로 이해된 것처럼 그리스도 국가(*Christian commonwealth*)이다(Mill, 1859/1956: 106).

3) 인민주권하에 '최대 다수의 최대 행복'

근대국가는 인민주권을 전제로 한다. 개인은 여론을 통하여 직간접적으로 여론 조성에 참여한다. 밀의 자유론은 완전하고, 충분한 개인의 개성으로부터 얻게 되는 사회적 가치를 높이고자 했다(Mill, 1859/1956: xxi). 그는 사회적 윤리에 관심을 가졌다. 그는 개인의 자유로운 토론을 통하여 사고와 의견의 사회적 원리를 도출하려고 했다. 물론 밀은 사변적 논리를 강조했지만, 당시 유물론적 관점에서 마르크스(Karl Marx)가 등장했다. 마르크스주의자인 하버마스는 프랑스, 영국 등 공화주의의 공론장에서 정보가 상품화됨을 직시했다.

하버마스는 《공론장의 구조변동》에서 칸트의 잣대를 엄격하게 적용했다. 그는 도덕감정의 의무가 법의 준거(*reverence*)가 됨을 직시했다. 그것이 미 연방 수정헌법 정신인데, 칸트는 자유, 입법(제도화), 그리고 평등을 언급했다. 즉, 제도화는 자유와 평등을 보장할 때 필수적 요소로 간주되었다. 한편 메디슨은 입법으로 언론자유를 제도화하려고 했다. 즉, 그는 입법·사법·행정이 '견제와 균형'을 취하지만, 그들은 '파당'으로 평등을 보장할 수 없기에 언론에게 자유를 제도화로 보장하려고 했다. 현대사회의 언론은 자유와 평등의 가치를 팽개치고, 물질적 격률을 강화시키고, '선전적 성격'에 몰두한다.

경제적 평등도 중요한 요소로 작동한다. 경제적 요소를 다른 '소극적 자유'와 '적극적 자유' 영역으로 확장시키고, 자유와 평등을 구가할 수 있다면 우리는 그 사회민주주의를 실현할 수 있다. 더욱이 경제적 평등은 사회를 엮어주는 기능을 함으로써, 적극적 자유의 확보가 중요하게 부각된다. 헌법 제 119조 ①항은 "대한민국의 경제질서는 개인과 기업의 경제상의 자유와 창의를 존중함을 기본으로 한다"라고 했다. 또한 ②항은 "국가는 균형 있는 국민경제의 성장 및 안정과 적정한 소득의 분배를 유지하고, 시장의 지배와 경제력의 남용을 방지하며 경제주체 간의 조화를 통한 경제의 민주화를 위하여 경제에 관한 규제와 조정을 할 수 있다"라고 했다. 사상의 공개시장만으로 더는 현대 자본주의 사회에서 균등한 분배와 커뮤니티 유지가 불가능한 것이다. 아리스토텔레스는 '올바름', '고상함', '탁월성' 등 시민의 덕을 이야기했고, 칸트는 형식적 격률을 이야기했고, 밀은 사회적 윤리를 언급했다. 그 행동강령으로 아리스토텔레스는 시민의 좋은 습관을 길러 자유롭고 고귀한 그리고 행복한 삶을 염원했다.

현대사회의 기술 발달로 아리스토텔레스가 이야기한 인간에게 행복을 가져다 줄 수 있다고 보였다. 그러나 '신자유주의'는 효율성을 앞세워 물신화를 부추긴다. SNS 사회에서 정보가 상품화를 과도하게 부추긴다. 과연 이런 상황에서 과정에 중심을 둔 공화주의가 공공선(*the public good*)을 강요하고 공공복리를 가져올 수 있겠는가. 공화주의는 시민의 공통이해(*common interests*)를 대변한다. 그것이 보장되지 않는다면 그것은 지배를 취하게 되는 것이다(Pettit, 1997: 290).

신자유주의 세계경제 아래 과연 우리의 헌법정신과 같이 공화주의가 실행되지 필자는 관심을 가져왔다. 이 사회는 물질에 대한 정서는 풍부하지만, 여전히 그에 대한 정념(*passions*), '최선의 내적 세상의 가치', '격률'이 부족한 상태이다. 격률이 효율성으로만 작동할 때 또 다른 감각은 외적 정보의 수혈에만 의존하게 된다. 내적 세상의 가치를 상실할 때 오히려 격률은 좋은 판단을 상실할 수 있다. 흄은 감각에 인지된 정보는 공정한 상실에 의하거나 좋은 습관과 관습으로 필터링을 상실하게 된다고 했다.

그러나 칸트는 성찰의 취향을 통해 공중의 의미를 부각시켰다. 그는 선험성, 혹은 도덕적 의무로 일반적 명증성을 확보하는데 관심을 가졌다. 완벽한 의무감은 선험성으로 다른 사람과 절대적으로 공유할 수 있다. 즉, 도덕감정은 자신뿐 아니라 다른 사람에게 같이 적용된다. 혼자 살아가면서 도덕과 윤리를 이야기할 필요는 없다는 이야기이다.

도덕감정은 자기 절제와 직접 관련이 있고, 이것을 통해 타인과 공유의 범위를 넓혀간다. 물론 이 감정은 성찰과 절제에서 온다. 성찰과 절제가 부족한 상태에서 사상의 공개시장은 상품성 정보의 공개시장이 되었다. 이 공론장은 포퓰리즘으로 가기 일쑤이다. 그 사회에서는 다수의 폭정이 끊임없이 일어난다. 그 사회는 개인의 혼을 빼고, '과시적 소비'를 온존시킨다.

더욱이 독점적 자본주의 아래서 공론장이 구조변동을 일으켰다. 골드슈미트(Goldschmidt)는 '2개의 혼란스러운 경향'을 지적했다. 즉, ① 사생활의 개인적 관리에 대한 일관적 무시, ② 매우 적은 공개성으로서의 경향과 그 결과 공공적이라 여겨졌던 영역에서의 비밀 증가 등을 언급했다(Goldschmidt, 1954: 401; Habermas, 1962/2004: 244).

사적 개인으로서 공론장에 참여할 수 있는 영역이 박탈당한 것이다. 부르주아 사적 세계가 그 기능을 상실했다. 국가와 사회가 상호 침투함에 따라 핵가족제도는 사회적 재생산 과정과 맺는 연관으로부터 벗어난다. 사적 영역 자체가 사적 성격을 상실하게 된 것이다(Habermas, 1962/2004: 258). 사생활은 개인화 혹은 그것의 유사성에 의해서 공적 토론의 이슈나 관심으로부터 제외된다. 그것은 공적·정치적 문제에 상반되는 것으로서 사적, 역내, 개인적 그리고 유사한 것으로 간주되어 버린 것이다(Fraser, 2003: 100). 설령 여성과 노동자에게 정규적으로 참여의 길이 열렸으나 그 참여는 토론의 범위를 한정시킨 경제적 프라이버시에 제약되었다.

부르주아 공중을 길러내는 사생활의 영역이 식민화되고, 주체를 확인할 수 있는 문예적 공론장이 그 기능을 상실하게 된 것이다. 부르주아 문예적 공론장이 될 수 있는 독서, 연극, 연주회, 박물관은 대화할 수 있는 장소가 아닌 것이다. 대화 자체가 관리의 대상이 된 것이다(Habermas, 1962/2004: 272). 사적 성격을 상실한 사생활 부분은 대중매체에 의해 공동화(空洞化) 되고, 문예적 공론장으로서의 기능을 상실하게 된 것이다. 또한 칸트는 "이성의 공적 사용이 언제나 자유로워야 한다"라고 했다(Kant, 1922: 171; Habermas, 1962/2004: 201). 그러나 이성의 사적 사용은 자주 그 폭이 매우 좁게 제한될 수 있고, 그 결과 결국 공중은 그 기능을 상실하게 된 것이다. 사적 세계가 언제든 공론장에 갈 수 있던 시대는 사라지고 만 것이다.

칸트는 원론적으로 공중의 의미를 반추했다. 그는 ① 실재적 존재에 관한 지각적 지식, ② 신의 존재에 관한 논증적 지식, ③ 감각에 나타나는 사람에 대한 감각적 지식 등 3가지 지식을 논했다. 그의 3가지 지식은 여전히 사변론이다. 즉, 지식의 비판(*the critique of knowledge*) 은 칸트가 강조하고, 그의 후계자들이 이를 계승하였다. 그것은 정신을 물질과 대립되는 것이라고 강조하는 경향이 있다(Russell, 1961/2008: 315). 결국 정신만이 존재한다고 주장하게 된다. 이는 공리주의 윤리를 철저히 배격하고, 추상적인 철학적 논리에 의해 입증된다고 주장한 윤리학 체계를 지지한 것이다.

칸트의 3가지 지식에 관해서 논의해 보자. 실재적 존재에 관한 지식은 ① 행위자로서 느끼는 자유·책임의식(종합적 선험의 명제) 등이고, ② 신이 부여한 선험적 지식이고, 나머지는 ③ 사물에 애정과 정서를 느끼게 하는 것이다. 전술했듯이 애정, 정서는 수동적 경험세계이다. 그러나 정념은 능동적 경험세계이다. 후자에서 성찰의 취향성, 성찰의 좋은 습관, 좋은 성격, 중용의 덕, 시민의 덕 등을 발견하게 된다.

같은 맥락에서 헌법정신을 대리석이나 청동에 새겨 넣지 않고 공민의 마음에, 즉 의견에 고정시킬 수 있다. '가시 돋친 토론'을 관습으로 승화시킬 수 있다. 같은 맥락에서 칸트도 물론 법을 공적 법칙으로 간주하고 관습처럼 불명확성을 비판하면서 선험성으로 그 돌파구를 찾았다. 도덕은 공개성을 가질 때, 즉 여론과 같이 법적 효력을 발휘하는 것이다. 더욱이 진정한 정치는 먼저 도덕에 경의를 표하지 않고서는 한걸음도 나아갈 수 없다(Kant, 1922: 467; Habermas, 1962/2004: 197). 정치 그 자체가 어려운 기술이기는 하지만, 정치와 도덕의 통일이 결코 기술은 아니다. 왜냐하면 양자가 충돌하자마자 정치가 해결할 수 없는 문제를 도덕은 단순에 해결할 수 있다. 그 도덕, 성찰, 관습 등은 신중함(*prudence*)을 산출하고, 여기서 지적 세계를 넓혀가고, 인간의 행복을 갖게 한다.

현대 제도 안에서 언론은 '선전적 성격'에 몰두하게 되고, SNS 미디어가 성찰의 취향성을 확보하지 못함으로써 인간에게 행복감을 주지 못한다. 여기서 부르주아 초기 공론장에서의 공중에 관심을 가질 필요가 있다. 사적 의견이 공론장을 통해 공개됨으로써 여론을 형성하고, 법과 같은 효력을 발휘할 수 있었다. 이런 과정에서 얻는 공중을 밀스(Mills)는 "① 의견을 수용하는 만큼이나 많은 사람이 실질적으로 의견을 표현한다, ② 공적으로 표현된 어떠한 의견에 대해서도 즉각적이고 효과적으로 답할 수 있는 기회가 존재하도록 공공적 의사소통이 조직되었다, ③ 이러한 토론을 통해 형성된 의견은 지배적 권위체계에 대해서조차 대항해 쉽사리 효과적 행동으로 배출된다, ④ 그리고 권위적 제도들이 공중에 침투하지 않음으로써 공중은 다소간 자율적으로 활동한다" 등으로 공중을 정의했다(Mills, 1956: 303; Habermas, 1962/2004: 375).

이런 공중의 의미가 미디어가 활성화된 현실에 적용될 수 있을까? 미디어가 폭발적으로 늘어나고, 언론학 연구가 활성화되지만 사회 내 커뮤니케이션은 날이 갈수록 어렵게 전개된다. 그렇다면 언론학 연구는 이제 언론기구에 만족하지 않고 사회 커뮤니케이션 전체를 연구대상으로 삼아야 할 시기가 온 것이다. 부르주아 공론장에서의 공중의 개념을 다시 반추할 필요가 있다.

미디어가 폭발적으로 늘어나는 상황에서 개인은 신중함을 결하게 됨으로써 편리함과 기술의 우위성에 감탄하지만, SNS 미디어는 여전히 선이나 최고의 선 혹은 행복감을 주지 못한 것이다. SNS 기술은 커뮤니케이션의 전달에만 집중적으로 관심을 둔다. 공분의 의미를 상실하게 된 것이다. 차배근는 커뮤니케이션이 "① 구조적 관점은 커뮤니케이션 기술적 영역에 비중을 두고 보는 관점이며, ② 기능적 관점은 커뮤니케이션을 의미적 차원에서 보는 관점이고, 마지막으로 ③ 의도적 관점은 커뮤니케이션의 효과적 문제에 중점을 두는 관점에 각각 해당된다고 했다(차배근, 1992: 25). 의미와 의도가 분명하게 설득되지 않으면, 나눔이 불가능하다. 그때 서로의 커뮤니케이션이 이뤄져도 피상적 수준에 머물 수밖에 없다.

타인과의 공감은 이성을 작동시켜 어떤 취향을 연합시키거나, 미학을 통해 같이 행복의 공감을 얻게 한다. 개인의 느낌이 아니라, 상식으로 공적 감각을 가진다(Kant. 1790/2004: 61). 같은 맥락에서 밀은 인간정신의 질의 공유에 관심을 가졌으며, 그것은 지적·도덕적 오류를 차단한다. 그것이 공화주의를 발아시키고 인민주권을 잉태하게 한다. 공화주의는 사상을 가장 심오한 진리로 만들기 위해 존재하고 지금까지 있어온 어떤 체제보다 도덕적으로도 가장 건전한 사회이다.

이 정신은 시민의 삶을 대변하는 믿음이 되어야 한다. 진리는 항상 토론과 경험에 의해서 그의 오류를 교정할 수 있다. 개인의 경험은 그 자체만이 아니라, 토론으로 다른 사람의 경험과 화학적 반응을 일으키도록 한다. 아리스토텔레스는 좋은 습관, 성격과 판단이 모여 좋은 기후를 형성시키기를 염원했다. 인간정신의 질의 극대화가 곧 공화주의, 즉 인민주권을 잉태하게 한다. 공화주의는 인민주권을 바탕으로 한 '최대 다수의 최대 행복'의 체제이다.

아리스토텔레스, 칸트, 벤담, 밀 등은 이런 공화주의 정신을 언급했다. 하버마스는 부르주아 사적 영역이 독립적 실존을 획득한 곳을 공화국, 즉 부르주아 법치국가로 간주했다(Habermas, 1962/2004: 222). 이런 편린이 우리의 헌법에 규정되어 있다. 그러나 이런 역사성에 좋은 교훈을 얻지 못하면, 우리는 '진리의 값비싼 대가'를 치르게 된다.

이런 공화주의의 논의들을 바탕으로 우리의 상황에 준한 인간의 행복을 규명할 필요가 있다. 이 책은 인간 행복을 가져다 줄 공화주의 실현을 위해 ① 헌법 및 언론관련법과 규정, ② 제헌헌법의 발전, ③ 틀에 감금된 전문직으로서의 언론, ④ 언론을 뛰어넘는 사회 내 커뮤니케이션의 활성화 등을 언급한다.

민주공화주의의 실현 5

1. 헌법 및 언론 관련법과 규정

대한민국 헌법은 1987년 10월 29일 개정이 되어, 제 1조 ①항은 '대한민국은 민주공화국이다'라 규정하고, ②항은 '대한민국의 주권은 국민에게 있고, 모든 권력은 국민으로부터 나온다'라고 규정했다. 그리고 제 2조 ①항에 '대한민국의 국민이 되는 요건은 법률로 정한다'라고 규정했다. 헌법은 제헌국회 이후 곧 3권을 분립시키고, 입법·사법·행정 자신들만이 결정하는 것이 아니라, 다른 당이나 기구들에게도 권력을 분산시켰다.

물론 정확한 분산은 바람직하지 않다(Pettit, 1997: 180). 분산된 기능은 공화주의 목표를 선진화시키기 위해 정부 안의 능력을 타협할 수 있어야 한다. 그 원리 아래서 칸트는 민주공화국의 요소로 자유, 입법, 평등 등을 열거했다. 공화주의 헌법에서 법은 필요적 요소이다. 그렇다면 문제는 자유와 평등에 관한 조항이다. 1948년 제헌헌법이 만들어지고 그 후 우리 민주공화국의 역사는 격동기를 맞이했다. 앞으로 민주공화국이 갈 방향을 규정하는 일에서 당연히 과거 민주공화주의 입법이 만들어진 역사적 의미를 규정할 필요가 있다.

처음 제기되는 것은 '자유'라는 요소이다. 자유가 있으면 당연히 커뮤니티 유지를 위해 책임이 따라야 한다. 로마시대는 '시민의 덕'이란 표현을 사용했다. 전술했듯 자유를 논하면서 '소극적 자유'와 '적극적 자유'를 분리시켰다. 소극적 자유는 개인으로서의 인간을 강조하는 권리이다. 개인은 침해받을 수 없는 배타적 사적 영역을 가진다. 그 영역을 어느 누구도 침해하지 말 것을 경고한다. 대한민국 헌법 제 4조는 '대한민국은 통일을 지향하며, 자유민주적 기본질서에 입각한 평화적 통일정책을 수립하고 이를 추진한다'라고 했다.

자유민주적 기본질서에서는 인간의 존엄성을 이야기했다. 인간은 행복을 추구할 권리가 있고, 권리는 국가가 보호하도록 노력할 필요가 있음을 천명했다. 헌법 제 10조 '국민의 권리와 의무'에서 그 구체적 내용을 언급한 것이다.

> 모든 국민은 인간으로서의 존엄과 가치를 가지며, 행복을 추구할 권리를 가진다. 국가는 개인이 가치는 불가침의 기본적 인권을 확인하고 이를 보장할 의무를 진다.

그리고 헌법 제 21조는 자유주의 언론자유를 논의한다. 개인은 언론·출판·집회·결사의 자유를 가진다. 그러나 그 자유는 개인의 사생활을 침해할 수 없으며, 공중도덕의 사회규범을 어기지 말도록 강제한다. 헌법은 커뮤니티 안에서 개인의 자유를 이야기한 것이다.

> ① 모든 국민은 언론·출판의 자유와 집회·결사의 자유를 가진다.
> ④ 언론·출판은 타인의 명예나 권리 또는 공중도덕이나 사회윤리를 침해하여서는 아니 된다. 언론·출판이 타인의 명예나 권리를 침해한 때에는 피해자는 이에 대한 피해의 배상을 청구할 수 있다

기본권에서의 자유주의 사고는 언론에서도 언론자유를 언급한다. '신문윤리강령'은 1957년 4월 7일 제정되었다. 당시 신문윤리강령은 자유를

가장 중요한 덕목으로 간주했다. 여기에서 자유는 '간섭'이라는 표현을 사용함으로써 '소극적 자유'를 포함한다.

> 신문의 자유는 인류의 가장 기본적인 권리의 하나로서 끝까지 이를 옹호하여 민중의 알아야 할 권리에 부응하여야 한다. 신문은 보도 및 평론의 완전한 자유를 가진다. 다만 공공의 이익을 침해할 경우에는 일반법의 제약을 받는 것이지만 신문의 자유를 제약 또는 간섭하는 법률은 있을 수 없다. 이러한 법률을 비판하고 반대하는 자유도 물론 이에 포함한다.

자유의 중요성은 1996년 4월 8일 개정된 신문윤리강령에서 동일하게 강조된다. 개정된 강령은 '자유를 지킬 것'을 강조함으로써 처음 제정된 윤리강령보다 더욱 자유에 대한 '적극적 의미'를 가졌다.

> 우리 언론인은 언론의 자유가 국가의 알권리를 실현하기 위해 언론인에게 주어진 으뜸가는 권리라는 신념에서 대내외적인 모든 침해, 압력, 제한으로부터 이 자유를 지킬 것을 다짐한다.

한편 개정된 신문윤리강령은 자유에 따른 인권을 중시했다. 헌법정신의 '국민의 권리와 의무' 조항과 같이 규정에 따라 '개인의 명예의 훼손', '개인의 사생활을 침해'하지 않을 것을 권고한다.

> 우리 언론인은 개인의 명예를 훼손하지 않고 개인의 사생활을 침해하지 않을 것을 다짐한다.

같은 맥락에서 개정된 신문윤리강령은 책임을 더욱 강조했다. 더욱이 '사회의 공기'로서 책무를 다할 것을 규정했다. 또한 이 윤리강령의 조항들은 공공성, 사회정의를 이야기함으로써 공화주의적 요소를 더욱 강화시켰다.

> 사회의 공기로서 그 공공성이 용인되고 신문인은 독특한 사회적 위치를 지닌다. 그러나 이는 오로지 공중이 신문에 의하여 사건과 문제의 진실을 파악하고 이를 판단의 기초로 삼는다는 신뢰로부터 온다. 그러므로 신문 최대의 책임은 공중의 이러한 신뢰를 기초로 하여 공공의 이익에 충실하게 복무함에 있다. 이 책임은 또한 신문의 공공성을 보전하는 최대의 요소이다. 신문은 항상 정의에 대담하여 부정과 대결함에 용감하고 약자의 편을 들어 그 호소를 대신함으로써 공공성을 구체적으로 나타낸다.

다른 한편 개정된 윤리강령도 책임을 강조했다. 개정된 사회책임 조항은 '건전한 여론 형성', '공공복지의 증진, 문화의 창달'이라는 적극적 의미의 책임을 더욱 부각시켰다. '적극적 자유의 개념'이 더욱 강화된 것이다.

> 우리 언론인은 언론이 사회의 공기로서 막중한 책임을 지고 있다고 믿는다. 이 책임을 다하기 위해 우리는 무엇보다도 사회의 건전한 여론 형성, 공공복지의 증진, 문화의 창달을 위해 전력을 다할 것이며, 국민의 기본적 권리를 적극적으로 수호할 것을 다짐한다.

개정된 윤리강령은 윤리의 필요성을 절감했다. 그런데 언론자유를 확장시켜야 할 시점에서 신문법을 강화하고, 언론중재법까지 만들었다. 노무현 정부는 윤리를 '법 공학'(정치 공학, 경제 공학과 같은 맥락)으로 다루었다. 벤담이 추상적인 자유, 윤리, 사상 등을 법 공학으로 다룬 것과 같은 맥락이다. 더욱이 신문법으로 언론의 규제를 강화하고, 인터넷까지 신문법 안에 집어넣었다. '신문 등의 자유와 기능보장에 관한 법률'(신문법)이 2005년 공포되었다. 동 신문법은 인터넷신문에 큰 변화를 가져다 줄 것이 틀림없었다. 사각지대에 있던 인터넷 언론이 권한과 책임을 동시에 누리게 된 것이다(김영석 외, 2004: 32).

노무현 정부는 신문과 성격이 다른 인터넷에 기존 매체와 동등한 권한, 지위, 의무를 부여했다. 즉, 신문법은 '인터넷'[1]신문에 대한 개념을 별도로 정의한 뒤 각 조항마다 '정기간행물 및 인터넷신문'이라고 병기함으로써 기존 매체와 동등한 지위와 권한, 의무를 부여했다. 이것이 갖는 함의는 출판규제 모델의 기본정신 즉, 표현의 자유 진작, 정치적 다원주의 보호, 규제의 최소화 등이 인터넷신문에 동일하게 적용되어야 한다는 것을 말한다(김영석 외, 2004: 32).

구조적 문제 뿐 아니라, 내용적 측면에서도 언론이 표류하고 있다. 노무현 정부 이후 이명박 정부는 집권 후반기에 들어 '친서민'과 '공정한 사회'를 국정목표의 전면에 내세웠다(임춘웅, 2010: 26). 공정사회는 언론의 기능으로 많은 것을 할 수 있다. 그러나 언론법으로 언론, 특히 신문을 무력화시켰다. 이명박 정부가 '공정한 사회'를 내세운 것도 법으로서 불공정 사회를 지킬 수 없었음을 의미한다. 비지배, 불간섭의 공화주의는 위기를 맞게 된 것이다.

한국 사회는 지금 격심한 갈등의 시대를 겪고 있다. 이념적 갈등, 지역적 갈등, 빈부 간 계층 갈등, 남북문제, 통리문제를 둘러싼 갈등들이 대표적인 국가적 이슈가 아닌가 싶다. 이런 갈등들을 통합하는 일이야말로 바로 언론이 해야 할 일이 아니겠는가? 이는 바로 사회정의의 문제인 것이다(임춘웅, 2010: 26).

신문의 가치는 공정성이다(임춘웅, 2010: 28). 보수나 진보 이전에 공정성을 상실하면 신문이 설자리를 잃게 되는 것은 자명하다. 즉, 한국 언론, 한국 신문이 지금 겪고 있는 시련의 원인이 바로 여기에 있다. 신문법에서는 언론의 사회적 책임을 강조하고 있다(김영석 외, 2004: 34). 민주적 여론형성, 각계각층의 다양한 여론 수렴, 국민의 알권리와 표현의 자유 신장 등의 의무도 법제화했다. 또 타인의 명예훼손 권리를 침해해서도

1 인터넷의 사이버스페이스(*cyberspace*)는 독특한 자기 룰(*self rule*)을 가진다. 인터넷은 단일의 우주적 네트워크를 가진다(Goldsmith & Wu, 2006: 23). 퍼스널컴퓨터는 네트워크로 전 세계를 서로 연계시켜준다.

안 되고 범죄나 부도덕한 행위나 사행심, 음란, 퇴폐, 폭력을 조장해도 안 된다는 내용이 명시됨으로써 인터넷신문에도 기존의 인쇄매체나 방송매체와 같은 책임성이 부각되고 있다.

위기를 직감한 이명박 대통령은 더욱 '공정한 사회'에 대한 관심을 표명했다. 그는 경축사(2010년 8·15)에서 '공정한 사회야말로 대한민국 선진화의 윤리적 실천적 인프라'라며 "앞으로 우리 사회 모든 영역에서 '공정한 사회'라는 원칙이 확고히 준수될 수 있도록 최선을 다하겠다"고 밝혔다(황범준, 2010: 18). 이 대통령은 공정성의 위기가 온 것이라고 계속 강조한다. 그러나 달리 말하면 그 위기는 저널리즘의 위기로 온 것이다. 웹 안에는 엄청난 세계의 신문·방송의 정보가 장진하고 있다. 단순히 클릭으로 2만 개의 세계적 방송을 볼 수 있다고 한다(Karpf, 2000; Richard Keeble, 2001: 1). 언론은 엄청난 미디어 내용을 쏟아낸다. 경쟁은 심해지고 시청자와 독자는 계속 추락한다. 광고물량은 제자리걸음으로 가고 있다. 언론의 위기는 더욱 심해지지만 그것보다 더 큰 위기는 신뢰의 위기이다.

신뢰의 위기는 저널리즘이 사회 커뮤니케이션에 도움이 되는 존재가 아닌 방해가 되는 존재로 인식되는 것에서 기인한다. 적은 경쟁으로 큰 사회 내 커뮤니케이션의 상실을 경험하게 된 것이다. 물론 서로 간의 커뮤니케이션이 단절된다면, 불신의 벽이 높아지고 공동체가 붕괴된다. 과거 언론은 뉴스를 보도하고, 공중을 위해 환경감시를 하고, 정부가 하는 일을 감시하고, 권력의 남용에 대항해서 일반 시민을 보호하고, 숨은 스캔들을 고발하고, 좋은 것을 부각시켜 나누도록 했다(Keeble, 2001: 2).

이런 갈등은 언론의 용광로로 끌고 들어와 '일상화된 과정'(*routinized procedures*)으로 용해시켜야 한다. 공론장에서 사적인 것이 공적으로 승화될 수 있도록 토론의 장이 이뤄져야 한다. 언론은 이를 누구나 알 수 있게 공개하고, 그 과정은 투명하게 전개된다. 좋은 사상이 공개적으로 서로 경쟁하고, '코드'적 사고를 잠재우도록 한다. 즉, 정치화된 불만은 비 정치화되어야 한다. 더욱이 밀턴은 파편화된 지식 · 진리를 죽은 오시리스의 살점과 같이 쓸모없는 것으로 봤다. 다양한 정보가 공개장에 많이 선보인다고 해서 그 사상이 진리가 되고 유용한 정보가 되는 것이 아니다. 밀에 의하면 그 정보가 많은 사람의 관심에서 멀어진 것이면 오히려 일부 사람들의 전유물이 될 수 있다. 그 진리는 대중성을 상실하게 되는 것이다.

언론은 그 정보를 우리 것에 맞게 체화시켜줘야 한다. 설령 언론이 아니더라도, 입법과정, 사법부 판결, 행정부의 정책결정 과정 등이 같은 원리로 전개된다. 또한 어떤 집단의 사람들은 대중운동, 널리 알려진 논쟁과 토론, 진보와 입법의 조정 등 공적 의사결정 과정의 이미지를 가진다(Pettit, 1997: 195). 민주주의는 과정에 중요성이 부각되고, 그 과정을 통해 정부를 체화시킨다. 그렇다면 정보가 체화되지 않는 정보는 공해가 되고, 커뮤니티를 붕괴시킬 수 있다.

건전한 커뮤니티를 많은 사람이 같이 책임질 때 공화주의가 건전하게 발전할 수 있다. 이런 원리라면 언론사가 많아도 다양한 정보는 자동적으로 수렴과정을 거치지는 않는다. 언론이 자신의 상업적 이익에 몰두하면, 오히려 사회발전에 장애가 될 수 있다. 그런데 최근 우리의 언론은 공론장이 아닌 사업 쪽이 더욱 부각된 것이다.

언론기업이 공적 기능을 수행하는 대신 정해진 주주들의 이익에 몰두하게 된 것이다. 기득권을 옹호하고, 일상적 관행을 강화하고, 위계질서, 관료제의 조직적 구제에 매몰되었다. 관료기구가 안으로 견고하면 밖의 기구와의 소통을 단절한다. 모든 의사결정 과정이 비밀로 된다. 관리기구는 '최대 다수의 최대 행복'에 장애를 가져온다. 더욱이 관리기구는 세계의 기업과 체인을 형성하면서 더욱 대형화의 길을 걸었다. 그 사이 저널리스트와 관리의 선택 자유는 점점 줄어들었다. 자신들에게 이익을 주는 권력과 자본에 봉사함으로써 저널리즘의 공적 기능이 가진 근본적 기능에 문제를 야기한다(Keeble, 2001: 126).

공정성의 위기의식을 이명박 정부만 가졌던 것은 아니다. 노무현 정부도 언론중재법을 통해 언론을 통제하려고 했다. 언론윤리법은 태어날 때부터 기형이었다. 이 법의 모체는 1980년 전두환 정부 때 '언론기본법'인데 그 법에서 언론중재제도를 두었다. 언론기본법은 군사정권에 저항하는 언론을 옥죄기 위해 만든 법이다. 이 때문에 1987년 민주화 과정에서 이 법은 대표적인 악업으로 지목되었고 결국 폐지됐다. 하지만 그 소용돌이 속에서도 살아남은 게 있었다. 이 법에 포함돼 있던 언론중재제도다. 언론중재제도는 '정기간행물 등록 등에 관한 법률', '방송법', '종합유선방송법' 등에 포함되어 계속 존속되었다(김종혁, 2008: 17).

언론중재위원회는 그간 별 영향력을 행사하지 못했다. 언론중재제도가 새로운 도약을 하게 된 것은 노무현 정부 때인 2005년 1월이다. '언론중재 및 피해구제 등에 관한 법률'이 제정된 것이다. 이에 따라 그동안 다른 법에 포함된 하위개념이었던 언론중재제도는 독자적인 법률적 근거를 얻게 됐다(김종혁, 2008: 17). 그동안 언론중재의 필요성은 별로 논의되지 않았다. 그 현실을 살펴보면 전두환 정부 때인 1980년부터 88년까지 언론중재 신청건수는 연평균 40~50건 정도였다. 하지만 김영삼 정부 시절인 1994년에는 541건이었다. 김대중 정부 시절인 1999년에는 641건으로 늘어났고, 노무현 정부 말기인 2006년에는 중재건수가 무려 1,087건이었다(김종혁, 2008: 17).

그러나 그 실행에서 문제가 발생했다. 그동안 중재위원의 약 60%는 정부가 임명했다. 인사에서 '공정한 사회'를 만들기에는 역부족이었다. 즉, 이런 상황에서 언론중재위원회의 중재가 공정할 수 있다고 주장하긴 쉽지 않을 것이다(김종혁, 2008: 18). 공정한 사회를 담보할 수 없는 기관에 시정권고권까지 부여했다. 2005년 1월 27일 제정한 법률 제7370호 '언론 중재 및 피해구제 등에 관한 법률' 32조에는 시정권고 조항이 있다. "언론중재위는 시정권고 소위원회를 통해 각종 신문·잡지 등 정기간행물의 내용을 심의하여 해당기사의 내용이 개인의 명예나 사생활을 침해할 여지가 있거나, 공중도덕 및 사회윤리, 국가안전보장 및 질서유지, 공공복리 등 침해할 우려가 있는 경우 시정권고한다"고 되어있다. 게다가 기사의 피해자가 아닌 제 3자도 시정권고를 신청할 수 있게 했다 (김종혁, 2008: 19). 중재위원회는 정부가 임명한 사람들이다. 언론통제가 언제든 가능하다는 것이다.

이명박 정부는 제 32조의 '시정권고'를 그만둔 채 '제 3자 시정권고'를 제외시키고, '언론중재 및 피해구제 등에 관한 법률' 법률 제 10165호로 2010년 3월 22일 개정했다.

제 1조 (목적)
이 법은 언론사 등의 언론보도 또는 그 매개(媒介)로 인하여 침해되는 명예나 권리 그 밖의 법익에 관한 다툼이 있는 경우 이를 지정하고 중재하는 등의 실효성 있는 구제제도를 확립함으로써 언론의 자유와 공적 책임을 조화함을 목적으로 한다. (개정 2009년 2월 6일)

제 3조 (언론의 자유와 독립)
① 언론의 자유와 독립은 보장된다.
② 누구든지 언론의 자유와 독립에 관하여 어떠한 규제나 간섭을 할 수 없다.
③ 언론은 정보원에 대하여 자유로이 접근할 권리와 그 취재한 정보를 자유로이 공표할 자유를 가진다.
④ 제 1항 내지 제 3항의 자유와 권리는 헌법과 법률에 의하지 아니하고는 제한받지 아니한다.

제 4조 (언론의 사회적 책임 등)
① 언론에 의한 보도는 공정하고 객관적이어야 하고, 국민의 알권리와 표현의 자유를 보호·신장하여야 한다.
② 언론은 인간의 존엄과 가치를 존중하여야 하고, 타인의 명예를 훼손하거나 권리 또는 공중도덕이나 사회윤리를 침해하여서는 아니 된다.

③ 언론은 공적인 관심사에 대하여 공익을 대변하며 취재·보도·논평 그 밖의 방법으로 민주적 여론형성에 기여함으로써 그 공적 임무를 수행한다.

제5조(언론 등에 의한 피해구제의 원칙, 2009년 2월 6일 개정)

① 언론·인터넷뉴스 서비스 및 인터넷 멀티미디어 방송(이하 '언론 등'이라 한다)은 타인의 생명·자유·신체·건강·명예·사생활의 비밀과 자유·초상·성명·음성·대화·저작물 및 사적문서 그 밖의 인격적 가치 등에 관한 권리(이하 '인격권'이라 한다)를 침해하여서는 아니되며, 언론 등이 타인의 인격권을 침해한 경우에는 이 법에서 정한 절차에 따라 피해를 신속하게 구제하여야 한다.

② 인격권 침해가 사회상규에 반하지 아니하는 한도 안에서 피해자의 동의에 의하여 이루어지거나 또는 언론 등의 보도가 공공의 이익에 관한 것으로서 진실한 것이거나 진실하다고 믿는 데에 정당한 사유가 있는 경우에는 법률에 특별한 규정이 없는 한 그 보도내용과 관련하여 책임을 지지 아니한다.

제32조(시정권고)

① 중재위원회는 언론의 보도내용에 의한 국가적 법익이나 사회적 법익 또는 타인의 법익 침해사항을 심의하여 필요한 경우 해당 언론사에 서면으로 그 시정을 권고할 수 있다.

② 중재위원회는 시정권고의 기준을 정하여 공포하여야 한다.

(http//likms. assembly. go. kr/law/jsp).

언론윤리가 언론법이 된 것이고 언론중재법을 집행할 수 있는 언론중재위원회가 생겨난 것이다. 국회는 윤리가 양심의 문제임을 간과한 것이다.

법이 많고 정교하면 언론의 자유는 그만큼 제약될 수밖에 없다. 그러나 정부가 나서서 이렇게 언론윤리를 규제할 필요는 없다. 그들은 공화주의 법정신을 망각하고 있다. 더욱이 공화주의는 자유개념인 비지배가 공동선과 개인적 자유를 조화시킬 수 있는 가능성을 담고 있다(조승래, 2010; 홍성구, 2011. 4: 180). 메디슨에 따른 해석은 그 공화정 안에서 언론자유를 으뜸으로 삽입했다. 물론 메디슨은 공동선을 추구할 수 있는 조건으로 언론의 위상을 높였다. 여기서 공동선은 정치공동체 각 구성원들과 각 계층들 간의 의견조율을 통해 공동의 이익을 추구하는 공존의 이념이다(홍성구, 2011. 4: 183).

모든 정치적 법의 목적은 가장 지혜로운 차별성을 가질 수 있는 지배자를 신댁힐 수 있게 하고, 가장 덕성을 추구하고, 사회의 공통의 선을 추구하도록 한다(Madison, 1987: 343). 여기서 멈추지 않고 지배자가 덕성을 베풀도록 효과적으로 경계하고, 그들이 공적 신뢰를 얻는 것을 계속하도록 한다. 물론 이 과정에서 도덕이 공화주의에서 공존의 이념 합의에 의해서만 만들어지는 것이 아니라 공동에 구성원들 간의 대립과 갈등 속에서도 생겨난다고 파악된다. 그때 정치적 공동체에게는 불평등의 심화를 막는 공정한 법률과 시민적 덕성의 함양이 필요하게 된다.

'공정한 법률'은 언론중재위원회의 불공정한 인사로 애초부터 난항을 겪게 된다. 그것뿐이 아니다. '시민적 덕성' 부분에 법의 잣대를 사용한다면 문제가 되지 않을 수 없다. 필자가 이야기하는 법과 윤리 · 도덕은 다른 차원이다. 법과 윤리의 구별을 법의 외면성과 도덕의 내면성이라고 하는 기본적 성격에서 구하는 것이며 다른 하나는 강제의 유무에서 양자의 본질적 차이점을 발견하려는 것이다(김태길 외, 1986: 234).

내면성까지 법으로 통제하는 것은 문제가 있다. 이런 측면에서 언론윤리란 사회 공기로서의 언론이 공적 과업을 수행함에 있어 준수해야 할 규범체제라 할 수 있다(최조웅, 1992: 345). 따라서 언론윤리는 조직으로서의 언론매체가 준수해야 할 규범인 동시에 전문적인 언론인 개개인의 직무수행시의 규범이기도 하다. 여기서 언론조직은 전문인 조직이며 규범조직이라는 점에 유의할 필요가 있다. 그것은 규범조직이란 통제와 복종의 관계가 공통된 규범과 가치관에 입각한다는 점 때문이다.

각 분야의 규범과 가치관은 사회를 떠받친다. 그것은 인간의 행복과 관련을 맺는다. 좀더 풀이해 보자. 우리가 쓰는 윤리라는 말은 그 문자적 의미에서 '인간 사이의 이치'라는 뜻이다. 또한 도덕이란 말은 '인간이 마땅히 지켜야 할 덕행'의 길이다. 인간이 마땅히 지켜야 할 천륜, '인륜의 도리'라고 할 수 있다.

학문적으로 윤리, 도덕이라는 말은 서구의 'ethic'과 'morality'에 해당되는 말이다. ethic이란 단어의 근원은 희랍어의 '습관되어 있다'는 뜻이다. 또한 안정성을 뜻하기도 한다. 도덕 역시 인간의 행동은 습관과 안정성이 가장 중요하다는 견지에서 이해될 수도 있다. 이 희랍어가 라틴어로 번역되어 'mos'가 되고 여기서 'mores' 그리고 'morality'가 되었다. 인간행동이 올바른 습관에 근거를 둔다는 것은 두말할 것이 없다. 그러나 습관이 곧 윤리일 수는 없다. 습관이란 일단 형성되면 윤리적 사고 없이도 저절로 행동화되기 때문이다(최조웅, 1992: 21~22).

좋은 습관은 인간의 행복을 가져다준다. 좋은 습관은 자신을 절제하고, 이성의 질서에 맡긴다. 밀턴은 《아레오파지티카》에서 수차례 이성과 함께 절제에 대해 이야기했다(홍성구, 2011. 4: 194). 이성은 하느님이 자연상태의 인간에게 부여한 보편적 능력으로 선악을 구분할 수 있게 하지만, 절제는 행동을 규율하는 규칙이다. 밀턴은 하느님이 인간에게 절제의 규칙을 제외하고는 모든 것을 스스로 결정할 수 있도록 폭넓은 자기 결정권을 부여했다고 주장한다. 이와 같은 논리라면 《니코마코스 윤리학》(*Nicomachean Ethics*)은 "모든 기술, 절차, 행동, 시도는 어떤 선(*good*)을 목표로 한다"라고 했다(Urmson, 1988/1996: 27). 즉, 그 선은 좋은 습관을 만들러낼 때 개인의 덕성을 고양시킨다.

같은 맥락에서 키케로는 'qualitas'라는 말을 만들어 냈다. 그것은 영어로 'quality'(질)가 되었다. 또한 그리스 단어 'arete'의 키케로 번역은 'virtus'였고, 이것은 영어로 'virtue'(덕)가 된 것이다. 성격의 질과 덕은 1957년 제정된 신문윤리강령에서 "신문은 그 공공성에 비추어 마땅히 높은 품격과 긍지가 요구되며, 특히 저급한 행동이나 그 유인이 되는 행동은 일절 용납되지 않는다"로 규정되었다(신문윤리위원회, 1993). 이 윤리강령에서는 '타인의 명예와 자유'에서 실천적 자유를 언급했다.

> 신문은 특히 개인의 명예를 존중하여야 하며 공공의 이익 아닌 호기심 또는 악의에서 개인의 권리나 감정을 침해할 수 없다. 또 신문은 스스로 자유를 주장함과 동시에 타인이 주장하는 자유를 인정하는 관용이 있어야 한다(신문윤리위원회, 1993).

기자 개인뿐 아니라 공화주의 아래서 국민이 품격을 가질 때 그 삶은 행복한 삶이 될 것이다. 여기서 어떤 사람이 행복하다고 말하는 것은 그가 살아갈 만한 가치가 있는 삶을 산다고 말하는 것과 매우 동일한 것이다(Urmson, 1988/1996: 31). 행복하다는 것은 잘 사는 것이며 가장 바라던 것을 가지는 것이지, 칭찬받는 것은 아니다. 분명 좋은 습관으로 익힌 내면성은 인간에게 행복을 가져준다. 아리스토텔레스가 말하는 것처럼 행복은 모든 사람에게 최선의 종류의 삶에 대한 이름이다(Urmson, 1988/1996: 36). 그런 내면성을 법의 잣대로 얻을 수 있는 것은 무리이다. 도덕과 윤리의 내면성이 인간의 행복과 관련을 맺는다면 공화주의 헌법을 가진 우리는 정부가 앞서서 언론중재법을 통해 언론을 옥죄고 있다. 물론 언론기관이 규범조직으로서 각자 제작한 윤리강령과 제작 가이드라인이 있다. KBS의 경우 언론은 자유를 바탕으로 '여론형성'에 기여하는 책무를 갖고 있다고 했다. 공영방송 KBS 정연주 사장은 2007년 9월 3일 《KBS 방송제작 가이드라인》에서 여론형성 의무를 언급했다.

> 즉, 방송은 다양한 사회집단 및 세력의 '의견형성과 표현의 장'인 동시에 사회적 갈등과 대립을 중개하는 열린 공간이기도 하다. 방송은 민주적 여론형성을 돕기 위해 공정성과 공개성의 원칙에 따라 다양한 사회집단의 입장과 의견을 고르게 대변해야 한다.

자유와 책임은 개인 차원에 머물지 않는다. 공론장에서 사상은 '자기 검증 원리'(*self-righting principle*)를 가질 때 유용성을 지니게 된다. 말하자면 공화주의의 공론장은 서로 다른 정체성을 지닌 세력들 간의 경쟁이 이루어지는 공간임이 강조된다(홍성구, 2011. 4: 184). 즉, 공화주의는 갈등이 정치적 공동체에 해로운 것이 아니라 시민적 덕성이 표출되는 자연스러운 것으로 파악한다.

공화정 내에서 공론장이 이런 역할을 한다면 정치권력은 이를 규제하는데 관심을 둬야 하는 것이 아니라 보호할 의무가 있다. 같은 맥락에서 공영방송은 그 자체로서 다양한 의견이 토론되고 논박되는 '공론의 장', 즉 공공영역이라는 점이다(강형철, 2004: 71). 강형철은 이어 "공영방송은 방송사 또는 방송사 조직원의 이해를 대변하는 장이 아니라 방송사의 '사주'인 시민 전체의 의견을 대변해야 하는 것이다. 말하자면 중심 미디어로서의 공영방송은 자신의 이해를 추구하려는 사적 매체가 다투는 와중에도 서로 다른 주장들이 토론되고 소개되는 장으로서 역할을 해야 하는 것을 의미한다"라고 했다.

물론 우리 역사에서 공영방송은 때로는 '옳고 그름을 논의하기보다, 군사정권의 개발독재로 방송의 '계몽적 역할'을 담당하기도 했다(강형철, 2004: 72). 언론이 선전과 계몽적 역할을 강조하면 각 언론사마다 정파적 성격에 매몰될 수 있다. 언론매체들 간의 정파적 대립이 날로 심화되고 언론의 공공성 회복이 시급한 한국 상황을 고려할 때, 공화주의는 소극적 언론자유의 패러다임에서 벗어나 대안적 언론자유 이론을 수립할 필요가 있다(홍성구, 2011. 4: 180).

진정한 언론의 자유가 필요한 시점이다. 그렇다면 공영방송은 주류의 목소리를 대변하는 것 못지않게 민주적 여론 형성과정에 관심을 가질 필요가 있다. 공영방송은 민주적 여론형성 과정에서 당연히 주류의 목소리가 아닌 소수의 목소리를 대변하는 장으로서 기능하는 것으로 존재 가치를 증명할 수 있을 것이다. 그러나 현재와 같이 공영방송이 계도성을 강조하는 계도언론으로서 활용된다면, 공공언론은 '다수'의 이해를 수용할 수 없게 된다(강형철, 2004: 72).

공영방송은 시청률상의 이유 때문에 소수의 견해나 취향을 무시하기 쉽다. 이럴 때일수록 공영방송은 '다수 추구주의'를 보장할 필요가 있다(강형철, 2004: 72). 또한 한쪽의 견해를 강조하다보면 공영방송에 대한 신뢰도는 떨어지기 마련이다. 공영방송은 '공공 서비스' 방송으로서의 저널리즘 확립이 불가피한 것이다.

공영방송에서는 여론의 다양성이 보장되어야 하고, 그 다양한 여론에는 선전·홍보 수준이 아니라 숙의적 과정이 필요하다. 어떤 의견은 공통의 관심사를 모으기고 하고 공통의 생각을 가지게 할 필요가 있다. 숙의적 과정에서는 모든 측면의 적절성이 논의되고 특수한 집단의 이익과 비이성적 의견이 정제된다. 또한 불만집단에게는 공개성의 원칙에 의해서 합리적 선택이 강요되고, 더는 비이성적인 불만을 토의할 수 없게 한다. 높은 의견통합이 이뤄지는 과정이 설명되는 것이다.

《KBS 방송제작 가이드라인》은 언론자유를 넘어, 민주주의 가치실현에 관심을 가졌다. 동 가이드라인은 "흔히 민주주의의 실현은 내용의 문제가 아니라 절차의 문제라고 한다. 공정성과 공개성은 KBS가 우리 사회에서 민주적 의견형성을 돕고 서로 간의 차이점과 공통점을 밝혀 합의에 이르기 위한 절차를 마련하는 데 있어 1차적 가치기준이 되어야 한다"라고 했다.

민주주의는 자유의 중요성을 이야기하고 '사상의 공개시장'원리를 강조한다. 그러나 공화정의 사상은 '소극적 자유'로만으로는 부족하다. 의사결정 과정에 국민이 찬성해야 한다. 정부의 인사를 선거하는데도 주민이 원해야 당선될 수 있다. 그 원리는 대통령뿐 아니라 입법부 구성요인을 선출해도 다를 수 없다. 민주주의는 의견합의보다 경쟁적 요소를 지닌다(Pettit, 1997: 185).

의사결정에서의 경쟁적 요소, 논쟁은 사회에서 그런 분위기가 있어야 한다. 의회는 공적 의사결정 과정이 특수한 이해와 사상에 대항하여 공격한다. 입법자의 의회는 제한된 특수층의 견해가 아닌 완전한 범위의 사회적 관점에서 현저성을 고려한다(Pettit, 1997: 191). 의회의 논쟁에 접하려면 어떤 채널이 존재해야 한다. 그 채널은 사람일 수 있고, 언론일 수 있다. 언론은 '공정한 관찰자'로서 존재할 필요가 있다. 그러나 아주 빈번히 '편애적인 관찰자'(*partial spectator*)는 가까이 있고 공정한 관찰자는 매우 멀리 떨어져 있다. 크게는 전쟁이나 협상에서 정의법칙(*law of justice*)이 지켜지는 일은 매우 드물다. 진실과 공정한 협상은 거의 전면적으로 무시되고 사건은 조작된다. 그 수준이 낮게 내려오면 개인에게 적용된다. 즉, 공정한 관찰자가 멀리 떨어져 있기 때문에 문제가 늘 생기는 것은 아니다. 개인이 행동을 독려할 때, 열정이 강렬하면 개인은 제 3자의 공정한 입장에서 고찰하지 못한다. 그때 개인을 흥분시키는 격렬한 감정들은 사물들에 대한 우리의 시각을 흐린다(Smith, 1759/1996: 279). 자기애가 지나쳐 사물이나 사건이 과장되고 왜곡된다.

한국의 신문과 방송사, 그리고 인터넷 매체는 국가적으로 중요한 일이 있을 때마다 국민의 알권리를 위해 적극적인 역할을 자임했다. 그러나 한국 언론의 행적을 역사적 관점에서 되돌아보면 기자, 신문사, 방송사는 스스로 그릇된 정체성을 형성했다(이재경, 2008: 48).

오늘날 한국 저널리즘은 신문이건 방송이건 현장에서 기사를 취재하고 편집하는 기자나 에디터가 주도하기보다는 소유구조에 따라 해당 매체를 소유한 개인이나 기업 또는 정부가 주도한다. 다시 말하면 경영이 편집에 대해 강력한 영향력을 일상적으로 행사한다는 뜻이다. 이재경은 "인사구조에서는 경영과 맞설 수 있는 전문 언론인을 양성할 수가 없다. 아니 경영의 눈치를 살피지 않고 저널리즘적 가치만을 기준으로 기사를 판단하고 보도할 수 있는 기자를 양성하기도 어렵다"라고 했다(이재경, 2008: 63). 같은 맥락에서 잘못된 사회, 정치적 역할을 자임하는 한국적 언론관행을 고정시키면서 오늘날 언론이 사회를 위기에 빠트릴 수도 있는 상황에 이르렀다. 더욱이 우리 사회의 언론은 여전히 사실과 의견을 분리시키는 것까지 인색하다.

뿐만 아니라 우리의 언론은 오보에 둔했다. 자기의견 기사가 오보로 등장하면서 사회를 혼란스럽게 했다. 개인의 수준이 아니고 정권 쟁탈까지 논의된다. 홍준표 한나라당 대표는 10월 27일 서울시장 보궐선거 기자회견에서 "박(원순) 후보는 자신에게 제기된 12가지 의혹을 흑색선전이라고 주장하는데, 네거티브와 검증은 명백히 다른 것"이라며 "2002년(대선 때) 전과자 김대업을 내세워 네거티브를 한 것이 대한민국 선거사에서 가장 악랄한 네거티브였다"고 밝혔다. 나아가 그는 "어떻게 보면 '노무현 정부가 정권을 탈취'[2]해간 것"이라고도 했다(장재용, 2011).

오보는 엄청난 파장을 가져다준다. 오보는 토론과정에서의 명료화, 정밀조사의 위험 혹은 정보의 자유 등에서 진리가 밝혀진다. 사실이 밝혀지기 위해서는 어떤 구체적, 끊임없는 민주적 인내의 과정이 필요하다. 그때 타인들의 환희와 비애에 대해 가장 민감한 사람은 그 자신의 환희와 비애를 가장 잘 억제할 수 있다. 가장 섬세한 인간애를 가진 사람은 자연히 최고의 자기억제를 할 수 있는 사람이 된다. 커뮤니티를 유지하고, 강화하려면 당연히 타인에 대한 애정이 있어야 한다.

그러나 의견과 사실의 혼용 그리고 오보의 굴레는 우리 언론의 약점으로 등장한다. 스미스는 "언제나 자제를 한다고 할 수 없으면, 실은 매우 자주 자제를 하지 않는 경우도 있다. 그는 너무 많은 안일과 평정 속에서 생활하여 왔을지도 모른다"라고 했다(Smith, 1759/1996: 271). 그 자신

2 5년을 거슬러 2002년 대통령 선거로 돌아가 보면, 거의 똑같은 상황(김경준이 귀국한 2007년 11월 16일부터 전국의 뉴스매체는 앞 다투어 김경준과 그의 변호인, 가족 측의 주장을 중계했다 (…) BBK 논란은 대통령 후보 자질이나 정책검증 등의 쟁점을 모조리 덮어버릴 만큼 강력한 선거의제가 됐다)이 다시 연출된다. 이번에는 주역이 이회창 후보 아들의 병역비리 문제를 폭로한 김대업이다. 이러한 폭로는 선거 이후에 허위로 판명이 났다(이재경, 2008: 49).

의 마음의 안락을 위하여, 그는 너무나 쉽게 자신이 불가피하게 야기했던 타인의 불행을 가볍게 생각하기를 배우게 된다(273). 그리고 자제의 가장 고귀한 행사가 요구되는 상황에서 불가피하게 때로는 우리 이웃의 재산이나 생명을 빼앗아 간다.

설령 나쁜 습관이 아니더라도 공화주의는 일정한 경제력을 가진 곳에서 행해진다. 미개인들은 그들 자신의 결핍과 필요가 너무나 절박하기 때문에 타인의 결핍과 필요에 많은 주의를 기울일 수 없는 것이다. 따라서 미개인은 그의 고난의 성질이 무엇이건 간에 이 고난에 대해 그의 주위사람으로부터 아무런 공감도 기대할 수 없고, 따라서 자기의 약함이 조금이라도 노출되는 것을 혐오한다. 그러나 선진화된 사회에서는 타인에게 공감을 불러일으키려고 한다. 그런 사회에서 종교는 덕성의 실행에 있어서 대단히 강한 동기를 제공하고 우리들을 악덕의 유혹으로부터 대단히 강하게 보호하기 때문에, 많은 사람들은 종교적 윤리들만이 행위의 유일하게 칭찬할 만한 동기들이라고 생각하게 되었다(Smith, 1759/1996: 304).

종교에 순응하는 사회는 어떤 목표를 갖게 될까? 진실과 정의와 인간애의 실천을 증진시키기 위한 가장 적절한 보상은 무엇인가? 그것은 우리가 함께 살아가고 있는 사람들로부터의 신뢰, 존경, 사랑이다. 인류애가 요구하는 것은 위대하게 되는 것이 아니라 사람들로부터 사랑을 받는 것이다(296). 진실과 정의가 생동하는 사회는 부유하게 되는 것이 아니라 사람들로부터 신임을 받고 신뢰받는 것이며, 이것이야말로 이러한 덕성들이 거의 항상 틀림없이 획득하는 대가인 것이다.

다시 언론으로 돌아갈 때 진실, 정의, 신뢰가 필요하게 된다. 언론인에게는 사건의 취재에 있어 정확성이 요구된다. 모든 외부적 행동을 최대의 정확성을 가지고 규정할 필요가 있다. 이 덕성은 바로 정의이다. 아리스토텔레스는 정의를 '올바름'으로 규정했고, 그 능력을 '탁월성'으로 수행할 수 있어야 한다. 이런 맥락이라면 정의의 원칙들은 최고도로 정확하여, 그 원칙들 자체와 같이 정확히 확정될 수 있는 것을 재고하고 어떠한 예외나 수정도 허용하지 않는다. 스미스는 "정의에 관해서는 가장 세련되지 못한 사람, 가장 완고하고 확고하게 일반 원칙들 자체를 고집하는 사람이 칭찬할 만하며 가장 신뢰할 만한 사람이다"라고 했다(Smith, 1759/1996: 211~212).

공정한 언론은 사건에 정확성을 기하고, 이런 모순된 상황에서 벗어나기 위해 적절한 포럼(*forum*)의 상소를 제공하는 것이 필요하다. 사상의 공개시장 원리를 주장한 밀턴은 '왜 진리를 찾아야 하고, 자유를 가져야 하는가'라는 질문을 가졌다. 그는 언론자유가 허용되지 않으면 진리의 '자기검증원리'(*the self righting principle*)가 작동되지 않는다고 보았다. 이 원리는 개인성을 바탕으로 정보에 대한 성찰, 숙의, 숙성과정을 필요로 한다. 대중매체에서는 숙의과정이 있어도 숙성과정을 결하기 십상이다. 더욱이 파편화된 진리는 진리로서의 의미를 지니지 못하고 개인과 커뮤니티에 어떤 도움도 주지 못한다. 이런 진리는 늘 새로움만을 추구하는 충동, 충격적 인간들만을 산출한다. 더욱이 국가권력과 자본이 항상 개입을 일삼게 됨으로써 언론은 선전만 강화할 뿐이다. 커뮤니티 페이퍼는 멀리 존재하게 된다.

현대 기술은 더 빨리, 더 많은, 더 충격적인 정보를 독자에게 선보인다. 그렇다면 기술에 의존한 현재의 커뮤니케이션 기구에 문제는 없는가? 왜 우리는 사회적 비용에도 불구하고 언론기구에게 그런 자유를 부여해야 하는가? 우리는 우리 헌법에 명시한 민주공화주의의 자유, 법, 평등에 대한 성찰을 결과론적으로 분석할 필요가 있다. 그 분석이 없이 언론기구만 양산하면 국가는 더욱 큰 위기에 처한다.

언론자유가 개인의 자유를 누리게 할 것 같지만 이는 사상의 공개시장에서 진리를 찾는 노력이 아니라 경제의 궁핍화와 물신화의 경향으로 언론이 사회를 황폐화시키는 것이다. 16, 17세기 초기 언론은 '문예적 공론장'으로 사상의 공개시장 원리를 담당했다. 그러나 미디어 기구가 권력과 자본의 힘으로만 살 수 있게 체계의 영역만을 강화함으로써 공론장의 구조적 변동이 일어난 것이다. 언론은 문예적 공론장의 기능을 뒤로 밀쳐버렸다. 사상의 공개시장 원리가 작동을 멈추게 된 것이다. 그 자리에 부르주아 개인주의와 사유재산의 개념이 자리 잡게 된다.

언론은 물질적 이익을 찾기 위한 노력을 시도한다. '최대 다수의 최대 행복'은 몇 사람의 행복으로 바뀌게 된다. 그런 습성은 사회를 물신화로 급속히 이전시켰다. 커뮤니케이션을 통한 의미공유가 난망이 된 것이다. 자본의 논리에 뒤섞인 진리는 떨어진 살점에 불과하다. 즉, 밀턴은 오시리스 신화를 이야기했듯이, 현대사회의 파편화된 진리는 진리의 기능을 상실하고, 사막에 뿌려진 살점에 불과했다.

밀은 자유를 이야기하면서 권력과 자본의 통제를 경고했다. 그는 다수의 통제 아래 정부는 의견의 자유를 제약할 권리는 없다고 했다(Mill, 1859/1956: xvi). 그는 2가지 측면에서 이를 강조하였는데, 개인 자유가 사회적으로 유리한 점과 의견의 관점에서 간섭의 불리함을 이야기했다. 즉, 다양한 인류의 지적 유산이 공유될 때 그 사상은 인류의 복지에 도움을 주고, 여러 의견의 관점이 서로 충돌하고 조율될 때 그 커뮤니티는 건전하게 발전할 수 있게 된다.

좋은 사상이 화학적 반응을 일으켜 완벽하게 승화될 때 그 사상은 '최대 다수의 최대 행복'을 부여한다. 물론 칸트는 개인의 판단이 일반적 준거 혹은 표상을 갖고, 이들이 다른 사람과 커뮤니케이션을 가능케 함으로써 공유할 수 있다고 했다. 그의 즐거움에 대한 판단은 인지의 능력에 따라 호혜적, 주관적 일반성을 이야기한 것이다(Kant, 1790/2004: 42). 민주적 절차와 과정이 높은 수준의 의견통합을 가능하게 한다. 물론 그 결정이 설령 다른 언론, 정당이라고 하더라도 좋은 결정에는 서로 양보하고 타협할 분위기가 만들어져 있어야 한다. 그 양보와 타협은 서로가 오랜 동안 생사를 같이한다는 생각을 가질 때 더욱 설득력이 있다. 한번 만나고 헤어지는 곳에서, 혹은 한 토픽이 한번 선보이는 곳에서 양보와 타협은 의미를 잃게 된다.

분파, 음모, 파벌은 불운한 정치가 마음의 고요를 교란시킨다. 터무니 없는 과대한 사업계획, 금광 발견의 꿈 등은 파멸된 파산자의 마음의 안정을 중단시킨다. 감옥으로부터 계속 도망치려는 수인(囚人)은 비록 감옥이나마 그에게 제공할 수 있는 근심 없는 안정감을 향유할 수 있다(Smith, 1759/1996: 270). 의사의 약은 종종 불치의 환자에게는 최대의 고통이 된다.

수용자가 언론에 그런 극약처방을 원할까? 아니라면 언론의 충성스런 수용자는 바로 자신이 참여하고, 그 참여로 커뮤니티를 바꿀 수 있을 때 더욱 언론에 애착을 가진다. 언론이 많아진다고 언론의 자유가 보장되는 것은 아니라는 말이다.

커뮤니티 페이퍼가 대중신문, 방송보다 더욱 활성화되어야 하는 이유가 여기에 있다. 커뮤니티 페이퍼가 토론을 통해 좋은 결론을 낼 수 있도록 독려될 필요가 있다. 선거에 의한 민주적 정부일 때 그 체제는 국민에 의해서 통제를 받게 된다. 국민은 개인적, 집단적으로 정부가 결정하는 영속적 논쟁의 기능을 즐긴다. 문제는 누구나 경쟁에 참여할 수 있어야 한다는 것이다. 그렇지 못할 때 불평과 불평등이 생기게 된다. 사회가 정의로운지 묻는 것은 우리가 소중히 여기는 것들, 이를테면 소득과 부, 의무와 권리, 권력과 기회, 공직과 영광 등을 어떻게 분배하는지를 묻는 것이다(Sandel, 2009/2010: 33).

공화정은 개인에게 책임을 강화시키고 커뮤니티 유지에 관심을 가진다. 개인의 욕구와 믿음을 견제하고 균형을 취해준다. 여기서 자유와 평등이 공존해야 할 필요성이 생기게 된다. 결국 공화주의 아래 좋은 시민, 좋은 헌법, 평등한 사회 등이 함께 존재할 필요가 있게 되는 것이다.

공영방송 뿐 아니라 공공선 역시 공화주의 사회 내에서 존재한다. '적극적 자유'에서 그 의미가 부각된다. 적극적 자유는 공동체의 구성원으로서 공적 행위와 윤리를 실천해야 하는 공민으로서의 인간을 강조한 고대적 인간관과 관련이 있다(조승래, 2010: 98).

물론 '소극적 자유론'은 자유와 진리, 자유와 민주주의와는 관련이 있다는 주장으로 발전한다. 여기서 '소극적 자유'를 폐쇄적으로 운영할 필요는 없다. 말하자면 "인간은 각기 자신의 삶을 사는 존재이기 때문에 인간의 삶을 진리라는 미명 아래 그 어떤 폐쇄회로에 가두려는 것은 그것이 아무리 자비로운 의도에서 출발했고 고상한 목적을 가진다 해도 악이다"(Berlin, 1969: 127, 조승래, 2010: 100).

벌린은 '적극적 자유'를 자기 자신의 주인이 되는 것으로 규정한다. 이때 자신은 이성에 복종하는 합리적 존재라는 명제가 전제된다(조승래, 2010: 101). 자신이 비합리적 존재라면 자기 자신의 주인이 되는 것은 아무런 의미도 없기 때문이다. 이성적 존재로서 개인은 혼자 생존할 수 없는 것이다. 커뮤니티 안에서 생존의 의미를 지닐 때 그 존재의 의미가 부각된다.

포칵은 공화주의의 그 뿌리를 아리스토텔레스의 목적론적 인간론인 '정치적 동물'(*zoon politikon*)에 두고 있다고 보았다(Pocock, 1981: 49~72; 조승래, 2010: 105). 포칵에 의하면 인간은 폴리스 안에서 자아를 실현하는 존재이기 때문에 사적 이익을 추구하는 대신 공동선을 실천하는 덕을 발휘할 때 인간다운 인간이 된다는 주장이 바로 공화주의의 핵심이다(조승래, 2010: 105).

따라서 공화주의에서의 자유는 공동체의 공적 영역에 적극적으로 참여하여 인간의 목적을 실현하는 것을 말한다. 그렇다면 포칵은 벌린의 '적극적 자유'을 받아들여 그 개념을 명쾌하게 했다. 즉, 자유주의가 소극적 자유를 옹호하는 것이라면 공화주의는 적극적 자유를 추구하는 것이라고 보았다. 그리고 자유주의에 맞물려 평등에 관심을 가진다. 더욱이 우리의 헌법에는 경제적 평등・균등에 관한 조항이 있다. 즉, 경제체제는 공화주의로 그 방향을 잡는다. 헌법은 자유와 평등을 강조하면서 자유주의와 경제민주화를 함께 논의한 것이다.

헌법정신에 투영된 것은 경제적 균등이 보장될 때, 사회는 커뮤니케이션이 활성화된다고 본 것이다. 헌법 제 119조는 경제적 자유를 강조하며, 소득의 분배에 관심을 가졌다.

> ① 대한민국의 경제질서는 개인과 기업의 경제상의 자유와 창의를 존중함을 기본으로 한다,
> ② 국가는 균형 있는 국민경제의 성장 및 안정과 적정한 소득의 분배를 유지하고, 시장의 지배와 경제력의 남용을 방지하며, 경제주체 간의 조화를 통한 경제의 민주화를 위하여 경제에 관한 규제와 조정을 할 수 있다(박영률, 2003: 164).

이 헌법정신은 사적인 경제행위가 자동으로 공공이익을 만들 가능성에 회의를 표시하고, 국가가 어느 정도 시장에 개입하겠다는 의미를 지닌다. 그렇다면 대한민국 헌법은 공화주의 권리보다 의무를 강조하며, 권리도 정치적으로 구성하는 것으로 보인다(김경희, 2009: 105). 말하자면 정치의 우선성을 강조하는 공화주의는 사적인 삶보다는 공적인 삶을, 사익 혹은 개별이익보다는 공공선, 커뮤니티 유지를 중시한다. 물론 사적 영역을 무시하는 것이 아니지만, 사적 영역을 오히려 공적 영역에 참여할 때 보호받을 수 있다고 보는 것이다.

더욱이 대한민국 헌법은 헌법 전문에 자유민주적, 기회를 균등으로 한 공화주의를 명시할 뿐 아니라, 그 전문에서 '열린 민족주의'를 가미한다.

> (…) 유구한 역사의 전통에 빛나는 우리 대한민국은 3·1 운동으로 건립된 대한민국 임시정부의 법통과, 불의에 항거한 4·19 민주이념을 계승하고 조국의 민주개혁과 평화적 통일의 사명에 입각하여 정의·인도와 동포애로써 민족의 단결을 공고히 하고 모든 사회적 폐습과 불의를 타파하며, 자율과 조화를 바탕으로 자유민주적 기본질서를 더욱 확고히 하여 정치·경제·사회·문화의 모든 영역에 있어서 각인의 기회를 균등히 하고, 능력을 최고도로 발휘하게 하며, 자유와 권리에 따르는 책임과 의무

> 를 완수하게 하여, 안으로는 국민생활의 균등한 향상을 기하고 밖으로는 항구적인 세계평화와 인류공영에 이비지함으로써 우리들과 우리들의 자손의 안전과 자유와 행복을 영원히 확보할 것을 다짐하면서(…).

헌법 전문에 나오는 '유구한 역사의 전통'은 민족주의 전통을 이야기한 것이고, '세계평화와 인류공영'을 '열린 민족주의'로 언급했다. 여기서 민족주의는 애국과 같은 맥락이다. 크로체(Croce, 1866~1952)는 "애국주의에 다른 인간에 대한 관대한 인간적 애정이 포함되었다면, 민족주의는 짐승의 야욕과 이기적 욕망이 어우러져 있다는 것이다"라고 했다(Croce, 1944: 21; 조승래, 2010: 164).

2. 제헌헌법의 발전

물론 이탈리아 파시즘 관점에서 민족주의와 애국은 다른 개념이지만, 우리와 같은 약소민족에게 애국과 민족주의는 같은 차원에서 볼 수 있는 것이다. 이들 둘과 같이 사용되는 공화주의에서 나라(*patria*)는 바로 자유로운 인민들의 공동체라는 것이다(조승래, 2010: 164).

한편 안재홍에게 '나라'는 국가이니 '나'인 자아의 생활의식을 근본 의도로 한 민족의 생존협동체로서의 정신적 집결체인 것이다(안재홍, 1945 9.22; 안재홍, 1983a: 34). 이 '나'의 이념에 국가철학이 있고 정치이론이 있으니, 한번 보기를 원한다. 칸트에 의하면 시간은 개인의 내적 경험세계를 만들고, 그것은 일반적·필연적 확실성을 가질 수 없다. 그러나 공간은 공통의 경험을 가질 수 있게 한다(Kant, 1781/1966: 23). 동일한 공간을 경험하는 개인은 타인과 공통감을 만들기에 충분하다.

안재홍에게 '나'는 생활이념 실재의 파지자요, 모든 실천공정의 집행자이다. '나라'에 대해서는 '나'의 개성으로서의 자유가 있어야 하고, 여타

나라에 대해서는 집단적 자아로서의 '나'의 '나라'의 자유가 있어야 한다. 같은 공간을 경험하는 언론인은 나라사랑(애국)에 무관할 수 없었다. 이승만은 언론인에게 항상 강조하는 것이 있었다. 즉, "언론인은 지사야, 나라를 위해 글을 쓰고 생각해야 해(…)"라고 했다(유근호, 1985. 12. 28; 이병국, 1987: 29).

'나'의 애국은 다름 아닌 나라사랑이다. 국가와 국익이 강조된다. 이는 키케로, 리비우스, 마키아벨리 등 많은 사람이 답습한 개념이다. 여기서 논한 애국주의(*patriotism*)의 어원은 라틴어 'patria'에서 찾을 수 있다. 그것은 '공동의 일' 또는 '공공사'(公共事)로 구성된 나라와 같은 의미로 사용되었다(조승래, 2010: 140~141). 이 말은 공동의 자유와 공동의 이익이 존재하는 곳이 곧 'patria'라는 것을 뜻한다.

역사적으로 정밀하게 보면 르네상스 시대에 들어온 이러한 애국주의론은 시민적 휴머니스트들이 강조했다. 그들에게 'patria'는 바로 공동의 이익을 추구하는 나라를 의미했다. 그 안에서는 공동의 이익을 추구하는 삶이 가장 가치 있고 고귀한 삶이었다(Viroli, 1995: 24; 조승래, 2010: 141~142). 그러나 나라는 오로지 시민들의 적극적 참여정신을 통해서만 지켜질 수 있으며 바로 그것이 애국이었다.

같은 맥락에서 몽테스키외도 자신의 《법의 정신》에서 이러한 애국주의를 주장했다. 그는 고대의 애국주의는 사회통합에 기초한 것이기 때문에 근대 상업사회에서는 실천 불가능한 것이라고 보았다. 근대 상업사회에서는 애국주의가 자유에 대한 사랑에 기초한 것이어야 한다. 상업사회에서 돈과 이익을 추구하는 인간을 유덕하게 만들기 위해 필요한 것이 바로 나라사랑이라는 것이다(조승래, 2010: 144). 나보다 나라를 먼저 생각해야 하고 관직에서 얻을 수 있는 이익보다는 국민의 장래와 명예를 먼저 앞세워야 한다는 것이다(William, 1915: 137; 조승래, 2010: 155). 말하자면 애국한다는 것은 하나의 도덕적 의무이고, 나라에 대한 봉사와 헌신은 좋은 정부를 지지하고 공동의 자유를 지키는 것이기에,

이를 외면하는 것은 초연한 삶을 사는 것이 아니라 나태하고 타락한 삶을 사는 것이라고 그는 규정한다(Bolingbroke, 1967: xi, 358~359; 조승래, 2010: 150).

19세기에 들어와 낭만주의와 결합된 민족주의는 추상적 의미보다는 피와 문화를 공유한 구체적 의미의 나라를 강조하는 방향으로 나갔다(조승래, 2010: 164). 그래서 민족주의는 애국주의와 맥을 같이하고, 민족국가는 종족적·문화적 동질성을 구축해갔다. 민족주의, 나라사랑, 애국주의 등은 자칫 개인의 자유를 유린할 수 있다. 이에 대해 스피노자(Spinoza)는 1670년 출판한 《신학정치론》에서 왜 인간에게는 사상과 종교의 자유가 보장되어야 하는지, 그리고 이를 위해서는 어떤 정치체제가 필요한 것인지를 명확하게 설파했다(조승래, 2010: 173). 스피노자의 논지는 인간은 오로지 자유롭고 독립된 판단을 통해서만 이성적 존재가 될 수 있고 그것은 자유로운 정치공동체, 즉 민주주의 체제 아래에서 실현 가능성이 높으며, 자유롭기 위해서는 이러한 정치공동체의 절대적 주권에 복종해야 된다는 것이었다. 그는 인간이 정치공동체 내에서만 자유롭고 그 안에서 이성적 존재로서 완성되며 정치공동체의 주권은 절대적이어야 한다고 믿었다. 그의 공화주의에는 자유, 도덕, 건강한 시민, 좋은 헌법 등이 포함되었다(Pettit, 1997: 129).

공화주의 정부에서는 항상 개인의 자유뿐 아니라 국민의 복지, 공공선 등이 관심의 초점이었다. 미국의 공화주의 아래서 독립혁명 당시 유행했던 언어는 개혁(*reform*), 자유(*liberty*), 공공선 등이었다(임채원, 2008: 71). 물론 공공선을 달성하기 위해 공화주의에서 바람직한 정부형태로 혼합정체를 주장하는 이유도 이것을 공공분야에서 개인이나 정파의 이해를 넘어서는 공공선을 실현하기 위해서 필요한 제도적 장치로 보기 때문이다(임채원, 2008: 69).

인간의 행복을 추구하는 공화주의는 구체적 믿음을 재조직하는 것이 아니라, 비지배의 공화주의 자유의 목표가 심각하게 의미하는 것을 탐험

한다. 자유가 조작(*manipulation*)을 거부하는 과정에서 우선적으로 자유의 의미뿐 아니라 입법의 의미를 재조망할 필요가 있다.

해링턴에 의하면 공화주의 체제는 사람이 아닌 '법의 제국'(*empire of laws*)으로 구성된다. 또한 법은 다른 정당에게도 법적 힘의 분산을 가정한다. 어떤 정당에게도 법의 혜택이 돌아가도록 한다. 다시 말하면 법은 다수의 의시에 비교적 지향한다. 복합적 정치체제 아래서 임의적 권력의 실천은 최소한 실행이 가능하게 된다(Maitland, 1981: 84~85; Pettit, 1997: 174).

개인의 자유는 법의 규칙 아래서 더욱 확고해졌다. 이때 노예가 거부당한 것이다. 그리고 공직자가 법의 지배를 받게 되었다. 법은 특수한 케이스라도 모두에게 공평하게 적용되어야 한다. 법원은 법이 공정하게 집행될 수 있도록 사회정의를 생각할 필요가 있다. 판사의 재판뿐 아니라 헌법도 그렇게 제정된다. 대한민국의 공화주의에 기초한 헌법은 그 역사를 1948년 7월 12일 공포한 '제헌국회 헌법'에서 그 원류를 찾아 설명할 수 있다. 이 헌법은 유진오(兪鎭午, 1906~1987)가 기초한 헌법[3]에 소개되었다.

> 유구한 역사와 전통에 빛나는 우리들 대한민국은 기미 3·1운동으로 대한민국을 건립하여 세계에 선포한 위대한 독립정신을 계승하여 이제 민주 독립국가를 재건함에 있어서 정의·인도와 동포애로써 민족의 단결을

3 헌법은 제헌국회가 1948년 5월 31일 열린 후 첫 회의에서 의장에 이승만, 부의장에 신익희, 김동원 의원이 각각 선출되었고, 곧 헌법기초위원회를 조직하여 헌법 제정에 착수하였다. 그 제정된 103조의 헌법은 ① 자유적 기본권과 사회적 기본권에 대한 포괄적 보장, ② 3권분립을 통한 권력 간의 견제와 균형, ③ 독재방지와 책임정치의 구현을 위한 내각책임제 권력구조, ④ 사법권 독립, ⑤ 위헌법률 심사를 위한 헌법재판제도, ⑥ 공공복리를 위한 사소유권의 공적 제한, ⑦ 사회정의의 실현을 위한 경제적 자유와 공적 제한, ⑧ 농지개혁, ⑨ 부칙에 민족정기를 회복하고 민족적 정체성을 확립하기 위한 친일 반민족행위자 처벌의 근거조항까지 두었다(심재우, 2008: 167).

> 견고히 하며 모든 사회적 폐습을 타파하고 민주주의 제도를 수립하여 정치, 경제, 사회, 문화의 모든 영역에 있어서 각인의 기회를 균등히 하고 능력을 최고도로 발휘케 하며 각인의 책임과 의무를 완수케 하여 안으로는 국민생활의 균등한 향상을 기하고 밖으로는 항구적인 국제평화의 유지에 노력하여 우리들과 우리들의 자손의 안전과 자유와 행복을 영원히 확보할 것을 결의하고 우리들의 정당 또 자유로이 선거된 대표로서 구성된 국회에서 단기 4281년(1948년) 7월 12일 이 헌법을 제정한다.

이 제헌헌법 전문에서 보듯이 애국주의적 요소, 민주주의 질서, 국민생활의 균등 등 요소를 지녔다. 동 헌법에서 제헌국회는 헌법기초위원회를 조직하여 곧바로 헌법제정 작업에 착수하였다. 1948년 6월 3일부터 유진오의 헌법 초안을 원안으로 하고 권승렬의 초안을 참고안으로 하여 토의를 진행하였다.

그 헌법은 ① 제 1조: 대한민국은 민주공화국이다, ② 제 2조: 대한민국의 주권은 국민에게 있고 모든 권력은 국민으로부터 나온다"라고 했다. 그 중요한 조항을 언급하면 ③ 제 5조: 대한민국은 정치, 경제, 사회, 문화의 모든 영역에 있어서 각인의 자유, 평등과 창의를 존중하고 보장하며 공공복리의 향상을 위하여 이를 보호하고 조정하는 의무를 진다, ④ 제 13조: 모든 국민은 법률에 의하지 아니하고는 언론·출판·집회·결사의 자유를 제한받지 아니한다, ⑤ 제 16조: 모든 국민은 균등하게 교육을 받을 권리가 있다. 적어도 초등교육은 의무적이며 무상으로 한다. 모든 교육기관은 국가의 감독을 받으며 교육제도는 법률로써 정한다, ⑥ 제 17조: 모든 국민은 근로의 권리와 의무를 가진다 등이 그것이다.

우리의 헌법은 자유주의와 공화정의 의미를 함께 한 민주공화국 헌법을 갖고 있다. 그 헌법이 제정되기까지에는 일정한 역사적 과정이 존재한다. 1919년 4월 10일 밤 10시 중국 상하이 프랑스 조계 내 김신부로(金神父路)에 있는 현순(玄楯)의 집에서 이동녕, 이시영 등 독립운동가 29명이 모여 망명 임시정부 수립을 위한 임시의정원(국회)을 구성했다. 일

본 유학생 출신 26세 청년 신석우(申錫雨)가 '대한', 그리고 '민국'을 덧붙였다(이한우, 2010). 당시 신석우는 조선일보의 사주가 되고, 안재홍은 주필이 되었다. 안재홍의 행적을 보면 제헌헌법의 제정과정에서 그의 기여가 크다는 것을 알 수 있다. 그가 일제 강점기 발전시켜놓은 공화정의 사상은 결국 그의 신민족주의의 '만민공화'와 관련을 맺는다. 그는 1924년 이후 26년 동안 논개 활동을 했다.

안재홍은 와세다 대학 정경학부 출신이었다. 그의 언론 관련활동은 시대일보 논설기자, 조선일보 주필·부사장·사장·객원논설의원, 한성일보 사장 등이다. 그는 조선일보 시절 8년 동안 사설 980편, 시평 470편을 작성했다. 민세(民世)체를 만들만큼 그는 글쓰기 소질을 가졌다. 언론인 안재홍은 원래 중도주의를 강하게 주장한다. 언론에서의 중도주의 사고는 객관성, 균형성, 형평성 등에서 알 수 있다. 이들은 언론의 덕목이다. 그는 납북될 때까지 언론활동에 매진했다.

객관성 확보가 명증성, 진정성을 확보하는 데 필요하다. 어떤 사건을 정확히 보도하기 위해서는 하나의 사실을 여러 각도에서 조명하고 취재해야 한다. 하나의 사건에 대해 당장 전모를 밝히기는 어렵지만 여러 각도에서 사실을 추구하다 보면 정확한 전체의 윤곽이 드러날 수 있다. '불편부당'(조선일보 사시)의 입장에서 객관성의 사상은 담론의 커뮤니티, 동일성의 규격, 동일한 목표 등을 추구할 수 있게 한다.

'중도주의'[4]는 그 스펙트럼이 넓다. 최근 정치적·경제적 양극화가 우리 사회에서 심하게 대두된다. 한 가지 예로 전면적 무상급식, 선택적

---

4 최근 중도주의에 대한 선호가 두드러진다. 당시 한나라당 이명박 후보가 승리한 2007년 대선 당시만 해도 보수의 토양이 좋았다. 중앙일보와 동아시아연구원(EAI) 여론조사에선 자신을 보수라고 응답하는 사람이 43.4%에 달해 가장 높았다. 이어 중도(34.2%), 진보(22.5%)의 비율이었다(채병건, 2011.10.9). 그러나 2011년 9월 같은 조사에선 중도(44.5%), 보수(30.0%), 진보(22.4%)로 보수의 비율이 줄고 중도의 비율은 늘었다. 이에 비해 진보라고 답한 응답자는 당시와 비교하면 거의 변화가 없다.

무상급식 양편으로 갈라졌다. 한쪽, 즉 민주통합당은 전면적 무상급식을 강압하고, 새누리당 쪽은 선택적 무상급식을 원했다. 이때 중도의 논리는 더 유연하고 폭 넓은 자유를 가진다. 중도주의 사고가 필요한 것이다. 필자가 잡은 것은 경제민주화이다. 경제적 양극화는 중도주의를 상실하게 한다. 현실적으로 중도주의가 필요한 때이지만 여전히 중도는 설 자리가 별로 없다.

안재홍은 벌써 좌우가 한참 갈등을 빚을 당시인 해방정국에서 중도주의를 택했는데, 중도주의는 좌우가 양극화된 사회를 함께 엮을 수 있는 좋은 기회를 제공한 것이다. 그는 진보를 통한 부의 균등분배를 시도하면 커뮤니케이션이 활성화될 수 있다고 보았다. 그에게는 그리스의 평등개념과 다른 경제적 균등이 부각되었다. 자유를 통한 자유시장 원리, 즉 '보이지 않는 손'이 작동한다. 그 원리에 의해 견제와 균형을 취한다. 그러나 부(富)를 두고 불평등이 줄어든다면, 이것 또한 커뮤니케이션이 활성화되고 사회연계가 활발해짐을 의미한다(Karl Buecher, 독일 신문학의 비조; "The Linkage of Society"에서 논했다). 즉 불평등을 없애면 평등사회가 이뤄지고, 원활한 커뮤니케이션이 가능하게 된다.

안재홍은 좌우를 합친 어떤 헌법을 구상했다. 안재홍은 공산혁명이나 극우정치 모두를 배격한 것이다. 그는 중도의 입장에서 공산혁명도 거부했지만, 봉건적 대지주 계급도 혐오했다. 그는 '신민족주의'를 논하면서 ① 국민이 다 일하는 국민개로,[5] ② 대중이 더불어 살아가는 대중공

---

5 안재홍은 모든 사람이 직업을 가져야 하고, 직업은 동등하게 대우해야 한다고 했다. 여기서 직업은 '성인들의 일상적 활동으로서 경제적으로 보상되는 활동'을 뜻한다(김태길 외, 1986: 142). 생시몽은 인간의 모든 일들은 다 같이 귀중하며 동등한 가치를 인정받아야 한다고 했다. 즉, 국가 관리든지 학자든지, 예술가나 기술자, 공장 노동자나 농부들이나 땅을 파고 짐을 나르는 임금 노동자들이나 다 마찬가지의 중요한 일을 한다는 것이다.

김태길은 일할 의무와 함께 묻게 되는 또 하나의 윤리적 문제로 일은 사람들에게 의무로서만 주어지는 것이 아니라 권리로서도 주어지는 것이라고 했다. 사람들은

생,[6] ③ 만인이 모두 다스리는 만민공화를 기치로 내세웠다.

안재홍의 공화주의에 영향을 준 사람은 칸트인데, 《영구평화론》(*Zum ewigen Frieden*, 1796)은 공화정에 성립되기 위해 '자유, 입법, 평등'을 주장했다. 그 당시는 현재 말하는 경제에 근거를 둔 좌우가 심각하지 않았다. 좌우는 서구에서 1830년대 독점자본이 형성되면서 일어났다. 당시 자본가와 노동자 계급이 분리되었다. 그 전에는 계급 불평등이 더욱 심각하게 대두되었다. 어느 경우든 공화주의 헌법은 강력한 커뮤니티 보호를 주장함으로써 원래 중도주의를 취했다. 같은 맥락에서 칸트는 입법이 자유와 평등 사이에서 견제와 균형을 취할 수 있다고 보았다. 법적 억제는 부분이익에 의한 정치적 도구이성의 조작에 대항할 수 있게 한다(Pettit, 1997: 200). 법은 공정하게만 집행된다면 분명 다수에게 더 많은 자유를 부여하고, 평등을 보장한다.

일을 흔히 의무로만 생각하지만, 권리가 있는 곳에 의무도 있다는 말이 있다, 일할 권리가 전제되어야 일에 대한 의무도 바르게 이해할 수 있다. 또한 일하는 사람의 정신은 봉사정신이어야 할 것이다. 내가 하는 일이 남과 사회에 주는 공헌과 혜택을 생각하지 않고서 나의 필요와 나 개인의 이익만 생각하고 일한다면 일에 대한 관념과 윤리의식이 잘못된 것이라고 하겠다. 일에 대한 책임과 의무는 개인적인 것만이 아니라 사회적인 성격을 가진다. 직업을 통해 사람들은 경제적 소득을 올리고, 자신의 창의성을 발휘해서 무엇인가를 성취하는 자아실현의 기회가 될 수 있을 뿐 아니라 직업적 활동을 통해 사회에 참여하고 봉사하여 공헌하는 기회가 되며, 또 작업장에서 접촉하는 많은 사람들과의 협동적인 사회관계에서도 우리는 많은 보람을 얻을 수 있는 것이다. 그때 여러 사람들이 함께 관리·감독하면서 집합적 책임을 갖게 되지만, 자유를 중시하는 곳에서는 스스로를 관리·감독하면서 '자아 관리와 통제'를 할 수 있게 해야 한다. 왜냐하면 이들의 양태가 공동체적인 노동이 된다고 할 때에 이러한 일의 방식을 타율적으로 감독하고 관리하게 한다면 복잡해질 뿐만 아니라 일의 능률도 오를 수 없게 되기 때문이다.

6 대중공생에 관한 안재홍의 규정은 '겨레'와 '나라'와 '다사리'(다 같이 살이)와 스스로 민족주의요 국민주의요 또 민주·민생주의인 것이다. 그러나 상대(上代)에서의 '겨레'와 '다사리'와는 공민인 특수계급에 국한된 편이며, 당연 근대(近代)의 요청인 전 민족·민중에까지 확대 보화(普化)하여, 신민족주의요 신민주주의에까지 진전시키는 것이다(안재홍, 1945. 9. 22; 안재홍, 1983c: 49).

원래 자유는 우리 자신의 의지로 자유만으로는 충분하지 않다. 그것은 다른 모든 합리적 인간의 같은 자유를 생각함으로써 비로소 충분한 이성을 얻는다(Kant, 1785/1964: 115). 칸트에게는 타인에게 합리성을 얻기 위해서 이성이 작동할 필요가 있게 된다. 여기서 이성은 외부의 영향력에 독립해서 자신의 원리에 대한 필자로서 그 자체를 고려해야 한다. 실천적 이성, 혹은 '합리적 인간의 의지'도 자유법칙에서 예외일 수 없다.

다른 한편으로 합리적 인간의 의지는 자유의 사상 아래서만 그 자신의 의지일 수 있다(Kant, 1785/1964: 116). 칸트의 자유가 엄격하고, 자유는 목적의 질서에서 도덕적 법칙 아래 둘 때 의미를 지닌다.

개인의 자유는 자신의 법칙의지의 '강제'에 따라야 한다. 그렇다면 개인의 자유는 타인과 호혜적인 개념이 된다. 그런데 물론 세계에서는 감각의 세계와 지적 세계가 존재한다. 전자는 잡다한 관찰자의 감각성의 차에 따라 다양화되나, 후자는 대부분 같게 나타난다(Kant, 1785/1964: 119). 지적인 세계는 자연과 독립할 수 있으며, 이것은 경험이 아니라 이성에 의해 존재한다. 물론 감각적 세계에도 자연의 법칙이 있다. 자연은 경험의 예로 현실을 증명하거나 반드시 증명할 이해의 개념이다(Kant, 1785/1964: 123). 즉, 물리학은 자연을 경험적으로 증명하고 합리적으로 설명할 부분이 있다. 한편 도덕률에는 의무의 공통 사상(*the common idea of duty*)이 존재한다. 도덕적 법칙이 존재한다는 말이다(Guyer, 2002: 738). 도덕적 힘은 의무감뿐 아니라 절대적으로 필요한 것이다. 의무는 그가 사는 환경과 관련이 있고, 선험성을 지니고, 이것을 합리적 인간이 가진다. 감각적 세계에 따른 구체적 상황에서의 격률은 이성의 법칙과는 거리가 멀 때가 있다. 또한 이성에 근거한 자연법만 존재하는 것이 아니다. 이성원리만 존재한다는 옛 법, 민속법, 악법과 좋은 법, 커뮤니티의 관습법 등이 존재할 필요가 없다.

실천이성에서 도덕률은 선험적으로 풀이할 수 있는 영역이 있다. 칸트는 순수이성과 실천이성을 동일시하는 측면이 있다. 선(*good*)은 인간의 선험성으로 해석이 가능하다. 같은 맥락에서 판단도 정확하게 행해진다면 누구에게나 공유하는 수 있는 일반적 영역이 있다. 물론 탐미적 판단으로 이를 타인과 공유할 수 있다. 만약 그렇지 않더라도 상황을 합리적으로 해석하는 격률만으로 분석과 종합적 판단이 가능하게 된다.

단지 순수이성이 실천이성으로 작동할 때, 일반법칙이 작동한다. 그때는 노력적 법칙도 함께 공존할 수 있다. 선의 원리가 그렇다면 악(*evil*)은 선험성이 아니라, 상황적 요인으로만 설명이 가능할 때가 빈번히 존재한다. 설령 악의 영역이 아니더라도, 순수이성과 실천이성이 달리 적용될 때도 존재한다. 말하자면 많은 부분의 도덕철학은 경험의 영역이고, 인류학에 속하는 학문분야이다.

개인 자유에는 애정과 열정이 존재한다. 이들은 자기 절제를 통해 이성이나 격률의 원리에 귀속될 수 있다. 칸트도 착실한 성찰은 어떤 많은 경우 선일뿐 아니라, 어떤 측면에서는 사람들의 내적 가치의 부분으로 간주했다(Kant, 1785/1964: 61). 이런 경험세계의 내적 가치를 고려한다면 자유가 탐미의 영역으로 막연하게 공통의 가치로 간주될 수 없는 영역이다. 즉, 자유는 그만큼 시대, 개인, 상황에 따라 달리 해석할 수 있는 부분이다. 설령 칸트의 자유를 순수이성에서 주장한다고 하더라도, 실천이성의 시공간 아래서 책임이 강조되면 그 적용은 사회마다 다를 수 있다.

말하자면 이승만·박정희 정부의 '자유민주주의', '자유민주적 기본질서'는 제헌헌법 정신을 떠나 그 자체가 역사적 의미를 지닌다는 뜻이다. 그렇다면 제헌헌법과 그 이후 헌법의 '자유민주주의'는 일관성이 떨어질 수 있다. 헌법에서 계속성을 유지시키려면 자유민주주의 대신 오히려 공화주의라는 말을 쓰는 것도 하나의 방법이다.

최근 우리 사회에서 '자유민주주의', '자유민주적 기본질서' 등에 관한 논의가 활발하다. 2011년 8월 9일 교육과학기술부가 '2009년 개정 교육과정'에 따른 역사 교육과정'을 고시하면서 '자유민주주의', '자유민주적 기본질서' 등의 용어를 사용했다. 그 후 10월 28일에 '자유민주주의' 표기에 대한 찬반토론회가 있었다. 토론에 나선 박명림은 발제문에서 "건국헌법의 가장 중요한 두 특장(特長)은 혼합정부와 균등경제 체제였다"라고 했다(사설, 2011. 10. 28). 즉, 그는 제헌헌법 당시 입법・사법・행정의 견제와 균형을 말했고, 균등경제 체제의 사회주의적 요소를 말했다.

혼합정부에 대한 해석에는 별 이의가 없다. 그 대신 균등경제 체제에 대한 해석은 많은 오해를 일으킬 수 있다. 제헌헌법 제정 당시 안재홍은 국민개로, 대중공생, 만민공화 등으로 신민족주의를 논의했다. 그의 논의에 국민개로는 균등경제체로서 사회민주주의적 요소를 가지고, 대중공생은 자율적 평등주의 정신을 가지고, 만민공화는 공화주의 정신을 표현했다. 그의 이념은 과도정부 입법의원, 그리고 미군정장관으로서 1948년 대한민국 헌법을 제정할 당시 결정적 기여를 했다.

그 공화주의는 안중근의 《동양평화론》에서 그 사상이 수혈되어 안재홍에게 이어진 것이다. 안중근은 조선과 일본에서 '균등'하게 재판을 받고 국제 공법에 따라 판결을 받길 원했다. 그는 칸트의 《영구평화론》을 부각시켰다. 여기서 공화주의는 자유, 입법, 평등 등의 요소가 포함된다. 이 체제는 다양한 타인들과의 공존을 인정하고, 그 세계 속에서 소통하며, 공동의 일을 숙고하고 결정하며, 시민들이 정치의 주인이 된다. 이 세 요소에서 자유를 강조하면 자유주의자이고, 평등을 강조하면 진보주의자이다. 그 안에서 칸트는 견제와 균형을 취하길 원했다. 안재홍은 균형감각을 가졌고 중도를 택했다. 그는 '민공협동', 즉 좌우합작을 성취하여 통일된 대한민국을 건설하고자 했다.

해방정국에서 안재홍은 좌도 우도 아닌 중도주의를 표방한 것이다. 그 역할도 분화가 이뤄졌다. 언론인으로서의 안재홍은 자유에 관심을 가지기 마련이었고, 평등은 조소앙,[7] 입법에는 김규식의 도움을 받았다. 안

---

7 조소앙(趙素昻, 趙鏞殷, 1887~1958)은 경기도 교하군(파주)에서 태어났다. 그는 1904년 성균관을 수료하고, 일본에서 메이지(明治) 대학 법학부에 입학하여 8년간 수학했다. 그는 1917년 '대동단결선언'을 작성하고(14명의 공동성명), 대한

재홍은 공화정의 원리에 따라 입법・사법・행정이 견제와 균형을 취해야 한다고 보았다. 미군정청은 3권 분립을 고수하면서, 입법 김규식,[8] 사법 김용무, 행정 안재홍을 각각 임명했다. 그런데 그는 행정 책임자로서 미군정 장관을 역임했다(1947년 2월 5일 임명되었다). 그는 과도정부의 수장이 된 것이다. 그는 김규식의 입법활동을 행정적으로 도왔다. 입법의 김규식과 안재홍은 '중도우파'[9]였다.

민국 임시정부 법통을 강조했다. 또한 그는 1919년 '대한독립선언서'를 기초하였다(39명 공동명의). 그 선언서에서 동권(同權, 정치적 평등), 동부(同富, 경제평등), 동현(同賢, 교육・문화의 평등), 등수(等壽, 의료보장・노령보장) 등을 포함시켰다(김인식, 2010: 23). 1919년 4월 11일 대한민국 임시정부를 이룩함으로써, 그는 회의명칭을 '임시의정원'(입법기관)이라고 제안하였다. 그는 한국독립당 설립에 앞장서고, 그 이념을 삼균주의로 잡았다. 그 후 그는 1948년 12월 사회당을 결당하였다. 그는 1948년 5・30 총선에서 성북구에 출마하여 조병옥과 겨루어 압도적으로 당선되었다.

8 김규식(金奎植, 1881~1950)은 교육가로, 교육 정도는 고등, 구사할 수 있는 외국어는 영어, 프랑스어, 러시아어, 중국어, 일본어 등 6개 국어 등이다. 그는 파리강화회의 한국대표, 상해임시정부 외무총장 및 학무총장, 구미위원부 위원장, 극동민족대회 한국대표단 집행위원회 의장, 한국대일전선통일동맹 상무위원, 민족혁명당 중앙집행위원, 조선민족 혁명당 주석, 중경임시정부 부주석, 좌우합작위원회 주석, 남조선과도 입법의원 의장, 민족자주연맹 위원장 등을 지냈다(이철순, 2010: 1). 1921년 5월 10일자 일본 정보문서에 의하면 '(김규식은) 온건파라 할 수 있으며 외교적 방법을 택해서 친러시아, 친미국, 친중국 쪽이며, 그러면서도 부분적으로 폭동을 주장한다. 그에게 속한 세력은 주로 신한청년당인데 여운홍(형), 조동우, 민병덕, 서병호, 정대호 등이다'라고 되어 있다. 여기서 부분적으로 폭동을 주장한다는 부분은 아마도 김규식이 일찍이 몽골에서 군사학교를 운영하려고 했던 것과 관계가 있는 것으로 보인다. 1930년 이후 김규식이 주로 좌우의 통일전선 운동에 힘쓰는 측면, 해방 후의 좌우합작운동으로까지 연결된다고 볼 수 있다(6).

9 남한의 정치세력은 이승만의 단정노선, 김규식과 여운형의 좌우합작노선, 김구의 반탁 임정봉대노선, 좌익의 미소공위 속개 및 대중투쟁 노선으로 분화되었다(이철순, 2010: 9). 그러나 여기에서 중요한 점은 좌우합작노선이 하나의 정치세력으로 등장하게 된 데는 미군정의 정책이 큰 영향을 미쳤지만 그것이 유일한 요인은 아니었다. 미소공위 휴회라는 정국의 변화에 능동적으로 대처하려고 한 중간파의 노력도 중요한 요인으로 작용했다(9).

한편 조소앙은 대한민국 임시정부에서 그 법통을 '균등주의' 이념으로 파악했다(김인식, 2010: 20). 그는 임시헌법과 대한민국 건국강령으로 '인류의 공통적인 최대 염원, 인류의 최고이상'인 균등주의의 이상이 제헌헌법에도 반영되었다고 인식했다. 그는 건국강령이 '완전독립'과 '균등사회'를 실현하는 강령임을 확신, 강조했다. 그의 삼균주의(三均主義)를 한마디로 표현하면, 혁명수단으로써 일본제국주의 침탈세력(군벌 · 재벌)을 박멸하고 국토와 주권을 완전 광복시킨 뒤 정치, 경제, 교육을 기초로 한 전민 균등의 신민공화국을 건설하여, 나라 안으로는 국민 각 개인의 균등생활을 확보하고, 밖으로는 민족 간, 국가 간의 균등을 실현함으로써 궁극에서 세계일가의 이상을 이루는 민족국가 건설론이었다(김인식, 2010: 21). 그는 균등을 통해 열린 민족주의를 주장한 것이다.

한편 김규식은 '남북의 합작 실현' 곧 통일 민족국가의 수립에 무게를 두면서, 남조선 과도입법의원 의장직을 수행했다. 1946년 12월 12일 개원하여 1948년 5월 20일까지 존속했던 입법의원은 '임시 조선민주정부의 수립을 기하며 정치 · 경제 · 사회적 개혁의 기초로 사용될 법령 초안을 작성하여 민정장관(안재홍)에게 제출될 기관'으로 되어 있었다(이철순, 2010: 10). 처음 김규식은 미군정에 대한 생각이 회의적이었다. 그러나 중도우파를 육성함으로써 결과적으로는 우익 블록의 힘을 강화하려는 미군정이 김규식과 안재홍을 통해 점차 정치권력을 이양하겠다는 방침을 재차 천명하자 김규식은 입장을 바꾸었다(11).

김규식과 안재홍은 민정장관이자 중도파로서 헌법 제정에 기본골격을 제공했다. 그의 정신은 제헌국회에 투영되었다. 헌법의 정신은 1948년 6월 23일 제 1회 국회 제 17차 회의에서 구체화되었다. 대한민국 헌법안은 우리나라의 대한민국 임시정부 헌장, 민주의원에서 제정한 임시헌장, 과도입법의원에서 제정한 약헌 등을 종합하고, 그 외에 구미 각국에 현재 있는 모든 헌법을 종합해서, 이 원안에 기초한 것이다(신우철, 2009: 348).

제헌헌법에는 안재홍의 사상이 많이 개입되었음을 알 수 있다. 그 전문은 "각인의 기회를 균등히 하고 능력을 최고도로 발휘케 하며 각인의 책임과 의무를 완수케 하여 안으로는 국민생활의 균등과 향상을 기하고 밖으로 (…) "라고 했다. 또한 제 17조는 "모든 국민은 근로의 권리와 의무를 가진다" 그리고 제헌헌법 제 2조는 "대한민국의 주권[10]은 국민에 있고 모든 권력은 국민으로부터 나온다"라고 했다. 이 국민주권의 원리는 링컨이 말한 '국민의, 국민에 의한, 국민을 위한' 정치원리에 기초한다(심재우, 2008: 170). 민주주의 헌법은 "국민의 자유와 권리 그리고 인간의 존엄과 행복을 보장하는 하나의 사회계약 문서로서 파악되었다"라고 했다. 물론 계약은 "어떠한 공동체를 만들 것인가에 대한 시민들 간의 합의이다"라고 했다. 그러나 국민의 대의기관으로 제헌국회가 그 역할을 한 것이다.

더욱 구체적으로 안재홍의 만민공화 개념이 투영되었다. 또한 중도우파의 평등사고가 보인다. 제 8조는 "모든 국민은 법률 앞에 평등하며 성별, 신앙 또는 사회적 신분에 의하여 정치적, 경제적, 사회적 생활의 모든 영역에 있어서 차(差)받지 아니한다"라고 했다. 더욱이 이 헌법은 경제·사회적 약자들이 인간답게 살 수 있는 생존적 기본권 또는 사회적 기본권을 포함했다(심재우, 2008: 171).

동 헌법 제 84조에서 대한민국의 경제질서는 "모든 국민에게 생활의 기본적 수요를 충족할 수 있게 하는 사회정의의 시현과 균형 있는 국민경제의 발전을 기함을 기본으로 삼는다. 각인의 경제상 자유는 이 한계 내에서 보장된다"라고 했다. 또한 제 13조는 "모든 국민은 법률에 의하지 아니하고는 언론·출판, 집회·결사의 자유를 제한받지 아니한다"라고 했다. 메디슨이 주장한 언론자유 조항이 있다. 우리 제헌헌법은 서구에서 말하는 공화주의 요소를 가졌다. 그러나 1987년 통과된 개정헌법은 이 자유조항이 제 21조로 밀려 규정되었다.

---

10 국민주권은 "국가의 주권이 국민에게 있고, 주권의 행사자도 국민이며, 국가의 존립 목적도 국민의 자유와 행복을 유지하고, 촉진(증진)하는 데 있음을 의미한다(심재우, 2008: 170).

미 연방 수정헌법 제1조에 비해 한국의 언론자유는 그만큼 홀대받고 있다. 그만한 이유가 있었다. 메디슨은 입법(정치학), 사법(법학), 행정(행정학) 등의 요소 위에 언론의 자유를 두었다. 물론 이 자유는 모든 자유의 대표적 양식에 불과하다. 당시 표현의 자유는 근본적으로 종교적 표현의 자유에 관한 개혁 강조로부터 등장했다. 종교가 일반적으로 표현의 자유를 확보하고 보존의 부분이 되었다. 미 연방 수정헌법 제1조는 저널리스트가 종교와 더불어 가장 높은 전문직의 표준을 추구할 수 있게 했다. 더욱이 '4부'로서의 언론은 '적대적 입장에서 국가와 미디어와의 관계'를 규정했다. 이것은 자유주의 모델을 위한 지지와 관련이 있다(Keeble, 2001: 128).

자유언론은 자본주의적 민주주의, 서구의 지배적 가치체계의 중심 모습이었다(Keeble, 2001: 126). 1948년 12월 10일 세계인권선언 제19조는 "모든 사람은 의견과 표현의 자유를 가진다. 이 권리는 어떠한 간섭도 없이 의견을 가지고 있을 권리와 미디어를 통하여 국경에 관계없이 정보와 사상을 추구하고, 받고 배포할 권리를 포함한다"라고 규정했다.

언론은 의견과 표현의 자유를 누릴 수 있게 다양한 구성원의 의견을 취합해 여론을 주도하는 역할을 한다. 즉, 언론은 정책과 사회의 공적 생활(*public life*) 영역을 확보해준다. 여기서 공적 생활은 공통의 지식이나 믿음의 문제에 기초한 커뮤니티 생활을 의미한다(Pettit, 1997: 165). 이런 생활은 언론이 여론을 환기시키고, 법이 그들의 최종적 잣대를 제공한다. 더욱이 서구에서 채택하는 '정보자유법'(*The Freedom of Information*)은 국가와 (공공) 기구들이 소유한 정보에 대한 시민들의 접근을 원활하게 함으로써 정치적 대의제 기구에 대한 시민들의 접근을 원활하게 하고, 시민의 권리를 강화하고, 정부와 시민, 시민 상호 간의 정보의 양을 늘리고 질을 향상시킨다(Keane, 1991/1995: 160).

다른 한편 소극적 의미에서 법은 개인이 서로 절제하고, 제약하도록 한다. 그렇다면 인류 역사에서 부단히 변화와 발전을 지속한 민주주의는 헌법 원리의 승패가 다양한 의견과 정보들에 기반을 둔 공적 토론과정 속에서 진실을 결정할 수 있는 시민의 능력에 대한 신뢰에 달려있다(조소영, 2011: 1). 더욱이 밀턴은 진리관을 이야기하면서 사회 내에 ① 선악이 서로 혼재되있으며, ② 진리가 조각나 있다는 것이라고 했다(홍성구, 2011.4: 190). 전문사회가 도래할수록 선악과 진리의 분파가 심각하게 대두된다. 파편화된 진리를 규명할 언론자유가 그만큼 중요한 요소로 고려된다.

언론의 중요성이 부각되면서 언론에 대한 기본가치 정립이 더욱 중요하게 부각된다. 자유언론은 국가로부터 독립적이며, 정치적 정당에 의해 직접기금으로부터 자유롭고, 위정자와 국민 사이에 중재자이고, 합리적 선거의 결정을 형성하기 위해 사용할 정치적 · 재정적 · 사회적 정보를 제공한다. 언론은 사상의 공개시장 원리가 작동할 수 있도록 사회 내 커뮤니케이션을 활성화한다. 커뮤니티의 공적 생활은 비지배의 적용을 위해 그 중요성이 부각된다(Pettit, 1997: 166). 공화정에서 언론은 그만큼 큰 역할을 담당한다.

그러나 우리의 헌법은 그렇게 언론자유에 대한 우위성을 높이 평가하지 않았다. 자유주의 헌법에서 자유를 뒤로 하고 언론자유를 헌법조항의 뒷부분으로 밀어냈다. 그 역사적 맥락으로 보면 1960년대 후반 언론관련 전문잡지들은 기자의 '직업화', '전문직업인'에 대한 주장을 적극적으로 개진하면서 긍정적 의미를 부여했다. 이는 기자의 역할과 의미를 폄하하는 결과였다. 1950년대만 하더라도 기자에 대해 '샐러리맨', '직장인'이란 표현은 경멸적인 의미를 담고 있었다(이종숙, 2011: 37). 당시 기자들에게 중요했던 것은 '지사', '지식인'의 역할로 '사회를 위해 무엇을 해야 하는가', '무엇을 쓰느냐'의 문제였다.

관훈클럽은 기자의 전문직화에 앞장섰다. 이종숙은 1957년 8월 22일

발간된 (관훈클럽) 〈회지〉 창간호 권두언에서 '친목과 연구', '자질 향상' 등을 내세우며 "전문인은 그의 직업사명에 투철하면서 모든 진실을 두려움 없이 보도·비판하고 공정과 정확에 철저한 신조로 살아야 할 것이며, 신문은 많은 점에서 더욱 연구·검토되어 점차 시정, 향상되어야 할 것이다"라고 했다.

그렇다면 언론인이 자발적으로 자신들을 전문직으로 밀친 것도 경시할 수 없다. 더욱이 KBS의 규범은 ① 방송의 자유와 제작자의 책임, ② 정확·공정·진실, ③ 인권의 존중, ④ 방송의 품위와 제작자의 윤리(방송인으로서의 윤리적 품격과 도덕적 소양을 갖추어야 한다), ⑤ 사회통합, ⑥ 민주적 여론형성, ⑦ 민족·통일, ⑧ 글로벌화 등으로 규정되었다(정연주, 2007: 13~30). 즉, 방송의 규범에 언론인을 전문직의 범주로 맞춤으로써 그만큼 영역을 좁혀 놓았다.

언론행위를 인간의 행위로 보면 그 범주가 더욱 넓어진다. 언론이 공적 기구로서 권력기구로 작동할 수 있었으나, 정부는 권력기구로서의 기능을 축소시켜 전문직화된 언론을 시도한 것이다. 물론 과거 역사를 보면 언론이 과거 자유와 책임의 영역에서 책임에 철저하지 못한 측면도 있었다. 그렇더라도 공화주의에서 언론의 역할은 전문직만으로 풀리지 않는다. 더욱이 개인의 정치생활이 공적 삶이라고 생각하면, 인간의 자유 혹은 표현의 자유 또한 중요한 이슈로 등장한다. 인간의 실존이 여기서 증명되기 때문이다.

실존주의자 야스퍼스(Jaspers)는 인간존재라는 것은 '형성과정'을 뜻하는 것이라는 의미에서 "인간임(*menschsein*)이 인간됨(*menschwerden*)을 말한다"라고 했다(최조웅, 1992: 42). '인간됨'이란 우리말로 인간이 고정적인 존재가 아니고 끊임없이 자기 형성을 한다는 것이다. 따라서 야스퍼스는 '인간이 무엇이냐'는 것을 존재론 혹은 인간학적으로 고정시켜서는 안 된다는 것을 말했다. 말하자면 인간은 자아의 한계선을 고정적인 것으로 발견하기는 어렵다. '자아는 나의 육체만이다'라고 말하기도 어렵다. 위대한 자아의 성취를 위해서 나의 육체를 버리는 일도 있기 때문이다. 그렇다고 자아는 '나의 의식이다'라고 말하기도 어렵다.

후설(Husserl)에 의하면 의식은 지향적인 것이기 때문에 반드시 대상들과 결합된다. 자아는 대상과 결합하면서 다양한 모습으로 변한다. 이런 측면에서 자아는 '나의 주체성으로서 실존이다'라고 할 수도 있지만 실존이란 '세계 안에 있는 존재'(*das in der welt sein*) 이어서 그의 세계와 환경은 구조상 불가분으로 관계를 맺는 것이다(최조웅, 1992: 48). 개인이 타인과 세계와 관계를 맺을 때, 그 잣대가 요구된다. 스토아학파의 제논(Zenon), 호라티우스(Horatius), 키케로 등은 단순한 전원생활, 부동심, 이성적 자유, 금욕주의 자족을 미화했다. 키케로는 마음의 평정을 최상의 행복으로 간주하였다. 또한 제논은 정념과 격정에 대항해서 자유로울 뿐 아니라 이성적인 세계질서에 합치하기 위해 인간의 부동심이 필요하다고 역설하였다.

한편 칸트와 더불어 헤겔(Hegel)은 "모든 이성적인 것은 현실적이고 모든 현실적인 것은 이성적이다"라고 말해 이성의 절대성을 이야기했다. 그러나 쇼펜하우어(Schopenhauer)가 "인간의 본질은 이성이 아니고 의지(*will*)이다"라고 말하면서부터 인간관에 있어 이성의 절대적인 위치를 흔들어 놓았다. 더욱이 근세적인 인간관에서 이성의 절대화에 대해서 먼저 반대한 이들이 사실은 괴테(Goethe), 헤르더(Herder) 등의 낭만주의자들이었다. 인간의 인식기능에는 이성과 감성이 있는데 낭만주의자들에 의하면 이들은 동등한 가치를 가졌거나 혹은 감성이 이성보다 더 우월하다는 것이었다(최조웅, 1992: 67).

한편 에피쿠로스학파의 대표적 일원은 에피쿠로스(Epikouros), 카루스(Carus)였는데 이들은 쾌락의 지속과 평정심에 관심을 가졌다. 그들은 경험적 인성을 중시하여 근대 르네상스와 영국 경험론에 의해 발전되었다(최재희, 1967: 74). 스미스 등이 주장하는 경험이 이성적 통찰의 수단으로 바르게 작동할 때, 감각의 지각이 사물의 쾌락을 알아낼 수 있다. 욕망을 채움으로써 얻는 적극적 쾌락과 더불어 미음의 평정의 소극적 쾌락도 이들이 주장한 것이다.

이성이든 감성이든 인간에게 행동이 중요한 잣대가 됨은 틀림없다. 어떤 측면에서 상황에 따라 양자는 공존하는 잣대로 이용할 수 있다. 그러나 오늘날 개인은 고도로 전문화된 과학지식과 기술, 모든 산업의 기계화와 자동화, 사회조직의 관료화, 매스미디어의 비약적 발달 등과 같은 것으로 구성된 거대한 시민사회의 구조와 산업적 기구 속에서 단지 그 부품으로서 존재하고 말았다.

같은 맥락에서 언론 역시 기계화·전문화의 영역에서 벗어나, 독립된 영역을 확보할 수 없게 되었다. 모스(Morse)가 1844년 5월 1일 전신(*telegraph*)을 발명하여, 1861년 남북전쟁 때 그 기술은 전쟁의 도구로 사용되었다. 전쟁이 끝난 후 1866년 상황은 독점기업이 성업하고 있었다. 당시 사회현상으로 ① 전신은 시장의 상황적 요소를 제외시켰다. 과거에는 개별시장의 원리가 독립적으로 작동함으로써 수요와 공급이 시장상황에 의해 결정되었다. 시장은 자연법칙에 의해서 자동조절되었다, ② 재화가 상품의 대표성으로부터 분리되었다. 상품의 대표성이 창고의 인수증으로 대치되었다. ③ 상품의 거래가 등급체제로 이뤄지는 상황 등이 일어났다. 많은 양의 물품은 비인격적 규격화를 요구했다(Carey, 1995: 157). 스미스의 '보이지 않는 손'이 더는 작동하지 않게 된 것이다. 개인의 실존에 더욱 의심을 품게 되고 이성과 감성의 잣대에 의심을 품게 된 것이다. 더욱이 노동을 자신의 일부가 아닌 자기에게서 외화된 하나의 상품으로 여겨서 그것을 팔아버리게 될 때 그 인간 노동자는 곧 노동에 있어서의 자기 외화를 행하는 것이고 그것은 곧 자기 소외가 된다는 것이다(최조웅, 1992: 197).

그런데 마키아벨리, 해링턴, 몽테스키외, "카토의 편지", 〈연방주의자 보고서〉도 이 점을 염두에 두었다. 그들은 제도의 설치와 그것의 재설치에 관심을 두었는데, 특히 그들이 관심을 가진 것은 어떻게 가장 좋은 제도로 비지배의 상태에서 개인의 자유를 확보할 수 있을까에 대한 물음이었다(Pettit, 1997: 240).

물론 전문직으로서의 언론인은 이러한 현대형의 인간에서 벗어날 수 없다. 공론장이 자본주의 사회제도 아래서 아주 질서정연하게 봉사한다. 그 범위 안에서 뉴스를 규정하고, 취재활동을 시도한다. 맥네어(McNair)는 "뉴스는 '저쪽 편'(*out there*)의 단순한 기록이나 보도가 아니라, 종합(*a synthetic*), 가치 포함의 전망(*value-laden account*)이다"라고 했다(McNair, 1994: 33; Keeble, 2001: 132). 즉, 언론은 뉴스를 생산한 사회의 지배적 정서와 사상을 전달한다.

다른 측면에서 정교한 언론의 전문직은 공적 생활을 보장하고, 공통의 믿음을 창출하도록 한다. 이런 덕성이 요구하는 모든 외부적 행동을 최대의 '정확성'을 가지고 규정한다. 그 덕성은 바로 정의이다(Smith, 1759/1996: 211~212). 정의의 원칙들은 최고도로 정확하여, 그 원칙들 자체와 같이 정확히 확정될 수 있는 것을 제외하고는 어떠한 예외나 수정도 허용하지 않는다.

정의에 관해서는 가장 세련되지 못한 사람, 가장 완고하고 확고하게 일반 원칙 자체를 고집하는 사람이 칭찬할 만하며 가장 신뢰할 만한 사람이다. 언론은 더욱 이런 미덕을 숭고하게 생각한다. 정확성을 바탕으로 정의를 추구하는 언론은 객관성을 내세운다. 말하자면 언론의 객관성, 중립성, 공평 그리고 균형 등은 오랜 동안 언론의 관행이었다.

저널리즘은 19세기 후반 〈뉴욕 선〉(*New York Sun*)을 필두로 당파성 신문에서 벗어났다. 데이(Day)는 페니 프레스(*penny press*)로 1833년 9월 3일부터 인간의 관심사(*human interest*)를 찾아 나서고, 진리를 규명하기 위해 객관적 진리를 추구했다. 당시 페니 프레스는 당파성 신문으로부터 객관적 저널리즘을 시도했다. 어느 곳에서든 언론은 중립성을 유지하면서 공통의 인지, 공적 생활의 복원을 시도했다. 뉴스는 객관성·정확성을 중점적으로 추구하면서 자유시장의 가치를 신봉하고, 독립성을 확립하도록 작동시켰다(Keeble, 2001: 129).

한편 신문은 상품으로서 평가받기 시작했다. 저널리스트는 주관적이거나 무정부주의 그리고 선전의 왜곡에 대항하여 진정한 가치인 진리를 추구하도록 했다(Kieran, 1998: 23; Keeble, 2001: 128). 언론인들은 언론의 독립성을 생명으로 하고, 독자를 상대로 상품의 가치를 인정받기에 이른다.

공적 생활은 중요한 정책에 도전함으로써 공화주의 국가를 대표해 간다(Pettit, 1997: 166). 공적 생활을 보장하고 커뮤니티 유지에 도움을 주지만 언론은 상업성과 포퓰리즘에 몰두하게 됨으로써 도덕적 패닉 상태를 경험하고 만다. 언론은 여론조사를 통해 엉뚱한 여론을 형성시킨다. 다수의 정보가 공론장의 제어장치를 상실한 것이다. 물론 정보가 많다고 그 정보가 유용한 것은 아니다. 무절제한 정보생산은 오히려 개인의 판단을 마비시킨다. 아리스토텔레스가 중용과 조화, 탁월성을 판단의 원리로 삼았으나, 현대 언론사 간부는 '게이트 키핑 기능'[11] 수행에 문제를 발생시킨 것이다.

유권자들은 여론조사 내용에 아주 빈번히 심각하게 대답해야 할 어떤 강한 동기를 느끼지 못한다(Pettit, 1997: 168). 그런 여론을 포퓰리즘 쪽

---

11 '게이트 키핑 기능'은 갖가지 주제의 정보를 취합함으로써 편집자에게 중요한 일이 된다. 편집자의 권위에 따라 그날그날 언론의 논조가 결정된다. 최근 그 권위가 상실됨으로써 언론의 기능이 상실된다. 이런 권위상실은 최근 학교 현장에서 잘 나타난다. 한국에서 교육의 권위상실이 두드러지고 있다(홍찬식, 2011). 체벌 금지 이후 학생들은 교사들에게 학생 통제수단이 없다는 점을 잘 알고 있다. 교사들이 권위·통제권을 상실한 것이다. 서울시 교육청은 학생인권을 내세우며 학교 내에서 집회의 자유까지 주겠다고 한다. 만약 실현된다면 학생들이 교사나 학교 방침에 수시로 항의하는 일이 벌어지게 된다. 교육의 권위는 더 떨어질 곳도 없는 지경에 이르게 된다. 교사들이 수업 도중 특정 정치인이나 정당을 헐뜯거나 자신의 정치적 이념을 학생들에게 주입하려는 일도 빈번하게 일어난다. 학부모는 물론이고 학생들까지 고발 사이트를 개설하며 반발할 정도다. 일부 교사는 스스로 교육의 권위를 허물고 있다.

으로 몰아가 공적 생활을 담보할 공론장, 공적 정보, 여론조사 등에 문제가 생긴 것이다.

더욱이 영국과 미국에서는 공적 생활을 담보해야 할 언론의 '타블로이드화'(*tabloidisation*, 선정주의화)가 증가한다(Keeble, 2001: 3). 언론은 '숙의 민주주의'(*deliberative democracy*)의 공론장을 형성시키지 못하고, 선선기능에 몰두한다. 더욱이 '언론인은 지사(志士)야, 나라를 위해 글을 쓰고 생각해야 해'라는 논리를 망각한다. 뿐만 아니라 신문의 선정주의 경향은 왜곡된 공론장을 만들어 낸다. 언론은 그 시기의 사회를 규정하고, 그 규정을 확산시키고, 시민이 공통감각을 갖게 할 필요가 있다. 그 대신 인쇄의 자유(*liberty of printing*)가 소수의 권력으로 축소된다면 그들은 오류를 훨씬 빨리 범하게 된다(Milton, 1644/1998: 166). 말하자면 언론기업 소유주와 저널리스트가 사회책임을 도외시함으로써, 사회는 언론의 자유를 중요한 덕목으로 간주하지 않게 된다.

미디어는 공적 기능을 거부함으로써 존재가치를 상실하게 되었다. 언론은 광고를 만회하기 위해 안간힘을 쓴다. 공적 생활에 관심을 갖기보다, 자사(自社) 이기주의를 강화시키는데 관심을 가진다. 사회는 양극화가 심해지고, 언론은 물질적 성공에 몰두하게 됨으로써 점점 신뢰를 잃어간다. 미국 사회는 1947년 '언론자유위원회'(The Commission on Freedom of the Press)에서 '미디어의 사회책임'을 강조했다.

커뮤니케이션 활성화의 유토피아적 상황과 관계없이 언론의 정부감시 기능은 점점 줄어들게 되었다. 신뢰를 상실한 시대에 커뮤니케이션 윤리가 문제가 되었다. 언론이 양심의 자유를 상실한 것이다. 헌법 제 19조는 "국민은 양심의 자유를 가진다"라고 규정한다. 양심은 권리인 동시에 의무이다. 칸트는 도덕감을 '의무의 공통 사상'으로 간주했다(Guyer, 2002: 738). 의무를 개인이 사는 환경과 관련이 있고, 합리적 인간이 갖는 선험성으로 본 것이다. 같은 맥락에서 개인은 자유로서 불충분하나, 그 의지가 다른 모든 합리적 인간이 같은 자유로 기여할 때 비로소 그것은 충분한 합리성을 얻는다(Kant, 1785/1964: 115). 즉, 자유와 책임은 따로 떨어져서 존재하는 것이 아니라, 공존하는 것이다. 더욱이 칸트에게 도덕적 가치는 개인에게 관찰되는 행위만이 아니라, 그가 보지 못하는 내적 원리까지 포함한다(Kant, 1785/1964: 71).

규범은 내적 규제원리고 법은 외적 것의 원리이다. 법은 규범을 보호해야 하고 규범은 법을 보호해야 한다. 이런 측면에서 마키아벨리는 "좋은 관습과 도덕에 의해서 규정하지 않는 법의 공화국으로 강압하려 할 때 희망이 없다"라고 단언했다(Pettit, 1997: 242). 좋은 규범은 좋은 법을 가지게 하는 것이다. 시민의 덕은 좋은 법과 그 규범에 따라 행위를 할 때 실현된다. 물론 여기서 규범은 행위의 패턴이 되고, 일반적으로 다른 사람도 그 행위를 시인해야 하고, 이런 승인된 행위가 다른 행위보다 더욱 안전을 보장해야 한다(Pettit, 1997: 244).

밀턴이 《아레오파지티카》에서 내세운 명시적인 주제는 출판허가의 문제였지만 그것은 그 이상의 문제를 함축했다. 즉, 그는 "출판허가법"이라는 구체적 문서를 통해 이것이 지적 탐구행위의 자유를 정당화하고 종교적 신앙의 자유문제를 양심의 자유문제로 한 단계 승화시켰다고 평가했다(Milton, 1644/1998: 181).

요즘 언론은 자유를 누리지만 규범, 책임 그리고 도덕적 의무를 소홀히 한다. 벨시(Belsey)와 채드윅(Chadwick)은 "미국의 TV 채널과 영국의 전형적 타블로이드 일간신문의 내용은 수치 수준에 머무는 것이 아니라, 범죄행위로까지 치닫게 되었다"라고 했다(Belsey & Chadwick, 1992; Keeble, 2001: 3).

규범이 존재하지 않는 상태에서 언론법만으로 언론을 규제할 수 있을까? 밀턴은 '사상의 공개시장'과 '자율조정'을 주장했다. 그 사회는 프로테스탄트 정신이 여전히 존속할 때 가능한 일이다. 그렇지 못한 진리의 파편화가 심화된 상태에서 공개 자체는 '자율조정'과는 전혀 관계없이 움직인다. 하나의 악은 다른 악으로 덮인다. 덮기만을 계속하는 상황에서 언론은 사회에 대한 책임감과 수치심을 전혀 느끼지 못한다.

개인의 정서는 공론장에서 숙의를 거쳐 걸러져야 한다. 민주주의의 경쟁적 이미지에서 중요한 요소 중의 하나는 숙의의 입법기관이다(Pettit, 1997: 232). 이 기구는 공통의 이해뿐 아니라 상호작용 토론의 장을 대표한다. 의회에서 숙의가 이뤄진다면 공론장으로서의 언론도 같은 맥락에서 여론을 걸러야 한다.

밀턴은 지금 우리가 소유하는 진리란 원래 있었던 하나의 완전한 진리가 아니라 이들의 조각, 즉 파편화된 진리들일 뿐이라고 보았다(Milton, 1644/1998: 221). 현재 언론은 파편화된 진리를 말할 뿐 아니라, 개인의 인격권까지 침해한다. 언론은 개인에게 관용을 허용할 생각을 갖지 않는 것이다. 이런 상황에서 언론은 개인의 사생활을 늘 침해함으로써 공적 생활을 좀먹는 존재로 둔갑했다. 사생활은 기본적 인간의 권리로서 고려된다. 이 권리는 국가나 사회적 집단이 개인을 불리하게 하는 것에 대항하는 기본적인 최후의 보루이다(Keeble, 2001: 49). 그런데 언론의 '사생활 침해'와 공정성 문제가 사회적 이슈로 크게 등장했다. 영국의 공영방송은 책임 있는 방송을 위해 "가이드라인"[12]을 제공했다.

저널리스트의 기본은 사회책임(*a social responsibility*), 공중의 이해에 대한 관심이다(Kieran, 1998: 130). 언론이 사회책임에 관한 논의는 언론윤리에서 다뤄진다. 언론윤리란 사회 공기로서의 언론이 공적 과업을 수행함에 있어 준수해야 할 규범체제이다(최조웅, 1992: 345). 따라서 언론윤리는 조직으로서의 언론매체가 준수해야 할 규범인 동시에 전문적인 언론인 개개인의 직무수행시 규범이기도 하다. 즉, 언론인은 전문

12 영국 공영방송 BBC는 2000년 2월 프로듀스의 가이드라인으로 ① 불편부당, ② 정확성과 공정성, ③ 사람과 문화의 공정한 취급, ④ 프라이버시 존중, ⑤ 취향과 품위의 표준을 존중, ⑥ 반사회적 범죄행위의 모방 피하기, ⑦ 어린이 복지의 보호, ⑧ 인터뷰할 사람의 공정성, ⑨ 다양한 수용자의 존중, ⑩ 기업 이익으로부터의 독립 등을 열거했다(Keeble, 2001: 20).

직에 종사하는 개인으로 가져야 할 사회적 윤리와 도덕 그리고 전문직에 따른 윤리를 가진다.

우리는 여기서 언론조직이 전문인 조직이며 규범조직이라는 점에 유의할 필요가 있다. 그것은 규범조직의 통제와 복종의 관계가 공통된 규범과 가치관에 입각한다는 점 때문이다. 그런데 우리의 언론은 소유와 편집권이 공존해 기업의 연장으로서 언론을 고려한다. 즉, 미디어는 '이익 추구 경제' (*a profit oriented economy*) 에 몰두함으로써 사회 내에서 일어나는 커뮤니케이션 단절의 현실적 문제에 직면한다. 즉, 언론 자체가 지배의 원리에 충실하고, 임의적 의미를 발동시킨다.

언론이 제 기능을 하지 못하는 상황에서 언제든 쌍방향 소통이 가능한 인터넷이 등장하게 되었다. 누구나 정보의 생산자가 될 수 있는 시대가 열린 것이다. 세계 최초의 '광섬유' (*fiber optics*)[13] 네트워크가 1991년에 준공되어 설계회사인 영국의 '케이블과 와이어리스' (Cable & Wireless) 에 의해 지구 디지털 고속도로망 (*global digital highway*) 이 완성되었다.

한쪽은 강한 통제의 메커니즘으로 작동하지만, 다른 한편으로는 무정부주의로 갈 수 있게 되었다. 언론은 자신의 기능에 충실하지 않으면 당장 과거에 가진 기능에 혼란을 초래하게 된다. 물론 언론은 기본적, 원론적으로 커뮤니케이션을 돕는 전문기구이다. 그 전문기구는 공화정의 원리에서 예외일 수 없다. 공화주의의 기본은 비지배의 형태이고, 임의적 의지는 최소화되어야 한다. 권위는 언제나 탐욕을 절제할 수 있도록 효과적으로 견제해야 하고, 균형을 취할 수 있어야 한다.

언론사 사주가 견제와 균형을 취하지 않고서는 신문의 질을 결정할 수 없다. 편집권의 강조는 기자의 소명의식에 도움을 줄 수 있다. 이런 이

13 유리로 만든 광섬유 케이블은 빛의 형태로 정보가 전달되는데, 머리털 굵기의 한 가닥이 1만 6천 전화통화 (구리선 24통화) 를 가능케 하며, 한 광섬유 케이블은 167 텔레비전 채널을 송신하며, 전화선 규모인 6가닥의 광섬유 케이블 묶음은 1,000가지 이상의 비디오 신호를 보낼 수 있다 (Fang, 1997: 205).

론적 근거와는 달리 소유가 집중된 상태에서 TV 종합편성채널을 통한 상업적 언론기능의 강화는 사회의 커뮤니케이션 활성화에 역작용을 가져올 수 있다.

언론인의 소명의식은 다른 사람과의 관계를 활성화시키는 것과 다르지 않다. 사회 내 커뮤니케이션의 단절현상은 언론에게도 책임이 있다. 어떤 개인이든 자기가 속한 공동체 내지 집단을 위해 떳떳한 구실을 하는 필요한 존재라는 것을 스스로 인정할 때 인간으로서의 깊은 만족, 즉 행복을 느낀다(김태길 외, 1986: 13).

4. 사회 내 커뮤니케이션의 활성화

말하자면 인간은 본래 사회적 존재여서 여러 사람들과 직간접적으로 교섭을 갖게 마련인데, 이 대인관계가 원만한지 그렇지 못한지는 사회 전체의 질서와 번영과 직결되고 개개인의 행불행에도 결정적 영향을 미친다. 우리 사회는 그동안 현실적으로 개인의 행복에 관한 것에 별로 관심을 가지지 않았다. 1987년 5년 단임제 정부들이 과반수 이하 유권자의 지지로 당선되어 국민통합을 이루면서 계층 간 이해갈등을 조정하고 이를 바탕으로 세계시장의 경쟁에서 우위를 차지할 수 있는 방법을 찾는 고민을 했다.

현실은 그 고민을 풀이하기보다 누적시켰다. 1987년 민주화 이후 주류 쪽 국민의 정치적 무관심이 꾸준히 증가했다. 다른 한편에서 한국에서는 민주화 이후 각 사회계층의 이해관계가 한꺼번에 분출되었고, 이것이 법질서와 정상적 정치과정을 방해하는 데까지 이르렀다(송호근, 2005; 김경희, 2009: 110). 나아가 한국의 정치는 이념과 참여의 과잉으로 인해 이견과 갈등을 통합하는 데 미숙하다고 말한다. 송호근은 공화정에서는 갈등의 분출보다 조율과 통합에 더 초점이 맞춰져야 한다고 말했다. 그러나 전체적으로 볼 때 대선과 총선의 투표율이 점차 떨어졌고 광범위한 무당층이 존재한다. 제도장치에 대한 무관심 또는 냉소가 퍼져 있는 것이다(김호기, 2011).

한편 한국의 국정운영에서는 전 국민적인 지지를 바탕으로 하기보다는 세칭 '코드정치'로 대변되는 특정 세력을 우선으로 하는 정치적 관행이 누적되었다(임채원, 2008: 58). 1987년 민주화 이후 한국 사회는 민주화 이후에 걸맞은 국정운영 방법을 개발하지 못한 것이었다. 이것이 국민들로부터 불신을 받는 정치와 행정의 근본 원인이었다(임채원, 2008: 28). 노무현 전 대통령은 상황의 흐름을 중시했던 이전 대통령보다 더 원칙적인 성향을 지녔다고 평가할 수 있다. 지역주의 청산과 정책 중심의 정당체제를 정치개혁의 화두로 삼고, '대연정'을 제안하고 나섰으나, 한나라당에서 '책임정치'를 강조함으로써 성과 없이 끝나고 말았다.

'코드정치'가 주종을 이루는 가운데, 또 하나의 정치 단면이 전개되었다. 1987년 이후 대통령 선거에서는 금권선거의 흔적을 곳곳에서 발견할 수 있다. 제 3 공화국의 권위주의 정부에서 있었던 형식적 대통령 선거의 선거비용에 비하면 민주화에 따라 정치비용은 기하급수적으로 증가했다. 선거에는 돈이 필요하고, 선거비용을 조달하는 방법은 비정상적인 정경유착에 의한 방법 밖에 없다.

이는 신자유주의가 양극화를 심화시키는 상황에서 일어난 현상이다. 신자유주의는 약육강식의 사회로 이어졌다. 2011년 현재 중산층 80% 정도가 빚을 안고 있다. 이러니 '못 살겠다'고 말한다. 노무현 정부가 서민경제의 뿌리를 흔들었다면, 이명박 정부는 외형을 키우는 데만 치중하다 보니 과거 정권에서 '나는 중산층이다'라고 생각했던 사람들의 착각마저 없어졌다(이용욱 · 송윤경, 2011).

물론 공화주의 정부는 자체 고용의 수준, 그리고 재정적 체계의 안정에 관여한다(Pettit, 1997: 163). 고용이 높은 수준에 있고, 재정적 체제가 실제적 신뢰성이 있고 강건할 때, 다른 체제가 동일할 때 착취나 조작되는 사람이 줄어들고 비지배로서 자유를 위한 전망이 개선된다.

국가는 산업과 상업의 좋은 하부구조를 제공하도록 한다. 그러한 선진화의 인식은 적어도 사람들에 사회에서 즐기는 비지배의 선택이 확장된다(Pettit, 1997: 163). 그렇지 못한 사회에서 공화주의는 착취문제가 더욱 부각된다.

한국 사회는 굴곡적 역사를 갖고 있다. 민주주의, 공화주의 아래서 보수의 가장 중요한 가치는 자유이다. 자유의 가치는 과거 군사정권 때 훼손된 적이 있다. 경제적 번영이 공화주의를 실행할 수 없는 열악한 상황이었던 것이다. 김형준은 "한국 보수의 뿌리는 박정희 전 대통령인데, 박정희 패러다임은 서민적 보수다"라고 했다(이용욱 · 송윤경, 2011). 박정희 대통령은 1970년대에 국민연금과 의료보험을 실시했다. 김형준은 "서민에게는 진보와 보수 영역이 따로 없다. 다만 어떻게 하는 것이 합리적인지가 중요하다"라고 했다(이용욱 · 송윤경, 2011). 구체적 상황에서 공화주의에 입각한 보수의 상황이 무르익지 못한 것이었다.

같은 맥락에서 전원책은 "박정희 전 대통령의 철학은 시민적 보수라고 볼 수 없다"라고 했다(이용욱 · 송윤경, 2011년). 국민연금과 의료보험은 진보정책이고 새마을운동도 마찬가지다. 원론적 보수는 억압으로부터의 자유, 불안과 고통으로부터의 자유, 헌법적 정신에 따라 각자 개성이 살아 숨 쉬는 자유가치를 회복해야 한다.

보수와 진보가 공존하는 상황에서 박정희 대통령은 정책을 폈다. 김영삼 정부에서 1997년 외환위기로 IMF 구제금융을 받았지만, 그 전까지는 국가주도의 빠른 산업화와 어느 정도 성공적인 경제발전, 여기에 국민들 손으로 이룬 민주화 덕분에 이른바 '하면 된다'라는 자신감을 모든 국민이 가졌다. IMF 구제금융 이후 경제적 상황이 호전되었지만, 보수는 자유를 지키지 못했다. 전원책은 "한나라당이 보수를 배신했다. 보수 이데올로기와 동떨어진 방향으로 가고 있다. 이명박 정권 들어 중도실용으로 간다고 했는데, 알고 보니 보수의 정체성 자체를 벗었다. 보수정신에 입각한 정치 개선이 전혀 이뤄지지 않았고, 법치가 실종됐다"라고 했다(이용욱·송윤경, 2011).

공화주의 정부 아래서 보수가 지키고 지녀야 할 자유, 평등 그리고 법의 지배가 실현되지 못한 것이다. 더욱이 이명박 정부 아래 협동과 공존 같은 사회윤리와 도덕의 가치는 생존의 본능 앞에서 자취를 감추었다. 이는 모든 것을 경영 중심으로 생각하고, 높은 수익을 올리는 것을 최고의 능력으로 보는 데서도 잘 드러난다. 현대사회에서 중요한 제도들은 시장과 정부 그리고 가족이다(임채원, 2008: 156). 시장이 독점하게 되면 정부가 그 독점을 막아야 한다. 그렇지 않으면 가족에 대한 불평등 구조가 영속화될 수 있다. 이때 개인의 자유와 공동체의 공공선은 실종된다.

그 결과 사회에서 비정규직이 확대되고, 빈부격차가 심하게 되었다. 성공 제일주의 사회는 공동체 구성원들 간의 관계를 파괴한다. 구성원 서로가 공존해야 하는 유대와 연대의 대상이 아니라 경쟁의 대상이 되고, 내가 잘 살기 위해서는 상대를 패배시켜야만 하는 아(我)와 적(敵)의 관계가 되는 것이다. 그렇더라도 강자의 아량으로 약자는 간섭받지 않고 자신의 개성을 추구할 수 있다. 국가는 왕의 것도, 귀족의 것도, 평민의 것도 아닌 공동체 전체의 것이라는 것이 실현된다면 가능한 일이다.

그러나 현실 정치는 냉혹하게 금권정치의 불평등을 상시화시켰다. 경제논리의 전일적 지배현상이 몰고 온 폐해는 미국발 금융위기에서도 드러났다. 2008년의 세계 금융위기는 신자유주의적 세계화의 경제 시스템, 나아가 그 첨병인 월가의 금융맨들에 의해 발생한 것이다. 국내에서는 정경유착으로 계속 공존의 길을 걷고 있다. 세계경제에 지배를 받는 상황에서 설령 정권교체가 일어나도 그런 금권정치를 해소시킬 수 없다. 공화주의자 정권은 권력형 부패를 상존시키고 있다.

이런 돈과 코드정치 등 특정 세력을 중심으로 한 정치는 다른 세력의 저항으로 인해 정치적 불안정을 가중시켰다(임채원, 2008: 58). 그 동안 단임제 정부들은 정치적 불안의 하중을 견디지 못하고 정권 말기를 급락한 대통령 지지율로 마감하는 일을 반복했다. 시간이 지날수록 국정운영이 더 혼란스러워진다고 시민들은 우려한다. 이는 개혁세력이 집권하든 보수세력이 집권하든 별반 나아지지 않으리라는 불길한 예측들을 낳는다.

2008년 이명박 정부의 '쇠고기 졸속협상'으로 서울시청 주변에 촛불집회가 장사진을 쳤다. 누적된 불만이 분출된 것이다. 한국 경제는 1997년 금융위기 이후 대규모 기업 구조조정 과정을 거치면서 이 위기논리가 경제구조 전체를 지배하는 주류로 자리잡았다(이원재, 2011. 9. 30). 한국 사람들은 대규모 '정리해고'를 당하면서도 당장은 고통스럽지만 기업의 생존과 이익을 지켜주면 결국은 모두의 편익이 늘어날 것이라는 논리를 받아들였다. 그러나 굳건하게 믿었던 '탐욕의 경제적 효율성'에 대해 의구심이 확산되기 시작한 것이다. 대기업은 중소기업과 중소상인이 하던 업종에 진출해 물량공세를 벌이면서 생존권을 위협했다. 이 광경을 지켜보면서 한국 사회는 '기업의 탐욕은 점점 더 커지고 더욱 잘 실현되는데, 왜 나에게는 좋아진 경제의 과실이 오지 않는 것인가'를 의심하게 된 것이다(이원재, 2011. 9. 30).

시민들의 분노가 폭발하고, 이명박 정부 출범 이후 촛불집회 등 매년 사회운동은 증가추세이다. 이러한 사회운동은 신자유주의 세계화의 모순이 날카롭게 드러나 '3중 위기'가 나타나면서 벌어진 것이다(김호기, 2011). 경제적 '(재)분배의 위기', 정치적 '대표성의 위기', 그리고 사회적 '인정의 위기' 등이 그것이다. 이에 대한 대응으로 공화주의는 시민 다수의 '소통, 공공성, 사람 중심'이라는 새로운 시대정신을 원한다. 김호기는 "'정의 없는 기업지배', '노동 없는 민주주의', '복지 없는 사회통합'이 한국사회의 현주소라면, 재벌개혁, 노동시장 개혁, 그리고 복지개혁을 유기적으로 결합하는 새로운 비전과 시대정신의 제시는 더는 미룰 수 없는 과제이다"라고 했다(김호기, 2011).

안재홍의 제헌헌법 중심의 '국민개로'로 풀어간다면 사회를 더욱 '사회민주적'[14]으로 풀어갈 수 있다. 안재홍은 모든 사람이 직업을 가져야 한다는 논리에서 평등의 개념을 부각시켰다. 안재홍의 논의를 현대적 의미로 풀어보자. 평등에 있어서 "정치철학에서 기회의 평등이냐 결과의 평등이냐"라는 구분이 자주 거론되었다. 평등에 대한 비판자들이 평등은 획일성과 같은 것이라고 주장할 때 이것은 결과의 평등이다. 그러나 평등은 자신의 고유한 삶의 조건을 결정할 수 있는 동등한 권리라는 측면에서만 '똑 같다는 것'을 포함한다. 이는 자유에 대한 동등한 권리라는 측면에서 평등하다는 것이다(Carlsson & Lindgren, 1996/2009: 37).

기독교 윤리에서는 평등의 개념을 더 심도 깊게 논의했다. 그 논리에 의하면 개인은 누구나 평등한 삶을 누린다. 칼뱅(Calvin)은 소명의식을 언급하면서 한층 더 높게 직업윤리와 관련짓는데, 하느님으로부터 선택, 구원받은 자들은 세상에서 열심히 일하고, 검소한 생활을 하고 부지런히 저축하는 데서 소명의식을 찾을 수 있다고 주장한다(김태길 외, 1986: 76). 근면하게 일하고 많이 저축하고 검약한 생활을 하는 것이 하느님으로부터의 소명일 뿐 아니라 구원의 징표가 된다는 생각이다. 이런 논리를 베버(Weber)가 발전시켰는데, 그 프로테스탄트의 정신이 서구에서 자본주의를 발전시키는데 획기적인 기여를 한 것이라는 논리이다.

아리스토텔레스는 누구에게나 삶의 궁극적인 목적은 '행복'이라고 했다(김태길 외, 1986: 3). 그 행복은 '즐겁고 안온하며 근심 걱정 없는 삶'이라고 했다. 사람들은 각각 다른 길에서 무엇인가를 성취하고자 애쓰지만, 결국에 가서는 모두가 행복을 얻고자 노력한다는 점에서 같다는 것이다. 같은 맥락에서 '어떻게 살 것인가', '어떤 사회를 건설할 것인가' 그것은 "한 시민으로서 해야 할 일시적 임무를 제대로 수행하지 못하는 사람들은 어떠한 제도 아래서도 훌륭한 일꾼이 되기 어렵다"라는 논리이

---

14 오늘날 우리는 사회민주주의의 핵심가치로 '자유·평등·연대'를 내걸었다. 하지만 프랑스혁명 당시의 원래 표현은 '자유·평등·형제애'였는데, 바로 이 '형제애'가 연대의 도덕적 내용을 잘 보여준다(Carlsson & Lindgren, 1996/2009: 46). 즉, 이것은 함께 속한 사람들 간의 관계에서 당연한 상호존중과 상호지지를 의미한다.

다(김태길 외, 1986: 8).

모든 사람들의 추구하는 궁극목적은 행복이라고 천명한 아리스토텔레스가 '행복'이 무엇이냐는 물음에 대해서 얻은 결론은 '자아의 실현'이었다(김태길 외, 1986: 13). 다시 말해서 사람이면 누구나 타고난 천성의 소질을 충분히 발전시키는 과정에서 행복이 실현된다고 보았던 것이다. 물론 여기서 '자아의 실현'이란 내면적 가치의 우위가 실천적으로 지켜지도록 삶을 계획하고 실천해야 한다는 것이다. 삶의 과정에서 외면적 가치에 의하여 내면적 가치가 밀려나는 일이 없도록 해야 한다는 원칙이다. 쾌락의 경험은 경험자의 내적 요인과 외적 요인의 결합으로 이루어지는 것이므로 이 경험에 담긴 가치에는 내외적인 측면이 아울러 있다고 보아야 할 것이다(김태길 외, 1986: 23). 정신적 쾌락은 내면적 가치 편으로 넣고 관능적 쾌락은 외면적 가치 편으로 넣을 수 있다. 전자는 주로 그 사람 자신의 인품에 달렸고 후자는 주로 외부의 수단에 의존하기 때문이다.

한편 밀은 쾌락에서 질적으로 높은 것과 낮은 것의 구별을 시도했다. 낮은 단계의 쾌락은 감정에 좌우되는 쾌락이다. 감정에 의한 쾌락은 개인이 감정(*emotion*)이라 불렀고 표준 번역으로는 수동(영향을 받는 것, *passion*)이라 불리는 것이다(Urmson, 1988/1996: 75). 즉, 개인이 수동적으로 받는 자극을 의미한다. 아리스토텔레스는 본질적으로 좋아하는 것들과 싫어하는 것들, 즐거움과 괴로움 그리고 이에 따른 본능적 욕구와 이에 따른 행동을 언급했다.

에피쿠로스는 이를 '쾌락주의의 패러독스(*paradox*)'로 설명하고, 오로지 쾌락만을 추구하는 생활태도는 결국에는 도리어 크나큰 고통을 얻게 한다는 사실을 가리켰다(김태길 외, 1986: 35). 우리의 현실은 지금까지 쾌락에 별로 관심을 가지지 않았다. 일은 행복을 주면서 고통을 주었고, 자아실현을 시켜주면서 자기 소외를 가져왔고, 재산을 만들어 주기도 했으나 가난과 실업을 주기도 했고, 자유를 주는가하면 예속을 주기도 했다(김태길 외, 1986: 83). 일은 고도의 생산성과 극도의 소외성을 함께 지닌 이중구조적인 성격을 가진 것으로 생각되었다.

밀턴은 '기독교적 자유'와 '지적 탐구의 자유'를 논의했다. 그가 주장하는 자유란 "개인의 자기완성이나 자유주의에서 말하는 개인의 권리를 위한 것만이 아니라, 새로운 국가 및 종교공동체를 위한 것이다"라고 했다(Milton, 1644/1998: 245). 공화주의에서 쾌락은 개인뿐만이 아니라 공동체의 것이다. 그의 논리에 따르면 개인의 탐욕이 들어설 자리가 없다. 그렇다면 민주공화국을 헌법에 명시한 우리의 삶은 헌법 정신과는 괴리가 있었다. 쾌락의 측면에서 본다면 우리의 현실은 이상과는 너무나 멀리 존재했다. 이명박 정부는 '코드인사들'로 인한 불만을 함께하게 했다. 정권교체를 맞았지만 10년간의 구세력은 여전히 온존했다. 그들은 호시탐탐 정부에 도전장을 낼 준비를 하고 있었다. 정부는 '쇠고기 졸속협상'의 빌미를 주었고, 시민들은 정부에 도전장을 던졌다.

권력자들은 촛불집회가 휘발성 강한 일회성 정치이슈로 마감되기를 간절히 바랐다(임채원, 2008: 171). 그러나 이 촛불집회의 진원지는 좀처럼 쉽게 사그라지지 않았다. 사회비판 세력들은 '대한민국은 민주공화국이다'라는 구호로 이명박 정부에 맞섰다. 이명박 대통령의 국가 사유화(私有化), 코드화에 대한 주장이 함께 분출되었다. 개인문제가 법의 차원을 넘어섰고, 헛된 탐욕을 향유했던 것이다. 비판세력들은 사회적 관점을 주장했으나 이들 또한 법 경시 풍조를 만연시켰다.

양쪽 어느 곳에서도 양심의 자유와 권리에 대한 성찰이 없었다. 또한 헌법은 존재하지만 헌법을 둘러싼 사회규범, 법 집행의 관행 등이 허술하기 짝이 없었다. 시민에게는 넓게 퍼진 시민성, 시민의 덕성을 함양할 필요가 요구되는 시점이었다. 임상원은 밀턴의 공화주의 사상을 요약하면서 국가공동체에 대한 지향성, 법에 의한 통치, 공공선을 위한 시민의 덕성, 소수와 다수 간의 균형과 견제에 의한 반패권적 자유사상 등을 이 체제에 포함시켰다(Milton, 1644/1998: 254).

우리의 촛불시위 상황 아래서 이를 설령 법으로 강제한다고 하더라도 권리 침해는 발견되어야 하고, 그 침해자를 합당하게 규정해야 한다. 그러나 소요의 내용들은 비용을 지불하게 된다(Taylor, 1987: 30; Pettit, 1997: 228).

법의 강제에 대한 비판 논의를 한 가지 예로 설명하자. 한 재판관은 범죄성을 성찰할 빈약한 성격을 가지고 강한 도덕적 감각만으로 어떤 사건에 대한 처벌을 주장했다. 그러나 이 경우 재판관의 판단과 생각이 짧아 고정된 화석처럼 보였다. 그는 선천적 유산과 부담, 사회에서 최초 시작하는 상황 등 배분에서 그의 위치를 고려하지 않았던 것이다(Sandel, 1982; Rawls, 1973; Raffel, 1992: 41). 말하자면 재판관은 범죄인 개인을 열등한 성격으로만 귀결시켰지만, 실제 범죄인은 성격은 꾸짖을 수 없는 가족 배경과 그가 처한 사회적 상황에 크게 관련이 되었을 수 있었다.

재판관은 범죄인이 갖는 사회에 대한 불만적 감정에 관심을 두지 않았던 것이다. 그로 인한 어떤 판결은 사회적 비용을 지불해야 한다. 이런 사회적 비용은 현대사회에서 수없이 많이 벌어진다. 더욱이 오늘날 사람들의 사고방식이나 생활양식도 크게 달라지고 다양화되어 사회에 대한 일체감과 소속감이 약해져서 사회 전체의 결속과 단결이 어렵다(김태길 외, 1986: 216). 물론 사회 '연대'의식은 사회의 분열을 방지하고 사회에 대한 개인의 소속감과 공동에 의식을 키워서 개인 상호 간의 협동을 가능하게 하여 준다. 더욱이 무분별한 사회운동은 건전한 사회를 만드는 것과는 거리를 둔다. 즉, 공화정은 자체의 '법 질서'[15] 아래 '질서의 에토스'가 존재

---

15 법질서와 도덕률의 질서는 다르게 적용된다. 법과 도덕의 구별은 법의 외면성과 도덕의 내면성이라고 하는 기본적 성격에서 구하는 것이며 다른 하나는 강제의 유무에 양자의 본질적 차이점을 발견하려는 것이다(김태길 외, 1986: 234). 이런 논리라면 도덕감과 법은 동시에 작동될 필요가 있다. 즉, 도덕감이나 인간애를 강조한 나머지 인위적이고 강권적인 법을 무조건 배척하거나, 반대로 합법적이기만 하면 무조건 책임을 문제 삼지 않으려는 법 만능주의 모두가 그릇된 생각이라는 것이다. 공동체 유지는 법질서와 같은 정도로 도덕률을 강화할 필요가 있다.

하지만, 시민집회는 무정형의 형태를 지녔다. 데모대의 구호는 예상 밖이었다. 그들의 구호는 1919년 대한민국 임시정부를 수립하면서 처음으로 국가를 공화주의라고 불렀던 그 정신을 다시 불러왔다.

공화주의는 '자의적 지배권력의 부재', '임의적 권력의 부재'를 강조한 것이다. 그러나 실상은 달랐다. 노무현 정부와 이명박 정부의 교체기, 즉 '코드정치'의 교체기에 일어난 현실이었다. 그 사회운동이 심각하게 전개되었지만, 언론은 아무런 견제와 균형을 취하지 못했다. 이들의 지도력은 정권만 바뀌었을 뿐 코드정치가 계속된 것이다.

메디슨은 혼합정부를 구상하면서, 입법·사법·행정 위에 언론을 두었다. 각 부는 서로 견제와 균형을 생각하면서 자기 조직을 절대적으로 제약한다. 3부가 스스로 절제하는 가운데 언론이 그 위에서 견제를 시도한다. 키케로는 수사학을 모든 학문을 통합하는 '학문의 여왕'으로 부른 것을 상기할 필요가 있다. 메디슨이 말한 공화주의를 받아들이는 우리의 현실은 이상과 거리가 멀었다. 이명박 정부는 3부를 한 파당을 통해서 움직였고, 코드인사로 언론에까지 같은 파당을 강요했다. 언론은 정확, 공정, 진실의 정도를 벗어난 것이다. 실제 KBS는 방송의 규범을 다음과 같이 규정했다.

> KBS의 제작자들은 편성의 독립, 제작의 자율성을 위해 내외부의 모든 부당한 간섭에 대해 단호하게 대처해야 하며, 동시에 제작의 자율권만을 내세워 이를 오용하거나 남용하는 일을 경계해야 한다. 방송 제작자는 직업적 양심에 충실하고, 항상 성실하게 행동함으로써 스스로 존엄성과 자긍심을 지켜나가야 한다(정연주, 2007: 13).

원론과 현실의 엄청난 차이가 난 것이다. 사회는 전반적으로 갈등의 양상으로 빠지고, 통합은 저 멀리의 일로 간주되었다. 우리 사회는 민주적 여론형성이 아닌 견제와 균형의 위기를 맞았던 것이다. 설령 언론의 기능을 논하지 않다 하더라도, 하버마스는 '기술 합리성의 범주'(*instrumental criterion*)에 대한 개념을 다시 정립했다. 그리고 그는 커뮤니케이션 합리성(*communicative rationality*)을 제기했다. 즉 그의 최근 작품에서 우리 사회를 위한 제안이 커뮤니케이션 합리성이었다(Raffel, 1992: 1).

하버마스는 《의사소통행위이론》에서 원론적 · 합리적 결과는 규범의 경우 정당하고 적절한 방법을 말하고, 주관적으로는 진정성(성실성)을 가진 것이었다. 그렇더라도 물리적 현실성을 도외시하는 방법으로 이야기하지는 않았다(Raffel, 1992: 13). 서로 당사자 간에 커뮤니케이션 요구가 이뤄졌을 경우 화자가 만족하고, 그 자신의 행동에 책임지는 자세가 필요한 것이고 진정성이 요구된다. 즉, 행위자는 진정 타인에게 어떤 것을 원하는지 진정성의 욕구를 확실히 할 필요가 있다.

부르주아 도덕성이라는 개념의 도덕적 조건으로 근면, 검소, 정직 등은 경제인의 덕목이다. 이러한 조건이 갖추어진 상태에서 자연적 자유체계로서의 '상업사회'[16]는 이상적으로 운동하고 발전하지 않을 수 없다(박순성, 2003: 97).

스미스와는 달리 하버마스는 개인 차원에서 가치 합리성을 설명한다. 다양한 가치들은 더 좋은 것을 선택하기 위해 서로 경쟁한다. 또한 밀턴은 "진리가 잠들었을 때 그를 묶어 놓지 말라. 진리가 묶이면 진실을 말하지 않는다"라고 했다(Milton, 1644/1998: 152). 그는 진리를 말하기 위해 대결장으로 끌고 올 것을 독려했다.

진리는 공개적으로 경쟁할 때 그 모습을 드러낸다. 같은 맥락에서 경

---

16 근대 시민사회라 불리는 자연적 자유체계는 3가지 사실, ① 자유스러운 개인의 근면과 검소에 의한 불평등한 자본축적과 그에 따른 분업체계, ② 완전경쟁에 의한 정당한 교환법칙의 확립과 동감에 의한 이기심의 억제, ③ 교환과 분업에 의거한 경제의 이상적 발전과 그에 따른 사회적 풍요와 복지의 달성 등에 의해 규정된다(박순성, 2003: 91). 그들을 조건으로 '보이지 않는 손'의 작용을 위해서는 '일정한 제도적 장치'가 구축되어야 한다. 개인의 자유가 '정당한 범위의 경쟁의 테두리' 내에서 허용될 때 개인의 이기적 행동들은 '보이지 않는 손'의 작용에 의해 사회의 이익과 일치할 뿐만 아니라(정태적 일치성) 그것을 촉진한다(49).

쟁 상태에서 개인은 하나의 가치를 선택하게 되는데 이 선택된 가치는 실제적 쾌락에 기초한 성찰에 의존하나, 설령 그렇더라도 행위자에게는 가치를 보유하는 것으로 가정된다(Raffel, 1992: 23).

그때 이 가치는 단순한 사물의 기획보다, 쾌락과 행복을 주는 어떤 것이다. 말하자면 진정한 가치가 존재하고, 그리고 합리적이었다면 어떤 사람이든 진정으로 어떤 보상을 발견할 수 있어야 하고, 그 보상은 요구했던 것에 대한 쾌락의 어떤 것이다(Raffel, 1992: 41).

민주공화주의하에서 인간의 행복 6

하버마스는 새로운 접근의 합리성으로 집합적 쾌락과 가치를 포함시킨 것이다. 즉, 쾌락과 가치에 대한 성찰이 더욱 합리적 해결을 담보한 것이다(Raffel, 1992: 17). 이런 것이 커뮤니케이션 합리성과 연계될 때 커뮤니케이션 당사자는 서로가 기분이 나쁘지 않게 서로의 가치의 갈등적 요소를 사전에 차단한다. 서로 합리적으로 커뮤니케이션을 하기 위하거나 그렇게 하기를 바란다면 우리 모두가 그렇게 선택할 수 있게 때문이다.

원래 대화(*conversation*)와 모임(*society*)의 주된 즐거움은 감정과 견해의 일정한 조응으로부터 온다. 즉, 많은 악기들처럼 서로 일치하고 박자를 지키는 마음들의 일정한 조화로부터 일어난다. 우리는 자신과 타인 사이의 차이를 제거함으로써 즐거움을 얻는다. 이 즐거움은 스미스가 이미 《도덕감정론》에서 말한 상호동감의 즐거움, 사회적 개인들의 간주관적 본성(*intersubjective nature*)의 표현이다(박순성, 2003: 265).

하버마스가 제안한 '새로운 합리성'의 사고가 커뮤니케이션 합리성이라면, 이는 도구적 범주를 넘어선 더 큰 합리성에 근거를 두게 된 것이다. 그는 감각에서 오는 합리성으로부터 해방의 가능성을 타진한 것이다(Raffel, 1992: 3). 하버마스는 합리적 세계에 대한 발전의 논의에서 베버의 비관론을 넘어섰다. 그는 커뮤니케이션 합리성으로 사회의 해방이 가능하다고 본 것이다. 공동체를 유지하기 위해서는 더 큰 개념의 커뮤니케이션 혁명이 필요한 것이다.

우리 사회는 커뮤니케이션 합리성에 도전하고 있다. 1987년의 민주화 운동 이후 한국 사회는 참여를 통한 커뮤니케이션 활성화, 그리고 민주주의 공고화를 위해 노력하고 있다. 민주화 이후의 민주주의에서는 '결사체 민주주의', '풀뿌리 민주주의'가 요구되었다(김경희, 2009: 108). 결사체 민주주의는 개인이 국가나 시장과 연결되는 데 있어 자발적 결사체가 중요한 역할을 수행해야 한다고 보는 입장이다. 개인주의와 전체주의에 반대하고 시민들의 자발적 결사와 참여, 자치를 강조한다. 그리고 풀뿌리 민주주의, 주민들의 직접적인 정치참여를 옹호하는 이론이다. 즉, 지방분권, 지방 자치, 참여 등이 필요한 것이다. 여기서 커뮤니케이션의 합리성이 요구된다.

풀뿌리 민주주의는 공화주의를 확립하는 데 필요한 요소가 되었다. 이는 기존 사회의 정치권력, 견제권력을 견제와 균형을 취해야 한다. 권력의 과다 사용에 공화주의 제도는 벌을 주기도 하고 더 많은 보상을 주기도 한다. 사회는 계속적으로 어떤 부문에 문제가 발생할 때 그 부문에 제재를 가한다. 그러나 좋은 사상과 정책은 공공의 정신으로 숙의과정을 거치도록 권장한다. 코드에 좌우되는 상황을 배제하고, 많은 토론을 거치게 한다. 더욱이 이 체제는 잘 작동하는 부문에 대해 더 많은 효과적 동기를 부여한다. 원론과는 달리 작금의 코드정치는 숙의를 생략하고 열정으로만 어떤 정책을 선택하고 밀어붙이는 것 같다.

우리 사회가 '견제와 균형'의 역할을 제대로 하지 못한 것이다. 뿐만 아니라 공화주의에서 언론은 공통의 이익을 얻기 위해 견제와 균형을 취하도록 한다. 그런데 우리의 언론은 정파적 언론으로 견제와 균형에 관심을 둔 것이 아니라 자사의 이익을 추구하거나, 정파적으로 특정한 후보를 직접 지지하고 나섰다. 그것도 엄밀하게 나선 것이다.

언론이 본연의 자세를 벗어난다. 언론은 숙의를 위한 기회를 제공하며, 각 기관의 이익을 견제하고 균형을 취할 필요가 있다. 그게 개인의 가치를 보장하고 쾌락을 극대화할 수 있다. 물론 민주주의 과정에서 갈등은 불가피하다. 문제는 갈등을 어떻게 조율하고 타협하는가에 있다. 갈등 해결의 최고 수준은 갈등 당사자들이 개인의 필요와 공동의 것을 모두 충족하고 상호이익을 얻으며, 더 나아가 앞으로서의 관계를 강화하는 단계를 말한다(Weeks, 1992/2011: 9).

갈등을 해결하는 '차가운' 이성과 그 과정에서 사람이기 때문에 느낄 수밖에 없는 '뜨거운' 감정을 분리하는 것이 중요하다(인요한, 2011). 실제 우리의 상황은 감정처리가 힘들기 때문에 차라리 감정이 생겨날 일을 만들지 않는 상황도 많다. 이런 현실을 피하기 위해 공론장에서 이성이 작동하도록 공개, 숙의하고 과정의 중요성을 부각시키는 것도 하나의 방법이다.

우리 언론은 갈등을 조정하는 '자기검증원리'의 틀이 존재하지 못한 것이다. 영국과는 달리 성문법에 의존하는 국가일수록 과정에 대한 어떤 논의가 서툴 수 있었다. 이것은 역사적으로 충분히 증명이 된다. 갈등이 치유되지 않은 상태에서 서로의 홍보술에 의존하는 것도 어제 오늘일이 아니다. 공동체 정신과 가치가 혼란되는 결과가 산출되는 것이다. 6·25 전쟁이 끝나고 난 이후부터 이른바 여당지와 야당지의 대립이 나타나기 시작했고, 또한 야당지들의 이승만 정권에 대한 비판도 본격화되었기 때문이다(박용규, 2011: 15). 김대중, 노무현, 이명박 대통령 시기의 언론은 야당지와 여당지가 편을 갈라 정권에 찬성 혹은 비판의 논조를 펴왔다. 우리는 가끔 어느 신문은 여당지며 어느 신문은 야당지라는 평을 듣곤 하는데 이는 신문이 독립하지 못했다는 단적인 평이다 (…) 우리사회의 일간지는 아직 정당지의 입장을 벗어나지 못하고 있기 때문에 마치 일정한 정론을 내세우기 위한 신문을 만들어 파는 감이 있다(신상초, 1955: 117~118; 박용규, 2011: 21).

언론은 정확한 보도와 공정한 논평을 하지 않는다. 이승만 정권 당시

정략적인 신문들은 언제나 자기의 주장이나 의견을 지나치게 독자에게 강요했으며 자기에게 불리한 기사는 묵살하거나 그렇지 않으면 왜곡보도를 하기가 보통이었다(최홍조, 1956: 54; 박용규, 2011: 26). 여야, 좌우로 나눠진 정파성의 언론은 정부를 지키거나 데모대를 옹호하기까지 했다. 언론은 이익추구든 정파성의 성격을 띠든 정체성을 상실한 상황에서 사회운동 상황의 해결책을 제시하지는 못했다. 원론적으로 이런 상황에서 언론은 개인의 자유를 확보하고, 개인의 선택 폭을 넓혀주고, 사회에 대한 책임을 강조할 필요가 있게 된다.

공화주의는 인민의 복지(*people's welfare*)에 관심을 둔다. 고대 그리스에서는 신분의 공동체가 형성되었고 시민의 묘지를 함께 사용하도록 했다. 인민의 복지로 국민을 전체 신분집단으로 만들었다. 공화주의 체제는 개인의 적극적 자유를 확장시킨다. 설령 그렇다고 하더라도 원리원칙 없이 공화주의가 작동할 수 없는 것이다.

공화주의는 독점적 지배에서 오는 것이 아니라 공존과 공치(共治)에서 나온다. 그 사회에는 소득과 부, 의무와 권리, 권력과 기회, 개인의 권리 존중, 그리고 미덕과 좋은 삶이 공존하는 정의로운 사회이다. 공치의 공화주의는 양극화에서 오는 것이 아니라 '만민공화', '다사리' 정신에서 온다. 다원성과 복수성이 곧 공화국인 것이다(김경희, 2009: 120). 자율적인 시민들이 적극적으로 참여하여 정치를 활성화할 때, 정부나 공공성을 담보하는 제도에 의해 시장 및 일탈적 사적 행위에 대한 감시가 가능하게 된다.

공화주의는 그 분석에서 역동성, 맥락성, 유연성을 특징으로 한다. 따라서 공화주의에 영원불변의 정답은 없다. 공화주의는 하나의 운동이고 현실적 관계는 상황적 요소로 끊임없이 변하기 때문이다. 그렇더라도 공화주의 사회는 자유와 책임 그리고 시민의 덕이 작동하는 사회이다. 이런 맥락에서 스토아학파는 개인이 자연의 질서에 순응할 수 있도록 적절한 금욕주의를 옹호했고, 칸트는 이성의 질서를 강조했다. 서로 다른 의견들이 잘 소통될 수 있도록 해주는 이들이 정치인이며 정치는 그 의견들이 잘 조율될 수 있도록 '말'을 통해 잘 이끌어질 필요가 있다. 공화주의는 말을 통해 불만을 해소하고, 행동을 통해 타인과 협력한다.

공화주의는 좌우도 아닌, 합리성과 이성이 작동하는 체제이다. 우리는 이성이 아니라 지금까지 감성에 정치를 내맡겼다. 통감의 균형감각은 쾌락을 가져다준다. 미각을 만족시키는 것은 어느 것이나 달콤하며, 눈을 즐겁게 하는 것은 어느 것이나 아름답고, 귀를 즐겁게 해주는 것은 어느 것이나 조화롭다. 그러한 각 성질의 본질은 바로 그것들을 느끼는 감각기관을 만족시키기에 적합한 데 있다(Smith, 1759/1996: 293).

설령 그렇다고 하더라도 이는 각 감각기관에 내맡기는 것이 아니라 이성의 질서에 맞춘다. 인간이 타락하여 에덴의 동산에서 쫓겨나올 때 인간은 맨몸으로 쫓겨나온 것이 아니라 완전한 인간일 때 지니고 있던 일부의 능력을 갖고 나왔다(Milton, 1644/1998: 199). 그것이 '올바른 이성'이라는 것이다. 다른 말로 감각기관을 뒤로 하고 이성의 질서에 순응할 때 우리 체제는 항상성(恒常性)을 지닐 수 있다.

철학적 이성으로 풀지 않더라도 커뮤니케이션 관계에서 이성적 '성격'을 부각시킬 수 있다. 보상한다는 것은 보답하는 것, 대가를 주는 것, 즉 받은 선에 대하여 선으로 갚는 것을 말한다(Smith, 1759/1996: 129). 처벌하는 것도 비록 방식은 다르지만 보상하는 것, 대가를 주는 것을 말한다. 즉 그것은 저지른 악에 대하여 악으로 되돌려 갚아 주는 것을 말한다. 밀턴은 "신이 인간을 믿고 인간에게 이성을 부여하여 그 자신의 선택자가 되게 하였다고 말했다. 이것이 밀턴의 자연법이다"라고 했다(Milton, 1644/1998: 200). 같은 맥락에서 호감을 주는 행동, 존경할 만한 행동, 경외를 일으키는 행동은 모두 그러한 행동을 한 사람에 대하여 관찰자의 사랑, 존경, 공포를 자극하는 행동이다.

커뮤니케이션의 일반적 원칙은 바로 어떤 행동들이 실제적으로 그러한 감정들을 어떻게 자극하는지를 관찰함으로써 가능하다. 이것은 어떤 종류의 모든 행동, 또는 어떤 방식의 모든 행동들을 시인 혹은 부인된다거나 하는 경험에서 발견함으로써 형성된다. 행동을 촉진시킨 열정들이 가라앉을 때 우리는 더욱 냉정한 관찰자의 감정에 동조할 수 있다(Smith, 1759/1996: 280). 즉, 감정의 발작이 비탄의 발작과 마찬가지로 거의 끝났을 때 가슴 속의 이상적 인간과 동일시할 수 있다. 개인은 인류의 사랑, 감사, 찬미와 같은 감정을 가진다. 물론 그런 행위를 할 수 있는 기회가 있으면 반드시 신중하게 실천에 옮겨야 한다. 그때 도덕의 일반 원칙이 형성되는 것이다.

상대에게 당신에게 무례를 범하지 않도록 하는 것이 다름 아닌 공손과 예의를 존중하는 일반 원칙들(*general rules of civility and hospitality*)이며, 이것이 무례한 행동을 금하는 것이다(Smith, 1759/1996: 290). 각 개인은 서로의 천부인권을 존중한다. 같은 맥락에서 스미스가 논한 '보이지 않는 손'은 그 원형이 다름 아닌 주피터(제우스)에 의해 운영되는 '천공의 세계'이다. 그 신은 자연의 질서를 주고 인간의 이성으로만 도달할 수 있는 영역을 관장한다. 그 세계에서 정의는 미덕, 좋은 삶과 밀접히 관련된다는 것이다. 일반 원칙들에 대한 고려로서 도덕감각은 '시민의 덕성'이라고 적절히 불릴 수 있는 것으로, 이 의무감은 인간 생활에서 가장 중요한 원리이며, 대다수의 인류가 이것을 기준으로 하여 자신들의 행동에 방향을 부여하는 유일한 원리다(Smith, 1759/1996: 287). 도덕감정은 열정이 아니라, 오히려 책임감정과 균형감각에 더욱 충실하게 하는 것이다.

밀은 일반 복지의 극대로부터 출발하여 모든 다른 도덕적 원리들과 결정들을 일반 복지에 종속시키며 그것으로부터 파생되는 것을 선호했다(Urmson, 1988/1996: 39). 그는 공리주의·실용주의의 경제에 관심을 가지고 그것을 바탕으로 공정한 분배, 평등한 사회, 정의로운 사회를 이야기했다. 그는 질적으로 최대 다수의 최대 행복을 원한 것이다. 다른 한편 어떤 이들은 도덕 철학자의 일이란 상식적인 도덕적 합의를 자료로서 다루는 것이며, 자신들 주위의 비철학적인 도덕적 행위자들의 다양한 판단

속에 어떤 질서와 체계를 세우려고 노력하는 것이라고 생각한다. 그는 후자에 더욱 관심을 가졌다. 즉, 공화주의에서 중도적 감정(중용의 '덕'), 감각, 이성 등에 관심을 가졌다. 칸트는 '일반적 명증성'의 문제에 더욱 관심을 가졌다. 이때 감정을 중립에 두고 노선에서 좌우 중간에 위치시킨다. 같은 맥락에서 민주주의 체제에서는 '공통의 이해' 추구보다 숙의적 입법부에서 이뤄지는 상호 관련성의 토론이 더욱 부각된다(Pettit, 1997: 232).

부르주아 개인주의는 정해진 사람들의 복지만을 생각한다. 그들의 이익을 공동의 이익으로 만드는 것만이 능사가 아니다. 공화주의, 민주주의에서 토론의 정당성 확보는 더욱 중요하게 부각된다. 이런 체제는 자유를 바탕으로 하고 커뮤니티 유지에 관심을 가진다. 공화주의 체제는 사회주의 체제와는 그 형식과 내용을 달리한다. 즉, 개인의 자유를 극도로 제약하는 사회주의는 자유민주주의를 질식시킨다. 물론 '사회'민주주의는 자유민주주의와 같이, 사회·경제적 권리보장을 확장한다. 사회민주주의는 자유민주주의에서 더욱 나아가 경제적 요소의 평등까지 일정부분 수용한 것이다. 즉, 사회민주주의는 자유민주주의의 발전적 개념이다(김성호, 2011). 사회민주주의는 민주주의인 이상 민주주의 원리에 익숙해야 한다. 민주주의 원리는 다름 아닌, 숙의가 작동해야 하고, 상황의 종합을 포함해야 하고, 책임의 규범이 엄격히 지켜질 필요가 있다(Pettit, 1997: 249). '원칙이 무너진' 자본주의 사회에서 사회민주주의뿐만 아니라 공리주의를 꿈꾸는 것은 허망일 뿐이다.

해방 후 제헌헌법 제정 당시 가졌던 중도주의 사고, 공화주의는 서로 다른 것이 아니다. 이들을 현대식으로 풀이할 필요가 있는데 공화주의가 조직된다면 '중도적 시민정치'의 성격을 지닐 것이다(정해구, 2011). 구체적으로 추진될 경우 이들은 일종의 시민정치의 모습으로 등장할 것이고, 보수와 진보 어느 한 진영에도 속하지 않는 중도적 성격을 지닐 것이다. 중도적 시민정치는 젊은 층 등 사회적 약자 층을 감싸 안으려는 합리적 보수주의 또는 공동체적 시장주의 리더십을 택한다.

그때 공화주의는 시민적 덕성의 고양을 목표로 하는데, 시민의 덕, 바람직한 시민권, 시민성 등 규범을 요구한다. 이 체제는 도덕적으로 문제에 직면하지 않고 심리적인 행복과 안정을 줄 수 있다. 또한 이 체제는 의사표현을 잘하고, 서로 다른 의견을 토론을 통해 조율해 갈 수 있는 성숙한 시민이 정치의 주인으로 설 때 가능한 것이다(김경희, 2009: 133). 그렇다면 이 체제는 적절하고 중립성을 유성을 유지하는 것인데, 권력의 추구를 일정 부분 인정하지만 권력의 남용을 계속 견제할 때에만 가능하다. 메디슨은 파당성이 공화주의 체제를 붕괴시킨다고 봤다. 사회는 전체적으로 파당성에 매몰된 것이다.

물론 공화정은 무엇보다 개인의 자유와 공동체의 공공선을 동시에 추구할 수 있어야 한다. 즉, 개인과 공동체, 자유와 공공선이 어느 한쪽에 치우치지 않고 균형 잡을 수 있는 운영의 모델을 요구한다(임채원. 2008: 8). 공화주의 아래서 선의를 기초로 한 새로운 경제체제가 요구되는 것이다. 즉, 선의를 기초로 한 경제 체제가 사실 더 우월하다는 논리는 이미 세계 경제에서 몇 가지 현상과 노력으로 나타나고 있다.[1]

더욱이 미디어에서는 획기적 변화가 일어났다. 그 앞선 변화가 커뮤니케이션, 미디어에서 먼저 일어났다. 인터넷 사용이 증가하고 누구나 콘텐츠를 제작하는 상황에서 공공선에 대한 전문직의 윤리는 별 것이 아닌 것처럼 되었다.[2] 누구나 기자가 될 수 있는 상황에서 원칙과 신뢰는 점점

---

1 선의를 기초로 한 경제 체제는 ① 기업은 경제적 성과뿐 아니라 환경, 인권, 노동, 지역사회 등을 고려한 사회적 성과를 얻어야 존립근거를 얻을 수 있다는 '영리기업의 사회책임경영'(CSR), ② 이익이 아닌 사회적 목적을 추구하는 사업조직인 '사회기업', ③ 주주가 주인이 아니라 조합원이 주인인 경제 조직 '협동조합', ④ 투자자가 사회책임경영을 잘하는 기업에 투자하는 '사회책임투자'(SRI), ⑤ 선한 의도를 가진 기업의 제품이나, 환경을 고려한 제품을 소비하고자 하는 '윤리적 소비' 등이 그것이다(이원재, 2011. 9. 30).

2 앞으로 공공선에 대한 의문이 제기된다. 시민들은 더는 공공생활에 희망을 걸지 않을 것이다(Keane, 1991/1995: 213). 아마 그들은 죽을 때까지 스스로를 즐기고

떨어진다. 그들에게 내재화된 가치를 기대하는 것에는 무리수가 따른다. 그러나 노무현 정부는 그들을 기자로, 그들의 회사를 언론으로까지 격상시켰다. 심지어 정부까지 인터넷 언론매체를 설립하고 나섰다.

'참여정부'의 노무현 대통령은 '국정브리핑'을 통해, 정부정책에 대해 배경을 설명하고 홍보를 하는 데 그치지 않고 논평가의 역할까지 자임하고 나섰나(사실, 2006, 5. 23). 또한 국정브리핑에 게재되는 칼럼은 국정현안을 설명하기보다는 비판언론을 공격하는 내용이 많았고, 국정브리핑은 스스로를 '국민과 소통하기 위한 관영 대안매체'라고 주장한 것이다.

최근 저널리스트의 역할은 잡일이 충만한 기술적 역할을 담당하게 되었다. 그들은 기사를 작성하고, 웹에 올리기 위한 편집을 하고, 도안을 하고, 사진을 찍고 기술자 역할을 담당한다. 차배근이 이야기한 기술적 기능, 효과적 전달기술에 충실한 기자상이 선호되는 것이다. 그들은 그 기술 속에 자신의 의도를 효과적으로 전달할 수 있다.

그러나 그들이 의미 공유에 그만큼 신경을 쓰지 않으면 전달하는 내용이 전달과 동시에 왜곡을 부추긴다. 말하자면 복잡한 기술적 과정을 가진 1인 다역으로서 기자의 역할은 과거의 전통을 망각하기 십상이었다. 저널리즘의 관행이 형성되지 않고, 그 규범이 정교하지 않을 때 새로운 기술과 언론은 사회를 혼란스럽게 할 수 있다.

고상함, 올바름, 탁월성 등이 발휘된 시민의 덕이 아쉽다. 또한 스미스는 '질서의 아름다움과 기예와 장치의 아름다움'을 언급했다. 그러나 현실적으로 커뮤니케이션 기구 설립목적에 문제가 생겼고, 무분별하게

여가시간을 상업적인 라디오, 텔레비전, 신문과 잡지 등을 소비하는 데 보낼 것이다. 아마 그들은 스스로를 사유화시키며, 정치를 귀찮은 것으로 여기고, 자신을 시민에서 자동차와 사적 상품을 소비하는 소비자로 변화시킬 것이다. 아마 그들은 특정 사회의 미디어가 가장 중요한 사회제도 가운데 하나라는 사실을 망각할 것이다. 더욱이 라디오, 텔레비전, 인터넷 등이 고도로 발달한 현 시점에서 미 연방 수정헌법과 같은 '언론의 자유'를 적용시킬 수 있을지 문제를 제기할 수 있다. 이들 미디어는 '질의 균형', '보편적 접근'에 별로 관심을 갖고 있지 않는다.

생겨난 인터넷 신문은 편집권이 약화되었고, 전문성과 윤리감정은 점점 희석되었다. 기자 개인의 '순수이성'과 '실천이성' 사이에 적용의 문제가 생기게 되고, 자유와 책임이 따로 존재하게 된다.

저널리즘의 전문직은 내용면에서도 하나가 아니라, 표준과 과정의 많은 집합(*sets*)이다. 각각 정치적 상황에서 따라 다른 뉴스의 형태가 형성된다는 것이다. 어떤 상황에서 다른 독특한 정치적 규범과 여론은 저널리스트를 강력하게 압박한다. 특수한 정치적 상황은 아주 오랫동안 비윤리적 행위가 개인 저널리스트의 특권이 되도록 했다(Foley, 2000: 49~50; Keeble, 2001: 136). 비윤리적 행위를 위한 길은 대부분 너무나도 수가 적은 저널리스트가 너무나 많은 결정을 순간적으로 해야 하고, 성찰의 시간 없이 결정해야 하고, 관행에 젖었기 때문에 일어난다.

더욱이 인터넷 시대에서 사회는 엄청난 변동을 경험하게 한다. 몇 시간 안에 여론이 조성된다. 지금까지 쌓아놓은 전문직 언론의 양태가 변화하는 것이다. 듀즈는 유비쿼터스 미디어가 유동적 현대사회의 삶과 결합되어 나타나는 현상에 주목했다. 온라인 미디어의 성장으로 사람들은 미디어 텍스트의 소비자인 동시에 생산자로 기능하기 시작했다(M. Deuze, 2006; 김사승, 2008a: 11). 더욱이 2차 자료에 의한 '주석적(*annotative*) 생산'은 전통적 저널리즘과 같이 프로페셔널 저널리스트에만 의존하는 폐쇄적 구성이 아니라 저널리스트는 물론 독자, 수용자, 소비자, 이용자 등이 같이 수행하는 개방적이고 개입적인 뉴스구성 태도를 낳는다. 뉴스의 최종적인 '결과'보다 뉴스가 발전하는 '과정'이 보다 중요해진다(김사승, 2008b: 30, 219~258).

현재 논의되는 SNS는 상호작용성으로 경쟁하는 데 필요한 적절한 경청이 가능하고, 참여를 더욱 활성화시킨다. 서구에서 여성해방 운동, 그린 운동, 게이 운동, 토착인의 운동 등은 SNS가 주도할 수 있다. 이에 참여하는 사람은 공적 의사결정 과정에서 서로 동조할 수 있게 된다. 자발적 참여는 서로의 불만을 최소화하고 공동체를 이뤄갈 수 있게 한다.

소셜미디어 '뉴스 발전과정'에서 먼저 변화의 조짐이 보이는 것이다. 과거의 영웅적 리더는 토론의 절차적 과정에서 정제될 수 있다. 그러나 일반적으로 절제를 결한 과도한 탐욕과 충동의 정치 지향성은 오히려 공론장을 해칠 수 있다. 더욱이 의미 공유를 결한 편파적 정치화는 오히려 공론장의 중립성과 순수성을 해칠 수 있다.

《니코마코스 윤리학》은 모든 기술, 절치, 행동, 시도는 어떤 선(*good*)을 목표로 한다고 했다(Urmson, 1988/1996: 27). 그 선의 문제도 양적·기술적 문제가 아니라 질의 문제이다. 또한 전술했듯 키케로는 'qualitas'라는 말을 만들어냈다. 그것은 영어로 'quality'가 되었다. 개인의 격조 높은 성격의 질은 선으로 간주된다. 그리스 단어 'arete'의 키케로 번역은 'virtus'이고, 이것은 영어로 'virtue'가 되었다. 올바름, 고상함, 탁월성 등 덕은 개인뿐 아니라 공동체 사람들에게 행복을 가져다준다. 내적 세상의 가치를 공유하게 되면 사회는 '최고의 선'을 구가할 수 있게 된다. 현대의 과학적·경제적 지식과 도덕률이 함께 할 수 있다면 그 사회는 공동체를 유지하기에 충분한 역량을 가진다.

더욱이 개인 자신의 행복에 대하여 관심을 갖기 위해서는 우리는 신중(愼重)의 덕성을 가져야 하고, 다른 사람들의 행복에 대하여 관심을 갖기 위해서는 정의와 자혜(慈惠)의 덕성을 가져야 한다(Smith, 1759/1996: 469). 그 중에서 정의는 우리로 하여금 타인에게 해를 가하지 않도록 억제하며, 자혜는 우리로 하여금 타인의 행복을 적극적으로 증진시키도록 조장한다. 물론 첫 번째 것은 원래 우리의 이기적인 성향으로 인하여 권장된 것이고, 다른 2가지는 우리의 자애적인 성향으로 인한 것이다. 이런 과정에서 어떤 사람이 행복하다고 말하는 것은 그가 살아갈 만한 가치가 있는 삶을 산다고 말하는 것과 매우 동일한 것이다(Urmson, 1988/1996: 31). 즉, 행복하다는 것은 잘 사는 것이며 가장 바라던 것을 가지는 것이다. 아리스토텔레스가 우리에게 말하는 것처럼 행복이란 모든 사람이 최선의 종류의 삶에 대한 이름이다.

SNS 신기술이 우리에게 행복을 가져다준다면 더 나쁠 것이 없다. 그러나 새로운 미디어를 통해 자기주장 없이 여론과 정치적 삶의 기회를 갖는 것도 공론장의 수준을 절하시킬 수 있고, 피상적 논의가 토론의 질을 저하시킬 수 있다. 새로운 기술에 경도된 충동적 미디어일수록 서로 논의의 질을 향상시키는데 관심을 가져야 한다. 이를 사용하는 사람도 절제의 훈련이 필요한 시점에 있다.

칸트는 개인 각자의 격률을 일반적 법칙으로 규정했다. 이것은 의지의 주관적 원리이나 이성이 욕망의 능력을 넘어 완전한 힘을 가졌다면, 실천적, 합의적 원리로서 작동한다. 객관적 원리는 실천의 법이 된다(Guyer, 2002: 773). 물론 아리스토텔레스는 사회관계를 이야기하면서 인간을 '정치적 동물'로 간주했다. 개인은 덕으로써 공동체에의 헌신과 그 조건을 만족해야 한다. 그렇더라도 덕과 도덕에 경도되면 자유가 제약될 수밖에 없다. 공화주의하에서 자유를 도외시하면 언제나 지배와 간섭이 일상화된다.

자유는 인정하되 공동체주의 자유론이 더욱 설득력이 있다. 공화주의하에서 자유정부(*free government*)는 국민의 복지에 공공선의 개념을 일치시키며, 공통감성을 도출하며, 공동의 합의를 시도한다(임채원, 2008: 74). 이것을 실현하는 가장 좋은 방법은 국민들에게 정부가 최대한의 목소리를 낼 수 있게 하는 것이다. 물론 여기서 공동체는 '공동의 가치나 개인 목적으로 계속 한데 묶인 회원들의 사회적 단위로서 책임과 사랑을 형성해 가는 것'이다. 공화주의는 다름 아닌 공동체의 자유와 독립이다. 공화주의는 아리스토텔레스의 '인간은 정치적 동물이다'라는 명제를 수용한다.

이런 의미에서 공화주의가 아리스토텔레스적이라면 자유주의는 칸트적이다(Milton, 1644/1998: 240). 공화주의는 아리스토텔레스와 칸트가 만난 것이다. 여기서 공동체의 개념은 경제적. 사회적, 행정적 결속, 윤리적, 조직적, 교류적 결속으로 해석되었다. 이때 언론은 공화주의에 원리에 충실할 필요가 있다. 미 연방 수정헌법 제1조는 "그 기초자들이 사회·문화적으로 엘리트층에 속했고, 대중들은 무식하고 문화적으로 무감각하며 국가를 경영할 능력이 없다고 생각했기 때문에 민주적 정부가 초래할지 모를 무절제한 상황을 심히 우려했다"라고 했다(Jensen, 1968; Altschull, 1984/1997: 141). 그들은 일반 사람들을 권력의 참여자로 보기보다는 문화적, 지적으로 보다 우월한 자들에게 국가 지도를 양도할 태세를 갖춘 협조적 소비자로 인식했던 것이다. 그들의 입장에서 공중으로 하여금 그러한 협조자가 되도록 만드는 것이 바로 언론의 임무였다. 헌법의 기초자들은 언론이 협조자이자 견제자로서 역할을 기대한 것이다.

미 연방 수정헌법은 새로운 커뮤니티에서 새로운 가치를 창출하길 원했다. 여기서 커뮤니케이션은 개인의 자유를 공동체 안에서 극대화한다. 물론 공화주의는 '개인주의적 자유주의' 혹은 '소유적 개인주의'와 대비되는 개념으로 개인이 사적으로 누려야 할 권리의 확보보다는 시민(혹은 공민)으로서 갖추어야 할 덕의 고양을 강조하는 정치적 이데올로기를 말한다(조승래, 2010: 55). 설령 그렇더라도 공화주의는 일반으로부터의 차별성으로서 개인에 초점을 둔다(Pettit, 1997: 134). 설령 그렇다고 하더라도 공화주의적 자유는 나의 자유가 타자로부터의 단절에서 확보되는 것이 아니라 타자와 나의 일치 속에서 획득될 수 있는 것이다(Milton, 1644/1998: 242).

개인의 고상함과 올바름에 기초하고 자유와 개성을 존중함으로써 공화주의는 다원주의 사회를 염원한다. 최근 논의되는 공화주의 사상은 역동성(*dynamism*)을 포함한다. 공동체 안에서만 개인은 자유롭고 이성적인 존재로 생존한다. 더욱이 개인은 인터넷, 모바일, 페이스북 등이 일상화되는 현실 안에서 사람 사이 관계의 상호작용성이 강화와 역동성을 더욱 깊이 인식한다. 개인은 자유롭게 태어났다는 점이 더욱 중요한 덕목으로 발전한다. 그리고 개인이 살아가는 환경주의, 생태적 관점, 여성해방 그리고 인류학적 중심이 아닌 것 등이 관심거리로 등장한다. 즉, 여성에게 문화적, 법적, 제도적 압력을 행사하기 시작한 것이다.

국가의 의사결정은 외적 방위, 내적 보존, 개인적 독립, 경제적 번영 그리고 공적 생활 등에 관심을 가진다(Pettit, 1997: 150). 같은 맥락에서 사회주의는 임금노동자의 노예화로부터 노동자의 혁명을 더욱 부추긴다. 그들은 인간의 해방에 더욱 관심을 가진 것이다. 비지배의 자유사상, 다원적 문화주의, 소수민의 문화 등은 인간 해방의 공산주의 사상과 맥을 같이 한다(Pettit, 1997: 135~146). 공화주의는 결국 주류문화의 방법에서부터 독립하여, 비지배의 자유가 다원주의적 사상에 접목된다. 그렇다고 공화주의 사상은 어떤 정체된 이념화(*a static ideal*)에 만족하지 않는다. 공화주의는 진정 법과 민주주의 패턴의 전체가 아니라, 오히려 견제와 균형의 체계에 대한 필요성을 요구한다.

한편 개인의 행복에 주안점이 있다면 공화주의에서 시민적 덕은 어느 체제든 강화되어야 한다. 내면화된 덕은 공화주의 안에서 시민의 정체성과 관련을 맺는다. 시민은 자신을 지키는 일에 적극적으로 참여한다. 시민적 평등을 침해하는 그 어떤 전제적 세력에 대해서도 그들은 늘 깨어 경계심을 늦추어서는 안 된다. 개인이 주체가 되는 공화주의 이념은 역동성을 가진다. 공화주의에서는 비지배로서 자유의 역동성 관점이 부각된다. 그게 대한민국의 헌법정신이고 그 정신은 1948년 이후 계속 발전적, 역동적으로 표출된다.

강현정 (2007), “칸트 철학에서 인간 존엄성의 문제”, 〈칸트연구〉, 20집, 1~28.

강형철 (2004), “공영방송 저널리즘 준치 정립을 위한 소고”, 한국언론학회 가을철 학술대회.

______ (2005), 《공영방송론: 한국의 사회변동과 공영방송》, 나남.

김경희 (2009), 《공화주의》, 책세상.

김덕영 (2011.12.10), “칸트, 이성을 통한 성(聖)의 가치 추구”, 〈경향신문〉.

김배수 (2008). “칸트의 도덕철학과 역사철학의 긴장관계”, 〈칸트연구〉, 21집, 1~31.

김사승 (2008a), “저널리즘의 기술적 재구성에 대한 이론적 고찰: 뉴스생산 과정을 중심으로”, 〈커뮤니케이션 이론〉, 4권 2호, 7~47.

______ (2008b), “UCC 저널리즘의 이론적 고찰”, 〈사이버커뮤니케이션학보〉, 25권 2호, 219~258.

김선욱 (2002), 《한나 아렌트 정치판단 이론》, 푸른숲.

김성태 (2011.9.7), “IT 기술로 자본주의 4.0 실천할 수 있다”, 〈조선일보〉.

김성호 (2011.11.14), “시론: 민주 없이 자유 없고, 자유 없이 민주 없다”, 〈조선일보〉.

김영석 · 김재영 · 박선영 · 성선제 · 이재진 · 황용석 (2004), 《인터넷 언론과 법》, 한국언론재단.

김영한 (1989), 《르네상스 휴머니즘의 유토피아니즘》, 탐구당.

김인식 (2010), “조소앙과 대한민국 임시정부 · 삼균주의”, 《납북 민족지성의 삶과 정신》, (사)민세 안재홍선생 기념사업회.

김종국 (2007), “공적 쾌락과 사적 금욕: 벤담과 칸트에서 ‘금욕’의 문제”, 〈칸트연구〉, 20집, 101~116.

김종혁 (2008), "언론중재법은 누굴 위해 존재하는가", 〈관훈저널〉, 107호, 16~20.
김태길 · 이삼열 · 임희섭 · 황경식 (1986), 《삶과 일: 현대인의 직업윤리》, 정음사.
김 현 (2010. 10. 23), "이소크라테스'는 왜 철학자의 반열에서 제외됐나", 〈한겨레신문〉.
김형효 (2007), 《마음혁명》, 살림.
김호기 (2011. 9. 30), "'안철수 현상'과 한국사회: 한국 정치의 탈정치화", 〈한겨레〉.
김환영 (2011. 7. 24~25), "세상이 주목한 책과 저자(26) : 데이비드 흄, 《인간 이해력 탐구》 - 사람을 움직이는 건 이성이 아니라 관습과 습관", 〈중앙 SUNDAY〉.
나종석 (2010), "공공성의 역사철학", 〈칸트연구〉, 26집, 81~114.
박순성 (2003), 《아담 스미스와 자유주의》, 풀빛.
박영률 (2003), 《대한민국 헌법》(1987. 10. 29 개정), 박영률출판사.
박용규 (2011), "1950년대의 신문과 '정치적 선정주의'", 《제 1 공화국 시기 매스 커뮤니케이션 현상연구》, 한국언론학회.
박지향 (2011. 5. 19), "민주는 넘치고 共和는 부족한 대한민국", 〈조선일보〉.
배정호 (2011), "사고 일반의 최종근거로서 통각의 종합적 통일", 〈칸트연구〉, 27집, 53~80.
서기남 (2011. 7. 8), "도덕성 회복 운동 절실하다", 〈중앙일보〉.
서정우 (2010), 《언론자유와 사회윤리》, 나남.
송근호 (1978), "벤담과 밀의 사회사상", 《세계의 대사상》 ⑧, 희문출판사.
송호근 (2005), 《한국, 어떤 미래를 선택할 것인가》, 21세기 북스.
______ (2011), "공론장의 역사적 형성과정: 왜 우리는 불통사회인가?", 《한국사회의 소통위기》, 커뮤니케이션북스.
신상초 (1955), "한국신문의 후진성", 〈새벽〉, 1955년 1월호.
신우철 (2009), "대한민국 헌법(1948)의 '민주주의 제 제도 수립: 그 역사적 연속성의 복원을 위하여", 《제헌과 건국 그리고 미래한국의 헌법구상》, 한국미래학회 40주년 기념 학술회의.
심재우 (2008), "유진오, 대한민국 헌법의 기초를 닦다", 《한국사 시민강좌》 ㊸, 일조각.
심혜리 (2011. 7. 9), "NYT '이혼 · 자살 · 입시 · 폭음 … 한국은 신경쇠약 직전'", 〈경향신문〉.
안재홍 (1983a), "한민족의 기본진로 · 신민족주의 건국이념", 《민세 안재홍 선집》 ②, 지식산업사.
______ (1983b), "〔방송〕 재투쟁의 결심으로: 국민당 · 한독당 합동에", 《민세 안재홍 선집》 ②, 지식산업사.

_____ (1983c), "신민족주의와 신민주주의", 《민세 안재홍 선집》 ②, 지식산업사.

유건호 (1985. 12. 28), "인터뷰".

이병국 (1987), 《대통령과 언론》, 나남.

이상길 (2003. 2), "공론장의 사회적 구성: 가브리엘 타르드의 논의를 중심으로", 〈한국언론학보〉, 47권 1호, 5~30.

이수배 (2008), "칸트의 도덕철학과 역사철학의 긴장관계: '자율성' 개념을 중심으로", 〈칸트연구〉, 21집, 1~31.

이영성 (2011. 9. 10), "삼성이 할 일, 정부가 할 일", 〈한국일보〉.

이용욱 (2011. 10. 1), "김형준 '한나라당 개혁', 전원책 '제 3 보수정당으로 가야'", 〈경향신문〉.

이원재 (2011. 9. 29), "안철수 현상과 한국사회: '탐욕의 경제' 깨트릴 '영혼이 있는 경제' 열망", 〈한겨레〉.

이충진 (2008), "공공성(公共性)에 관한 철학적 연구: 칸트 정치철학의 현대적 함의", 〈칸트연구〉, 22집, 1~21.

이택광 (2011. 9. 30), "안철수 현상과 한국사회: 근본적 불평등에 눈감은 젊은 세대 향한 위로", 〈한겨레〉.

이재경 (2008), "한국의 저널리즘과 사회갈등: 갈등유발형 저널리즘을 극복하려면", 〈커뮤니케이션 이론〉, 4권 2호, 48~72.

이종숙 (2011), "제 1 공화국 시기 신문기자의 정체성에 관한 연구", 《제 1 공화국 시기 매스커뮤니케이션 현상연구》, 한국언론학회.

이지순 (1992), "정부의 경제적 역할에 관한 존 스튜어트 밀의 사상", 조순(외), 《존 스튜어트 밀 연구》, 민음사.

이철순 (2010), "우사 김규식의 삶과 해방 이후 정치활동", 《납북 민족지성의 삶과 정신》, (사)민세 안재홍선생 기념사업회.

이한우 (2010. 1. 8), "조선일보 인수해 혁신시킨 신석우, 임시정부 때는 '대한민국' 국호 정해", 〈조선일보〉.

인요한 (2011. 10. 28), "한국의 '감정 민주주의", 〈동아일보〉.

임상원 (1997), " 《아레오파지티카》의 언론자유사상", 〈언론과 사회〉, 16권 여름호, 6~42.

임채원 (2008), 《공화주의적 국정운영》, 한울.

임춘웅 (2010), "사회정의와 한국언론", 〈관훈저널〉, 117호, 24~31.

임혁백 (2011), "한국에서의 불통의 정치와 소통정치의 복원", 《한국사회의 소통위기》, 커뮤니케이션북스.

장덕진 (2011. 9. 25~26), "'수평 소통 → 집단지성'이 사회 주도 … 포털 대처할 신권력", 〈중앙 SUNDAY〉.

장오현 (1992), "사회진보와 복지에 관한 존 스튜어트 밀의 사상", 조순(외), 《존 스튜어트 밀 연구》, 민음사.

장재용 (2011.10.19), "홍준표, '노무현 정부, 네거티브로 정권탈취'", 〈한국일보〉.

정연주 (2007), 《KBS 방송제작 가이드라인》.

정윤재 (2010), "대한민국 정부수립 전후 민세 안재홍의 정치활동", 《납북 민족지성의 삶과 정신》, (사)민세 안재홍선생 기념사업회.

정해구 (2011.9.30), "'안철수 현상'과 한국사회: 기성 정당정치 변화 자극하는 '중도 시민정치'", 〈한겨레〉.

조소영 (2011), "인터넷 실명제의 의의와 한계", 《인터넷상의 표현의 자유와 한계》, 한국언론법학회.

조맹기 (1997), 《한국언론사의 이해》, 서강대 출판부.

______ (2004), 《커뮤니케이션의 역사》, 서강대 출판부.

______ (2009), "민주공화주의하에서 원활한 소통의 미학", 〈언론과 법〉, 8권 2호, 263~291.

______ (2010), "민세 안재홍의 '민주공화국' 사상: 그의 언론활동을 중심으로", 〈언론과 법〉, 9권 2호, 287~315.

______ (2011), 《레토릭의 사상가들》, 나남.

조 순 (1992), "존 스튜어트 밀의 자유사상과 한국", 조순(외), 《존 스튜어트 밀 연구》, 민음사.

조승래 (2010), 《공화국을 위하여》, 도서출판 길.

조윤제 (2011.7.16), "5개년 계획이 필요하다", 〈중앙일보〉.

주경철 (2011.7.16), "프랑스혁명과 칸트", 〈조선일보〉.

차배근 (1992), 《커뮤니케이션》 (상), 세영사.

채 백(편) (1997), 《세계언론사》, 한나래.

채병건 (2011.10.9), "기존 정당조직을 무력화하는 새로운 클래스 탄생", 〈중앙 SUNDAY〉.

최재희 (1967), 《서양윤리사상사》, 서울대 출판부.

최조웅 (1992), 《현대인의 직업윤리》, 형설출판사.

최홍조 (1956), "신문은 독자에게 친절한가?: 오보의 책임여부를 중심으로", 〈신태양〉, 3월호.

최희봉 (1996), 《흄의 철학》, 자작아카데미.

한국신문윤리위원회 (1996), 《신문윤리강령》.

______ (1997.5.23), 《신문윤리강령 실천요강, 신문광고윤리강령 실천요강, 윤리위원회 회칙》.

한상진 (1996), "언술 검증과 비판이론", 〈사회비평〉, 15호, 16~45.

허윤선 (2008), "칸트 미학에서 취미판단의 주관적 보편성과 공통감", 〈칸트연구〉, 22집, 47~70.

홍성구 (2011), "《아레오파지티카》에 나타난 공화주의와 언론자유", 〈한국언론학보〉, 55권 2호, 178~201.

홍찬식 (2011. 11. 9), "한국교육의 신화가 무너지고 있다", 〈동아일보〉.

황범준 (2010), "공정사회 담론과 인사청문회", 〈관훈저널〉, 117호, 17~23.

황순우 (2010), "카트의 자율과 타율", 〈칸트연구〉, 26집, 23~44.

Altschull, J. H. (1984), *Agents of Power: The Role of the News Media in Human Affairs*, New York: Longman. 윤영철 · 강상현(역) (1991), 《지배권력과 제도언론》, 나남.

______ (1990), *From Milton To McLuhan*, New York: Longman Publishing Group. 양승목(역) (1993), 《현대언론사상사》, 나남.

Anderson, B. (1991), *Imagined Communities-Reflection on the Origin and Spread of Nationalism*, London: Verso.

Arendt, H. (1982), *Lectures on Kant's political Philosophy*. 김선욱(역) (2011), 《칸트의 정치철학 강의》, 푸른숲.

Aristotle, *Nicomachean Ethics*, Martin Ostwald trans. (1962), Indianapolis: Bobbs-Merrill Educational Publishing.

Bentham, J. (1787), *An Introduction to the Principle of Morals and Legislation*, Oxford: Clarendon Press.

______ (1820~1). *On the Liberty of the Press and Public Discussion*, London.

______ (1848), *A Fragment on Government and an Introduction to the Principles of Morals and Legislation*, Oxford: Blackwell's Political Text. 이성근 (1978), "도덕 및 입법의 제 원리 서설", 《세계의 대사상》 ⑧, 희문출판사.

Berko, R, M., & Wolvin, A. D., Wolvin, D. R. (2007), *Communicating: A Social and Career Focus*, 10, Boston: Houghton Mifflin Company.

Berlin, I. (1964), *Liberty - Incorporating Fours Essays on Liberty*, 박동천(역) (2006), 《이사야 벌린의 자유론》 아카넷.

______ (1969), "Two Concepts of Liberty", *Four Essays on Liberty* (pp. 118~172), London: Oxford University Press.

Blumer, H. (1939), "The Mass, The Public and Public Opinion", in A. M. Lee(ed), *New Outlines of The Principles of Sociology*, New York: Barnes and Noble.

Bolingbroke (1736), "A Letter on the Spirit of Patriotism", *The Works of Lord*

Bolingbroke, 1967, pp. xi, 358～359.

Borchers, T. (2006), *Rhetorical Theory*, Canada: Thomson Wadsworth.

Bowring, J. (ed.) (1843), *The Works of Jeremy Bentham* (vol. 1), Edinburgh.

Bradford, A. (1734), *The American Weekly Mercury*, Philadelphia.

Brown, B. E. (2002), "Alexander Hamilton and James Madison", Steven M. Cahn (ed.), *Classics of Political An Moral Philosophy*, New York: Oxford University Press.

Bullert, B. J. (1997), *Public Television: Politics and the Battle over Documentary Film*. 허기정·김지현(역) (2005), 《공영방송: 다큐멘터리를 둘러싼 분쟁과 정치학》. 한나래.

Butsch, R. (2008), *The Citizen Audience*, New York: Routledge.

Carey, J. W. (1995), "Time, Space, and The Telegraph", David Crowley & Paul Heyer, *Communication in History* (2 ed), New York: Longman.

Cahn, S. M. (2002), *Classics of Political and Moral Philosophy*, New York: Oxford University Press.

Calhoun, C., & Karaganis, J. (1991), "Public Sphere", *Encyclopedia of American Studies*.

Carlsson, G. I., & Anne-Marie, C. L. (1996), *What is Social Democracy: A Book about Social Democracy*, Stockholm, 윤도현(역) (2009), 《사회민주주의란 무엇인가》, 논형.

Coleman, S., & Karen R. (2010), *The Media and The Public - 'Them' and 'Us' in Media Discourse*, Oxford: Wiley-Blackwell.

Croce, B. (1944), *L'idea liberale: Controle confusionie g'ibridismi*, Bari, G. Laterza & figli.

Crowley, S., & Hawhee, D. (2004), *Ancient Rhetorics*, New York: Pearson Longman.

Deuze, M. (2006), *Liquid Life, Convergence Culture, and Media Work, White Paper*, http://deuze. blogspot. com

Dewey, J. (1954), *The Public and Its Problems*, Swallow Press, Ohio University Press.

Elliott, C. (2003), *Civil Society and Democracy*, London: Oxford Univ. Press.

Fang, I. (1997), *A History of Mass Communication*, Boston: Focal Press.

Foley, M. (2000), '*Press Regulation*', *Adminstration*, Vol. 48, No. 1, 40～51.

Ford, P. L. (1892～1899), *The Wrings of Thomas Jefferson*, New York: Putnam.

Fraser, N. (2003), *Rethinking the Public Sphere - A Contribution to the Crituque of*

Actually Existing Democracy, Civil Society and Democracy, London: Oxford University Press.

Galipeau, C. J. (1984), *Isaiah Berlin's Liberalism*, Oxford, Clarendon.

Giddens, A. (1972), *Emile Durkheim - Selected Writings*, London: Cambridge University Press.

Goldschmidt, M. L. (1954), "Publicity, Privacy, and Secrecy", *The Western Political Quarterly*, Bd. VII. p. 401.

Goldsmith, J., & Wu, T. (2006), *Who Controls the Internet?: Illusions of a Borderless World* (2nd ed.), Oxford: Oxford University Press.

Gramsci, A. (1996), Toseph A. Buttigieg (ed.), *Prison Notebook* (vol. 2), New York: Columbia University Press.

Guizot (1851), *Historie des origines du gouvernment representatif en Europe*, Bruxelles, II, 10.

Guyer, P., "Immanuel Kant", Steven M. Cahn (2002), *Classics of Political and Moral Philosophy*, New York: Oxford University Press.

Habermas, J. (1962), *Strukturwandel der Oeffentlichkeit: Untersuchungen zu einer Kategorie der buergerlichen Gesellschaft*, Neuwied: Hermann Luchterhand. 한승완(역) (2004), 《공론장의 구조변동》, 나남.

Halivy, E. (1972), *The Growth of Philosophical Federalism*, London: Faber.

Hamilton, A., Madison, J., & Jay, J. (1787~1788). *The Federalist or, The New Constitution*, London: Everyman.

Hallins, D. (1996), *The Uncensored War*, Oxford, Oxford University Press.

Harrington, J. (1656/1992), *The Commonwealth of Oceana and A System of Politics*, J. G. A. Pocock (eds.), New York: Cambridge University Press.

Heater, D. (2004), *Citizenship-The Civic Ideal in World History, Politics and Education*, Manchester University Press.

Heidegger, M. (1977), *The Question Concerning Technology and Other Essays*, New York: Harper Torchbooks.

Herrick, J. A. (2009), *The History and Theory of Rhetoric*, New York: Pearson.

Hume, D. (1739/1740, 1896), *A Treatise of Human Nature*, Reprinted from the original edition in tree volumes, Ed. L. A. Selby-Bigge. Oxford: At the Clarendon Press.

Hunt, G. (ed.) (1910), *The Writings of James Madison*, New York: Putnam.

Jensen, M. (1968), *The Founding of a Nation: History of the American Revolution 1963~1776*, New York: Oxford University Press.

Kant, I. (1781), *Critique of Pure Reason*, Max Mueller trans. (1966), New York: Anchor Books.

______ (1785), *Groundwork of The Metaphysic of Morals*, J. J. Paton trans. (1964), New York: Harper Torchbooks.

______ (1788), *Kritik der praktischen Vernunft*, Thomas Kingsmill Abbott (2004), *Critique of Practical Reason*, New York: Dover Publications, INC.

______ (1790), *The Critique of Judgement*, James Creed Meredith trans. (2004), Kessinger Publishing.

______ (1796), *Zum ewigen Frieden, Ein Philosophischer Entwurf, Koenigsberg: Friedrich Nicolovius*, 이한구(역) (2008), 《영구평화론》(개정판), 서광사.

______ (1898), *Kant's Critique of Practical and Other Works on the Theory of Ethics*, trans, Thomas Kingsmill Abbott, London: Longman, Green & Co.

______ (1909), *Critique of Practical Reason*, 백종현(역) (2002), 《실천이성 비판》, 아카넷.

______ (1922), *Werke*, Ernst Cassirer ed., Berlin, Bd. VI.

______ (1992a), "계몽이란 무엇인가에 대한 답변", 이한구(편), 《칸트의 역사철학》, 서광사.

______ (1992b), "추측해 본 인류역사의 기원", 이한구(편), 《칸트의 역사철학》, 서광사.

Karpf, A. (2000), "'Net Stations? We've Got Thousands of 'em'", *The Guardian*, 27 May.

Keane, J. (1991), *The Media and Democracy*, Basil Blackwell Ltd., 주동황 · 정용준 · 최영묵(역) (1995), 《언론과 민주주의》, 나남.

Keeble, R. (2001), *Ethics for Journalists*, London: Routledge.

Lambeth, E. B. (1987), *Committed Journalism: An Ethic for the Profession*, Bloomington: Indiana University Press.

Machiavelli, N. (1965a), *The Complete Works and Others*, trs. Allan Gilbert 3 vols., Durham, NC: Duke University Press.

______ (1965b), *The Art of War*, E. Farneworth, tr., New York: Da Capo.

Madison, J. (1787~88), *Number 10 in the Federalist Papers.*

Madison, J., Hamilton, A., & Jay, J. (1987), *The Federalist Paters*, Isaac Kramnik ed., Harmondsworth; Penguin.

Macfie, A. L. (1971), "the Invisible Hand of Jupiter", *Journal of the History of Ideas*, xxxii, 595~599.

Manin, B. (1997), *The Principles of Representative Government*, London: Cambridge University Press.

Maitland, F. W. (1981), "A Historical Sketch of Liberty and Equality", *Collected Papers*, H. A. L. Fisher, Buffalo ed., N. Y.: W. S. Hein.

McNair, B. (1994), *News and Journalism in the United Kingdom*, London: Routlege.

McQuail, D. (1995), "Western European Media: The Mixed Model under Threat", J. Downing, A. Mohammadi, & A. Sreberny-Mohammadi (eds.), *Questioning Media: A Critical Introduction*, Thousand Oaks: Sage, 147~164.

______ (2005), *Mass Communication Theory* (5th eds.), London: Sage Publication, 양승찬 · 이강형(역) (2008), 《매스 커뮤니케이션 이론》, 나남.

Milll, J. (1825), "Liberty of the Press", *The Encyclopedia Britannica*, London: J. Innes. http//oll. libertyfund. org/title/1762/92841

Mill, J. S. (1838), *A System of Logic, Ratiocination and Inductive*, London: John W. Parker.

______ (1859/1956), *On Liberty*, Gurrin V. Shields eds., Indianapolis: Bobbs-Merrill Educational Publishing.

______ (1863/1957), *Utilitarianism*, Indianapolis: Bobbs-Merrill Educational Publishing.

______ (1873), *Autography of John S. Mill*, 이태일(역) (1984), 《밀의 자서전》, 박영사.

______ (1963), "Autobiography", ch., 7: vol, 1, 99~100, Collected Works of John Stuart Mill, J. M. Robson & others ed., Toronto/London, 1963~1991.

______ (1965), *Principles of Political Economy, with Some of their applications to Social Philosophy*, V. W. Bladen & J. M. Robson eds., Toronto: University of Toronto Press.

______ (1987), "Essay on Bentham", *London and Westminster Review*, 1838, Alan Ryan(ed.), *John Stuart Mil and Jeremy Bentham: Utilitarianism and Other Essay*, New York: Viking Penguin.

Milton, J. (1644), *Areopagitica*, 임상원(역) (1998), 《아레오파지티카》, 나남.

Montesquieu, C. (1748), *De l'esprit des lois/the Spirit of Laws*, 손석린(1976), 《법의 정신》(상), 박영사.

Morris, I. (1987), *Burial and Ancient Society*, Cambridge: Cambridge University Press.

Noelle-Neumann, E. (1984), *The Spiral of Silence: Public Opinion-Our Social Skin*,

Chicago & London: The Chicago University Press, 이태건 · 방영준(역) (1990), 《여론의 정치사회학》, 문우사.

Paine, T. (1973), *The Rights of Man*, New York: Doubleday Anchor.

Pettit, P. (1997), *Republicanism - A Theory of Freedom and Government*, Oxford University Press.

Mills, C. W. (1956), *The Power Elite*, N. Y.: Oxford University Press.

Pitkin, H. (1988), "Are Freedom and Liberty Twins?", *Political Theory*, 16.

Pocock, J. G. A. (1975), *The Machiavellian Moment*, Princeton University Press, "The Machiavellian Moment Revisited: A Study in History and Ideology", *Journal of Modern History*, 52, 1, 1981, 49~72.

Putnam, R. (2000), *Bowling Alone*, New York: Simon and Schuster.

Quill, L. (2001), "Republicanism", *Encyclopedia of Democratic Thought*, Paul Barry Clarke and Joe Foweraker, London: Routledge.

Raffel, S. (1992), *Habermas, Lyotard and The Concept of Justice*, London: The Mac Millan Press.

Rawls, J. (1973), *A Theory of Justice*, Oxford University Press.

______(1993/2005), *Political Liberalism*, New York: Columbia University Press.

Reid, J. P. (1988), *The Concept of Liberty in the Age of The American Revolution*, Chicago: Chicago University Press.

Riedel, M. (1962), "Aristoteles tradition am Ausgang des 18. Jh." in *Festschrift F. Otto Brunner*, Göettingen, 278~315.

Rousseau, J. J. (1959), *Contract Social* II 4, Muenchen: Weigand.

Russell, B. (1961), *History of Western Philosophy*, 최민홍(역) (2008), 《서양철학사》 하, 집문당.

Sandel, M. (1982), *Liberalism and the Limits of Justice*, London: Cambridge University Press.

Sandel, M. J. (2009), *Justice - What's the right thing to do?*, 이창신(역) (2010), 《정의란 무엇인가》, 김영사.

Saxonhouse, A. W. (2001), "Democratic Origins", *Encyclopedia of Democratic Thought*, Paul Barry Clarke & Joe Foweraker, London: Routledge.

Siebert, F. S., Peterson, T. & Schramm, W. (1956), *Four Theories of the Press*, 강대인(역) (1991), 《언론의 4이론》, 나남.

Sloane, T. O. (2004), "Rhetorical Selfhood in Erasmus and Milton", W. Jost & W. Olmsted(ed.) (2004), *Rhetoric and Rhetorical Criticism*, United Kingdom: Blackwell Publishing.

Smith, A. (1759), *The Theory of Moral Sentiments*, 박세일·민경국(역) (1996), 《도덕감정론》, 비봉출판사.

______ (1776/1982), *The Wealth of Nations*, New York: Penguin Books.

Smith's Essays (1795), "La Rochefoucauld".

Taylor, M. (1987), *The Possibility of Cooperation*, Cambridge: Cambridge University Press.

Trenchard, J., & Gordon, T. (1971), *Cato's Letters* (6th eds., 1755), New York: Da Capo.

______ (1995), *Cato's Letters or Essays on Liberty, Civil and Religious, and Important Subjects* (6th ed.), Indianapolis: Liberty Fund.

Urmson, J. O. (1988), *Aristotle's Ethics*, Basil Blackwell, 장영란(역) (1996), 《아리스토텔레스의 윤리학》, 서광사.

Viroli, M. (2002), *Republicanism*, N.Y.: Hill and Wang.

______ (1995), *For Love of Country, An Essay on Patriolism and Nationalism*, Oxford: Oxford University Press.

Waldron, J. (2002), "Jeremy Bentham - Introduction", Steven M. Cahn(ed.), *Classics of Political And Moral Philosophy*, New York: Oxford University Press.

Warren, S. D., & Louis, D. B. (1890), "The Right to Privacy", *Harvard Law Review*, 4, 193~220.

Weeks, D. (1992), *The Eight Essential Steps to Conflict Resolution*, 남궁은정·이현정(역) (2011), 《갈등 종결자》, 커뮤니케이션북스.

Wirszubski, C. (1968), *Libertas as Political Idea at Rome*, Oxford: Oxford University Press.

사설 (2006. 5. 23), "무책임한 국정브리핑과 청와대 통계 왜곡", 〈동아일보〉.

사설 (2011. 10. 28), "대한민국 제헌헌법이 사회민주주의라는 궤변", 〈문화일보〉.

찾아보기 (용어)

ㄱ

기 타

찾아보기 (인명)